普通高等教育经管类专业系列教材

会计信息化实训教程
（第2版）——财务链
（用友U8 V10.1）（云实训）

刘大斌　郑惠尹　何雨谦　主　编
李怀宝　白　晶　甘玲俐
张小静　周英珠　张　倩　副主编

清华大学出版社
北　京

内 容 简 介

本书的编写以突出实战为宗旨，以工业企业常见的经济业务为原型，重点介绍了用友 U8 财务管理系统核心子系统的主要功能和业务处理方法。书中为读者贴身定做了几十个实训项目，并提供了云实训平台，每个实训既环环相扣，又可以独立运作，每个实训任务还拆分成颗粒度更小的任务。通过利用云实训技术的优势，每个任务可以随意组合、练习，适应不同层次教学的需要。

本书共设 9 个项目，项目一和项目二介绍了用友 U8 V10.1 管理软件的使用基础——企业建账和基础档案设置；项目三至项目九分别介绍了用友 U8 财务管理系统中最重要和最基础的总账日常业务、应收款管理、应付款管理、固定资产、薪资管理系统、总账期末处理及 UFO 报表管理 7 个模块的主要功能，并以系列实训的形式详细讲解了 7 个模块业务的处理方法。

本书可用作普通高等院校会计及经济管理等相关专业的教学用书，也可作为在职会计人员学习用友 U8 的自学读本。教材配套的教学资源丰富，可满足广大师生多层次的学习需求。

本书封面贴有清华大学出版社防伪标签，无标签者不得销售。
版权所有，侵权必究。举报：010-62782989，beiqinquan@tup.tsinghua.edu.cn

图书在版编目(CIP)数据

会计信息化实训教程. 财务链：用友U8 V10.1. 云实训 / 刘大斌，郑惠尹，何雨谦主编. —2版. —北京：清华大学出版社，2021.7（2024.8重印）
普通高等教育经管类专业系列教材
ISBN 978-7-302-58424-7

Ⅰ. ①会…　Ⅱ. ①刘…②郑…③何…　Ⅲ. ①会计信息—财务管理系统—教材　Ⅳ. ①F232

中国版本图书馆 CIP 数据核字(2021)第 115651 号

责任编辑： 刘金喜
封面设计： 常雪影
版式设计： 孔祥峰
责任校对： 成凤进
责任印制： 刘　菲

出版发行：清华大学出版社
　　　　网　　址：https://www.tup.com.cn，https://www.wqxuetang.com
　　　　地　　址：北京清华大学学研大厦 A 座　　邮　编：100084
　　　　社 总 机：010-83470000　　　　　　　　 邮　购：010-62786544
　　　　投稿与读者服务：010-62776969，c-service@tup.tsinghua.edu.cn
　　　　质 量 反 馈：010-62772015，zhiliang@tup.tsinghua.edu.cn
印 装 者：三河市铭诚印务有限公司
经　　销：全国新华书店
开　　本：185mm×260mm　　　印　张：17.5　　　字　数：448 千字
版　　次：2019 年 6 月第 1 版　　2021 年 8 月第 2 版　　印　次：2024 年 8 月第 9 次印刷
定　　价：58.00 元

产品编号：091603-01

编写委员会

(以姓氏拼音为序)

主任编委：

王新玲

副主任编委：

黄建华	黄菊英	李艳红	刘进涛
卢兆丰	路荣平	朱雪丹	

编　　委：

蔡　丽	陈欢欢	陈长伟	崔　靖	丁　凡	冯　静
高　燕	郭　兆	胡竟男	黄小玲	赖　苹	李凤娥
李　梅	李　倩	李文宁	李　真	梁瑞智	刘彩华
刘　萌	吕　磊	马丽敏	苗若婷	彭淑艳	山小花
史耀雄	唐风帆	唐丽芳	田正军	万云江	王文浩
王秀芳	王　勋	文贻霖	吴雅彬	吴玉凤	肖　坤
徐福亮	叶　欢	尹春秋	俞　悦	曾景瑜	张彩花
张诚珏	张春燕	张道珍	张冬梅	张红琴	张金霞
张祥艳	张小静	张雪琼	张亚妹	赵建新	赵丽伟

前言

在信息化时代，财务人员若不掌握信息化管理工具，其未来的职业发展必将受到影响。如今，"会计信息化"已经成为会计专业的核心专业课程之一。会计信息化是企业信息化的起点，也是企业信息化普及面最广的一项应用。为会计信息化培养合格的应用人才，使其理解会计信息化的基本原理，熟悉财务管理核心子系统的业务操作，正是本书编写的初衷。

全书以企业财务信息化为目标，以财务核心子系统集成应用为背景，共分9个项目，分别是企业建账、基础档案设置、总账日常业务、应收款管理、应付款管理、固定资产、薪资管理系统、总账期末处理、UFO报表管理，涵盖了U8财务应用的主要内容。

本书特色表现在以下3个方面。

1. 实训主导，理论简明

每一个项目均按实训任务、任务解析、实训指引展开。对各部分的作用说明如下。

项目结构项	子项	作用
实训任务		列出以原始单据证明的实训任务，任务涵盖本章子系统的主要功能
任务解析	背景知识	介绍为完成实训任务必须了解的基本知识
	岗位说明	按照岗位分工指明由哪些人完成本实训任务
实训指引		通过详细的实训指导引导学员完成实训任务，通过实训操作理解系统原理

从以上逻辑框架可以看出，从实训任务、任务解析到实训指引，遵循了先实践、再理论、后进阶的认知学习规律。

在实训任务设计中，以证明业务发生的原始凭据为牵引，加深读者对企业真实业务的了解，使读者能运用所学财务会计知识，完成对经济业务的会计核算，进而在会计信息化平台中进行处理，使读者不仅会核算，而且擅用工具。

2. 线上线下，递进学习

教材是教学活动中最重要的教学资源之一，除此以外，网络时代给我们提供了新的教学手段。为满足广大师生多层面的教学需求，本书提供了线上/线下两类教学资源：一是依托"智慧云教学平台"进行线上学习，登录网页即可实训。实训内容分为演示、教程、练习、测试4个学习场景，由易到难，轻松实现递进式学习。二是针对线下学员，提供了用友U8 V10.1教学版安装程序、实验账套、PPT教学课件等教学资源。

3. 以赛促教，以赛促学

全国高校会计信息化竞赛连续举办了多年，已成为院校间教学交流、互动提升的平台，促进了院校会计信息化教学水平的提升。本书尤其在实训任务部分力求做到近年会计信息化竞赛规程及知识点的覆盖。

另外，为方便院校考试，作者每年更新2套线上实操考试题，通过会计信息云实训QQ群(群号：1034182734)联系群主即可开通使用。如需制作教考系统考试及备赛题目，请与群主联系。

本书由多位老师合力编写，具体分工如下：项目一和项目二由刘大斌(北京时江教育科技有限公司)和何雨谦(兰州财经大学长青学院)编写；项目四和项目五由张小静(甘肃农业职业技术学院)编写；项目三、项目六至项目九由刘大斌、郑惠尹(永州职业技术学院)、何雨谦、李怀宝(庆阳职业技术学院)、白晶(广东工商职业技术大学)、甘玲俐(长沙商贸旅游职业技术学院)、周英珠(厦门华天涉外职业技术学院)和张倩(菏泽职业学院)等人共同编写；刘大斌负责对全书进行修改、审定。

限于编者水平，书中难免存在疏漏和不当之处，期待读者提出宝贵的意见和建议。

服务邮箱：476371891@qq.com。

编　者

2020年11月

教学资源使用说明

1. 云实训平台

为便于学生在不安装用友U8系统的情况下进行实训，本书提供了云实训平台(支持PC、平板电脑、手机)：实训演示+实践操作。通过该平台，学生可以轻松进行实训练习。

可通过扫描下方二维码，直接进入云平台；也可将下方地址输入浏览器地址栏，在PC端打开云平台。

平台地址：http://down1.tupwk.com.cn/qhwkdownpage/kjxxh/cwl/cwlsx.html

扫码进入云平台

2. 教学资源

为便于教学和自学，本教程还提供了以下资源：
- 用友U8 V10.1软件(教学版)
- 实验账套备份
- PPT教学课件

上述资源存放在百度网盘上，读者可通过扫描下方二维码，将链接地址推送到自己的邮箱来获得百度网盘链接地址：

https://pan.baidu.com/s/1DSo09YOHNyxUTMZ_peeHsQ   提取码：utst

资源下载

若出现资源无法下载或云实训平台操作方面的问题，请致电010-62784096，也可发送邮件至服务邮箱476371891@qq.com。

3. 线上考题

为方便院校考试，作者每年更新2套线上实操考试题，任课教师可通过会计信息化云实训QQ群(群号：1034182734)联系群主开通使用，同时还可申请制作教考系统及备赛题目。

目 录

实训动员 ... 1
- 一、企业简介 ... 1
- 二、实训说明 ... 3

项目一 企业建账 ... 5
- 实训一 增加用户 ... 5
  - 实训任务 ... 5
  - 任务解析 ... 5
  - 实训指引 ... 6
- 实训二 建立账套 ... 8
  - 实训任务 ... 8
  - 任务解析 ... 9
  - 实训指引 ... 10
- 实训三 为用户设置权限 ... 15
  - 实训任务 ... 15
  - 任务解析 ... 15
  - 实训指引 ... 16
- 实训四 输出/引入账套 ... 20
  - 实训任务 ... 20
  - 任务解析 ... 20
  - 实训指引 ... 20

项目二 基础档案设置 ... 23
- 实训一 机构人员设置 ... 23
  - 实训任务 ... 23
  - 任务解析 ... 24
  - 实训指引 ... 25
- 实训二 客商信息设置 ... 27
  - 实训任务 ... 27
  - 任务解析 ... 29
  - 实训指引 ... 30
- 实训三 存货信息设置 ... 33
  - 实训任务 ... 33
  - 任务解析 ... 34
  - 实训指引 ... 35
- 实训四 财务设置 ... 38
  - 实训任务 ... 38
  - 任务解析 ... 40

  - 实训指引 ... 42
- 实训五 收付结算设置 ... 47
  - 实训任务 ... 47
  - 任务解析 ... 48
  - 实训指引 ... 48
- 实训六 常用摘要设置 ... 50
  - 实训任务 ... 50
  - 任务解析 ... 51
  - 实训指引 ... 51

项目三 总账日常业务 ... 53
- 实训一 总账系统初始化 ... 53
  - 实训任务 ... 53
  - 任务解析 ... 55
  - 实训指引 ... 56
- 实训二 凭证处理 ... 59
  - 实训任务 ... 59
  - 任务解析 ... 65
  - 实训指引 ... 68
- 实训三 出纳管理 ... 80
  - 实训任务 ... 80
  - 任务解析 ... 81
  - 实训指引 ... 83

项目四 应收款管理 ... 87
- 实训一 应收款管理系统初始化 ... 87
  - 实训任务 ... 87
  - 任务解析 ... 89
  - 实训指引 ... 90
- 实训二 单据处理 ... 96
  - 实训任务 ... 96
  - 任务解析 ... 99
  - 实训指引 ... 100
- 实训三 票据处理 ... 111
  - 实训任务 ... 111
  - 任务解析 ... 112
  - 实训指引 ... 113
- 实训四 转账处理 ... 120
  - 实训任务 ... 120

　　　　任务解析 121
　　　　实训指引 121
　实训五　坏账处理 126
　　　　实训任务 126
　　　　任务解析 127
　　　　实训指引 127
　实训六　数据查询与期末处理 130
　　　　实训任务 130
　　　　任务解析 131
　　　　实训指引 131

项目五　应付款管理　135
　实训一　应付款管理系统初始化 135
　　　　实训任务 135
　　　　任务解析 136
　　　　实训指引 136
　实训二　单据处理 142
　　　　实训任务 142
　　　　任务解析 145
　　　　实训指引 146
　实训三　票据处理 155
　　　　实训任务 155
　　　　任务解析 156
　　　　实训指引 156
　实训四　转账处理 162
　　　　实训任务 162
　　　　任务解析 163
　　　　实训指引 163
　实训五　数据查询与期末处理 166
　　　　实训任务 166
　　　　任务解析 166
　　　　实训指引 167

项目六　固定资产　171
　实训一　固定资产系统初始化 171
　　　　实训任务 171
　　　　任务解析 173
　　　　实训指引 173
　实训二　固定资产日常业务处理 179
　　　　实训任务 179

　　　　任务解析 181
　　　　实训指引 183
　实训三　数据查询与期末处理 188
　　　　实训任务 188
　　　　任务解析 188
　　　　实训指引 189

项目七　薪资管理系统　193
　实训一　薪资管理系统初始化 193
　　　　实训任务 193
　　　　任务解析 195
　　　　实训指引 196
　实训二　薪资管理业务处理 204
　　　　实训任务 204
　　　　任务解析 206
　　　　实训指引 207
　实训三　数据查询与期末处理 220
　　　　实训任务 220
　　　　任务解析 220
　　　　实训指引 221

项目八　总账期末处理　225
　实训一　月末业务处理 225
　　　　实训任务 225
　　　　任务解析 226
　　　　实训指引 228
　实训二　数据查询与期末处理 244
　　　　实训任务 244
　　　　任务解析 244
　　　　实训指引 245

项目九　UFO报表管理　251
　实训一　利用报表模板生成报表 251
　　　　实训任务 251
　　　　任务解析 251
　　　　实训指引 252
　实训二　利用自定义功能生成报表 258
　　　　实训任务 258
　　　　任务解析 258
　　　　实训指引 259

实训动员

本实训教程以北京华鑫电器有限公司为案例原型,模拟演示该公司信息化的实施过程。

一、企业简介

1. 企业基本信息

北京华鑫电器有限公司(以下简称华鑫电器)是一家集设计研发、生产制造、销售服务于一体的现代化家用电器制造企业,主营电饭煲业务,主要包括普通电饭煲、经典电饭煲、智能电饭煲,在业内具有一定的知名度,产品畅销国内外。公司为一般纳税人,法人代表为陈虹涛。

2. 组织结构及岗位分工

华鑫电器董事会下设总经理办公室、财务部、采购部、仓管部、销售部和生产部。现行岗位分工及工作职责如表1所示。

表1 现行岗位分工及工作职责

编码	姓名	部门	主要工作职责
A01	陈虹涛	总经理办公室	主管企业的全面工作
W01	罗培韶	财务部	财务经理
W02	吴碧贤	财务部	主管会计
W03	杨丽娟	财务部	出纳

3. 企业会计核算的基本要求

(1) 科目设置及辅助核算要求

企业目前的会计核算设三级明细科目。

日记账:库存现金、银行存款。

客户核算:应收票据、应收账款、预收账款。

供应商核算:应付票据、应付账款、预付账款。

个人核算:其他应收款。

部门核算:管理费用。

数量核算:原材料各二级明细、库存商品、主营业务收入、主营业务成本。

项目核算:库存商品、生产成本/直接材料、主营业务收入、主营业务成本。

(2) 会计凭证的基本规定

记账凭证格式采用"记"。

录入或生成"记账凭证"均由指定的会计人员操作。

含有库存现金和银行存款科目的记账凭证均需出纳签字。

对已记账凭证的修改,只采用红字冲销法。

为保证财务与业务数据的一致性,能在业务系统生成的记账凭证不得在总账系统直接录入。

根据原始单据生成记账凭证时,除特殊规定外不采用合并制单(核销与收付款单合并制单)。

(3) 结算方式

公司采用的结算方式包括现金结算、支票结算、商业汇票、电汇等。收、付款业务由财务部门根据有关凭证进行处理,在系统中没有对应结算方式的,其结算方式为"其他"。

(4) 外币业务处理

华鑫电器无外币核算业务。

(5) 薪酬业务的处理

由公司承担并缴纳的养老保险、医疗保险、失业保险、工伤保险、生育保险、住房公积金分别按20%、10%、1%、1%、0.8%、12%的比例计算;职工个人承担的养老保险、医疗保险、失业保险、住房公积金分别按8%、2%、0.2%、12%的比例计算。

按工资总额的2%计提工会经费,按工资总额的8%计提职工教育经费,职工福利费按实际发生数列支,不按比例计提。

各类社会保险金当月计提,当月缴纳。

按照国家有关规定,公司代扣代缴个人所得税,其费用扣除标准为5000元,附加费用为0元。

工资分摊时若科目相同、辅助项相同,则合并制单。

(6) 固定资产业务的处理

公司的固定资产包括房屋及建筑物、办公设备、运输工具、生产设备,均为在用状态。

采用平均年限法(二)按月计提折旧。

(7) 存货业务的处理

存货按照实际成本核算,采用永续盘存制。

原材料出库成本采用"先进先出法"进行核算。

商品销售成本采用"移动加权平均法"进行核算。

(8) 税费的处理

公司为增值税一般纳税人,增值税税率为13%,按季缴纳。

按当期应交增值税的7%计提城市维护建设税、3%计提教育费附加、2%计提地方教育费附加。

企业所得税计税依据为应纳税所得额,税率为25%,按月预计,按季预缴,全年汇算清缴。

(9) 财产清查的处理

公司每年年末对存货及固定资产进行清查,根据盘点结果编制"盘点表",并与账面数据进行比较,由库存管理员审核后进行处理。

(10) 坏账损失的处理

除应收账款外,其他的应收款项不计提坏账准备。每年年末,按应收账款余额百分比法计提坏账准备,提取比例为0.5%(月末视同年末)。

(11) 利润分配

根据公司章程，公司税后利润按以下顺序及规定分配：弥补亏损、按10%提取法定盈余公积金、按30%向投资者分配利润。

(12) 损益类账户的结转

每月末将各损益类账户余额转入本年利润账户，结转时按收入和支出分别生成记账凭证。

4. 企业信息化

华鑫电器于2021年初确定了本年实现财务信息化管理的初级目标，经过2个月慎重选型，3月购置了用友U8 V10.1管理软件(以下简称U8)，包含总账管理、薪资管理、固定资产管理、应收款管理和应付款管理5个子系统，目前U8系统已安装配置完毕，企业准备于2021年4月份开始使用U8，实现企业财务核算工作的信息化。

二、实训说明

1. U8应用模式说明

企业同时选购了6个子系统，在部署上有两种选择：分步部署和集成应用。

分步部署是指先启用一部分子系统，待使用熟练后再启用另外的子系统。例如，先启用总账，待平稳运行3个月后再开启薪资管理、固定资产、应收款管理和应付款管理。

集成应用是指同时启用5个子系统。

分步部署和集成应用在某些业务处理上是有差异的。例如，企业销售了一批产品，如果只启用了总账子系统而未启用应收款管理子系统，那么需要在总账子系统中输入凭证；如果总账子系统和应收款子系统同时启用，那么该笔业务需要在应收款子系统中录入销售发票，审核后制单生成凭证传递到总账。

本实训教程采用了集成应用模式，因此不同的业务需要在对应的子系统中进行处理。

2. 实训业务说明

为了完整地体验企业信息化的全过程，本书选用华鑫电器2021年4月的相关业务作为实训资料。每个学员按照实训要求模拟不同的岗位角色完成全部的业务处理。

本实训教程按照6个子系统部署实训任务，这样安排是为了让读者系统了解每个子系统的功能。而企业的业务是序时随机发生的，如果按照业务顺序序时处理，会打乱按子系统介绍的完整性。为了兼顾子系统功能学习的整体性和企业不同业务的完整性，特别将不同子系统处理的业务安排在不同的时间段。

项目一 企业建账

实训一 增加用户

实训任务

根据目前的岗位分工和内控要求,结合U8的特性,整理后的华鑫电器用户信息如表1-1所示。

表1-1 用户信息

编号	姓名	口令	所属部门	所属角色
A01	陈虹涛	空	总经理办公室	账套主管
W01	罗培韶	空	财务部	无
W02	吴碧贤	空	财务部	无
W03	杨丽娟	空	财务部	无

任务解析

1. 背景知识

(1) 用户

用户是指企业中能够登录U8系统进行操作的员工,也称为操作员。

用友U8中有两种用户类型:普通用户和管理员用户。普通用户指能够登录U8企业应用平台进行各类业务处理的用户。管理员用户只能登录U8系统管理进行操作。

(2) 系统管理员

在信息化企业中,系统管理员主要负责信息系统安全,具体包括数据存储安全、系统使用安全和系统运行安全,对应的具体工作包括监控系统日常运行、监控网络及系统维护、防范安全风险、数据备份、用户及权限管理等。由于系统管理员的工作性质偏技术,所以其不能参与企业实际业务处理工作。

U8中默认的系统管理员为admin,初始密码为空。

(3) 账套主管

账套主管一般是企业中某业务领域的业务主管,如财务主管。账套主管要根据企业发展需要及业务现状,确定企业会计核算的规则、确定U8各个子系统参数的设置、组织企业业务处理按规范流程运行。账套主管是U8中权限最高的用户,拥有U8所有子系统的操作权限。

2. 岗位说明

只能以系统管理员admin身份增加用户。

实训指引

1. 以系统管理员身份登录系统管理

① 双击桌面上的"系统管理"快捷方式,打开"系统管理"窗口(或者执行"开始/所有程序/用友U8 V10.1/系统服务"命令,打开用友U8系统管理窗口)。

② 在"系统管理"窗口中,单击"系统/注册"菜单项,打开"登录"对话框,结果如图1-1所示。

图1-1 以系统管理员身份登录系统管理

栏目说明：

- 登录到："登录到"文本框中显示U8应用服务器的名称或IP地址。实训时此处一般为本机名称。"127.0.0.1"为本机IP地址。
- 操作员："操作员"文本框中显示U8系统默认的系统管理员"admin"。
- 密码：输入当前操作员的密码。系统管理员admin的初始密码为空。在企业实际应用中,管理员首次登录时应及时设置密码,以保证系统安全。设置密码的方法是在登录窗口中选中"修改密码"复选框,进入"设置用户密码"窗口进行设置。
- 账套：选择系统默认账套"default"。

③ 单击"登录"按钮,以系统管理员身份进入系统管理,系统管理界面最下面的状态栏中显示当前登录操作员为[admin],结果如图1-2所示。系统管理界面中显示为黑色的菜单项即为系统管理员在系统管理中可以执行的操作。

2. 增加用户

① 在"系统管理"窗口中,单击"权限/用户"菜单项,打开"用户管理"窗口。

② 单击"增加"按钮,打开"操作员详细情况"窗口。

③ 增加"陈虹涛"用户。根据表1-1,输入"陈虹涛"的编号、姓名、用户类型(已默认为普通用户)、口令(即密码,初始密码设置为空)和所属角色等信息,结果如图1-3所示。

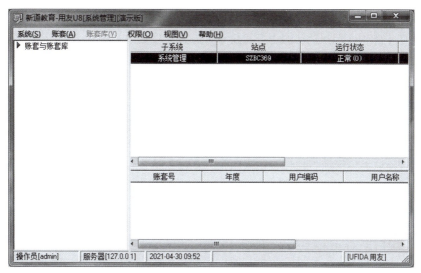

图1-2 以系统管理员身份进入系统管理

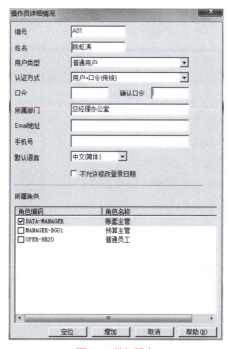

图1-3 增加用户

栏目说明：

- 编号：用户编号在U8系统中必须唯一，即使是不同的账套，用户编号也不能重复。本例中输入的是"A01"。
- 姓名：准确输入该用户的中文全称。用户登录U8进行业务操作时，此处的姓名将会显示在业务单据上，以明确经济责任。本例输入"陈虹涛"。
- 用户类型：有普通用户和管理员用户两种。普通用户指登录系统进行各种业务操作的人；管理员用户的性质与admin相同，他们只能登录系统管理进行操作，不能接触企业业务。本例选择"普通用户"。

- 认证方式：提供用户+口令(传统)、动态密码、CA认证、域身份验证4种认证方式。用户+口令(传统)是U8默认的用户身份认证方式，即通过系统管理中的用户管理来设置用户的安全信息。本例采取系统默认。
- 口令：设置操作员口令时，为保密起见，输入的口令字在屏幕上以"*"号显示。本例不设置口令。
- 所属角色：系统预置了账套主管、预算主管、普通员工3种角色。用户可以执行"权限/角色"命令增加新的角色。本例选择所属角色为"账套主管"。

④ 完成后，单击"增加"按钮，依次增加其他操作员。设置完成后单击"取消"按钮返回"用户管理"窗口，所有用户以列表方式显示。

⑤ 单击"退出"按钮，返回"系统管理"窗口。

❖ **特别提醒：**

- 在增加用户时可以直接指定用户所属角色，如陈虹涛的角色为"账套主管"。由于系统中已经为预设的角色赋予了相应的权限，因此，如果在增加用户时就指定了相应的角色，则其就自动拥有了该角色的所有权限。如果用户权限与所选角色权限不完全符合，则可以在"权限"设置中对用户权限进行调整。
- 如果为用户定义了所属角色，则该用户不能被删除，必须先取消用户所属角色才能删除用户。如果所设置的用户在U8系统中进行过业务操作，则也不能被删除。
- 如果用户使用过系统又被调离单位，应在"用户管理"窗口中单击"修改"按钮，在"修改用户信息"窗口中单击"注销当前用户"按钮，最后单击"修改"按钮返回系统管理。此后该用户无权再进入U8系统。
- 只有系统管理员能够设置或取消账套主管。
- 账套主管用户自动拥有该账套的所有操作权限。
- 一个账套可以设定多个账套主管。

实训二 建立账套

实训任务

北京华鑫电器账套参数信息如下。

1. 账套信息

账套号：021
账套名称：北京华鑫电器有限公司
账套路径：采用系统默认路径
启用会计期：2021年4月

2. 单位信息

单位名称：北京华鑫电器有限公司
单位简称：华鑫电器

单位地址：北京市朝阳区广营路368号
联系电话：010-84634928
法人代表：陈虹涛
税号：911101055567336885

3. 核算类型

本币代码：RMB
本币名称：人民币
企业类型：工业
行业性质：2007年新会计制度科目
账套主管：陈虹涛
按行业性质预置科目。

4. 基础信息

对存货和客户进行分类，供应商不分类，有外币核算。

5. 分类编码方案

科目编码级次：4-2-2-2
客户编码级次：2-2
存货分类编码级次：2-2-3
其他保持系统默认设置。

6. 数据精度

存货数量小数位数、存货体积、重量、单价小数位数、开票单价小数位数、件数小数位数、换算率小数位数、税率小数位数均为2。

7. 系统启用

启用总账、应收款管理、应付款管理、固定资产、薪资管理系统，启用日期为2021年4月1日。

任务解析

1. 背景知识

(1) 账套

账套是一组相互关联的数据。每一个独立核算的企业都有一套完整的账簿体系，把这样一套完整的账簿体系建立在U8系统中就称为一个账套。在U8中，可以为多个企业(或企业内多个独立核算的部门)分别立账，且各账套的数据之间相互独立、互不影响，从而使资源得到充分利用，系统最多允许建立999个企业账套。

(2) 系统启用

系统启用是指设定在用友U8中各个子系统开始使用的日期。只有设置为启用的子系统才可以登录。

系统启用有两种方法：一是由系统管理员在系统管理中创建企业账套完成时进行系统启

的设置；二是如果在建立账套时未设置系统启用，则由账套主管在企业应用平台基本信息中进行系统启用。

2. 岗位说明

只能以系统管理员admin身份建立账套。

实训指引

1. 创建企业账套

① 以系统管理员的身份登录系统管理，单击"账套/建立"菜单项，系统打开"创建账套—建账方式"窗口。选择"新建空白账套"，单击"下一步"按钮，打开"账套信息"窗口。

② 输入账套信息。按实训资料输入账套信息，结果如图1-4所示。

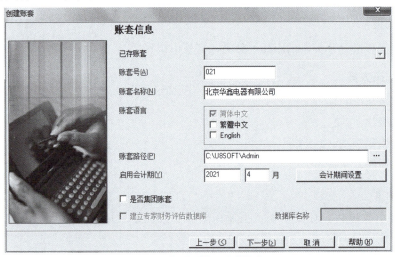

图1-4 创建账套—账套信息

栏目说明：

- 已存账套：系统将已存在的账套以下拉列表框的形式显示，用户只能查看，不能输入或修改账套，目的是避免重复建账。

- 账套号：账套号是该企业账套的唯一标识，必须输入，且不得与机内已经存在的账套号重复，可以输入001～999之间的3个字符，创建成功账套号后就不允许修改。本例输入账套号021。

- 账套名称：可以输入核算单位的简称，且必须输入，进入系统后它将显示在正在运行的软件界面上。本例输入"北京华鑫电器有限公司"。

- 账套语言：系统默认选中"简体中文"选项。从系统提供的选项中可以看出，U8还支持繁体中文和英文作为账套语言，但简体中文为必选。

- 账套路径：用来确定新建账套将要被放置的位置，系统默认的路径为"C:\U8SOFT\Admin"，用户可以手动更改，也可以单击"…"按钮选择输入。

- 启用会计期：指开始使用U8系统进行业务处理的初始日期。必须输入。系统默认为计算机的系统日期，更改为"2021年4月"。系统自动将自然月份作为会计核算期间。

- 是否集团账套：不选择。
- 建立专家财务评估数据库：不选择。

③ 单击"下一步"按钮，打开"创建账套—单位信息"窗口。

④ 按实训资料输入单位信息，结果如图1-5所示。

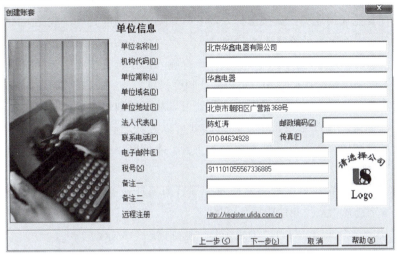

图 1-5　创建账套—单位信息

栏目说明：

- 单位名称：必须输入企业的全称。企业全称在正式发票中使用，其余情况全部使用企业简称。本例输入"北京华鑫电器有限公司"。
- 单位简称：指用户单位的简称。最好输入。本例输入"华鑫电器"。

其他栏目都属于任选项，参照所给资料输入即可。

⑤ 单击"下一步"按钮，打开"账套信息—核算类型"窗口。

⑥ 按实训资料输入核算类型，结果如图1-6所示。

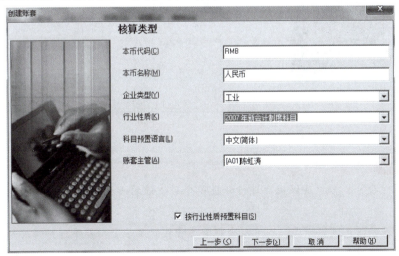

图 1-6　创建账套—核算类型

栏目说明：

- 本币代码：必须输入。本例采用系统默认值"RMB"。
- 本币名称：必须输入。本例采用系统默认值"人民币"。
- 企业类型：系统提供了工业、商业、医药流通3种类型。如果选择"工业",则系统不能处理受托代销业务；如果选择"商业",则系统不能处理产成品入库、材料领用出库业务。本例采用系统默认"工业"。
- 行业性质：用户必须从下拉列表框中选择输入,系统将按照所选择的行业性质预置科目。本例采用系统默认"2007年新会计制度科目"。
- 账套主管：如果事先增加了用户,此处可以从下拉列表中选择某用户为该账套的账套主管,如果此前尚未设置用户,则此处可以先任选一位列表中的用户,待账套建立完成后再利用"权限"功能设置账套主管。本例从下拉列表框中选择输入"[A01] 陈虹涛"。
- 按行业性质预置科目：如果希望系统预置所属行业的标准一级科目,则选中该复选框。本例选择"按行业性质预置科目"。

⑦ 单击"下一步"按钮,打开"创建账套—基础信息"窗口。

⑧ 设置基础信息。按照本例要求,选中"存货是否分类""客户是否分类"和"有无外币核算"3个复选框,结果如图1-7所示。单击"下一步"按钮,打开"创建账套—准备建账"窗口。

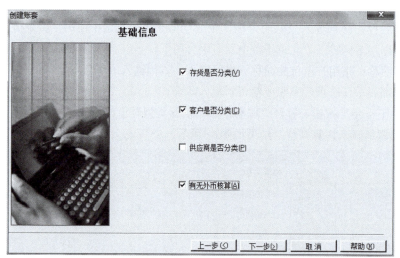

图1-7 创建账套—基础信息

❖ 特别提醒：

- 设置对存货、客户及供应商进行分类是今后统计的一种口径,可以按照分类进行数据统计。
- 如果基础信息设置错误,则可以由账套主管在修改账套功能中进行修改。

⑨ 准备建账。单击"完成"按钮,弹出系统提示"可以创建账套了么？",结果如图1-8所示。单击"是"按钮,系统依次进行初始化环境、创建新账套库、更新账套库、配置账套信息等工作,所以需要一段时间才能完成,要耐心等待。完成以上工作后,打开"编码方案"窗口。

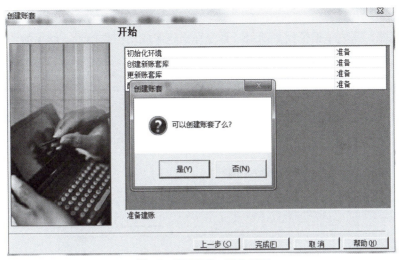

图1-8 创建账套—准备建账

⑩ 设置编码方案。按实训资料进行设置，结果如图1-9所示，单击"确定"按钮，再单击"取消"按钮，打开"数据精度"窗口。

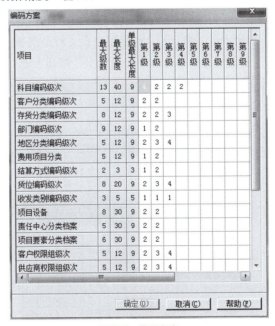

项目	最大级数	最大长度	单级最大长度	第1级	第2级	第3级	第4级	第5级	第6级	第7级	第8级	第9级
科目编码级次	13	40	9		2	2	2					
客户分类编码级次	5	12	9	2	2							
存货分类编码级次	8	12	9	2	2	3						
部门编码级次	9	12	9	1	2							
地区分类编码级次	5	12	9	2	3	4						
费用项目分类	5	12	9	1	2							
结算方式编码级次	2	3	3	1	2							
货位编码级次	8	20	9	2	3	4						
收发类别编码级次	3	5	5	1	1	1						
项目设备	8	30	9	2								
责任中心分类档案	5	30	9	2								
项目要素分类档案	6	30	9	2								
客户权限组级次	5	12	9	2	3							
供应商权限组级次	5	12	9	2								

图1-9 编码方案

❖ **特别提醒：**
 ◇ 科目编码级次中第1级科目编码长度根据建账时所选行业性质自动确定，此处显示为灰色，不能修改，只能设定第1级之后的科目编码长度。
 ◇ 删除编码级次时，必须从最后一级向前依次删除。

⑪ 定义数据精度。数据精度涉及核算精度问题。涉及购销存业务环节时，会输入一些原始单据，如发票、出入库单等，需要填写数量及单价，数据精度定义是确定有关数量及单价的小数位数的。本例采用系统默认。单击"确定"按钮，系统显示"正在更新单据模板，请稍等"

信息提示。

⑫ 完成建账。完成单据模板更新后，系统弹出建账成功信息提示，结果如图1-10所示。单击"是"按钮，打开"系统启用"窗口。

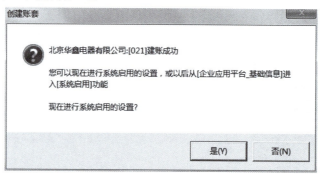

图1-10　建账成功信息提示

⑬ 选中"GL总账"前的复选框，打开"日历"窗口。设置总账系统启用日期为"2021-04-01"，单击"确定"按钮，系统弹出"确实要启用当前系统吗"信息提示框，单击"是"按钮完成总账系统启用，启用人一栏显示"admin"。同理，启用应收款管理、应付款管理、固定资产、薪资管理系统，启用日期均为"2021-04-01"，结果如图1-11所示。

单击"退出"按钮，系统弹出"请进入企业应用平台进行业务操作！"信息提示框，单击"确定"按钮，系统返回"创建账套"界面，单击"退出"按钮，返回"系统管理"界面。

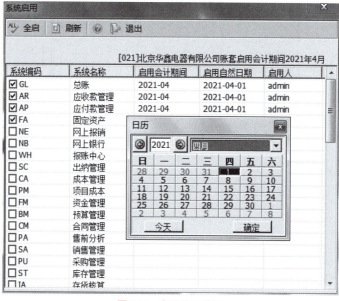

图1-11　启用总账系统

❖ **特别提醒：**

◇ 建账完成后，编码方案、数据精度、系统启用项目可以由账套主管在"企业应用平台/基础设置/基本信息"选项中进行修改。

◇ U8中任何一个子系统的启用日期都不能早于企业账套的启用日期。

实训三 为用户设置权限

实训任务

按照岗位职责及内控要求，整理华鑫电器用户在U8中的权限如表1-2所示。

表1-2 用户权限

编码	姓名	部门	操作分工
A01	陈虹涛	总经理办公室	账套主管
W01	罗培韶	财务部	公共目录设置、总账(审核凭证、查询凭证、对账、结账)、UFO报表
W02	吴碧贤	财务部	公共目录设置、总账(凭证处理、查询凭证、记账、账表、期末)、应收款管理(不含卡片编辑、票据管理、选择收款)、应付款管理(不含卡片编辑、票据管理、选择付款)、固定资产、薪资管理的所有权限
W03	杨丽娟	财务部	总账(出纳签字、出纳)、应收款管理(收款单据处理中的卡片编辑、卡片查询，选择收款和票据管理)、应付款管理(付款单据处理中的卡片编辑、卡片查询，选择付款和票据管理)

任务解析

1. 背景知识

(1) 功能权限

用友U8管理软件分为财务会计、管理会计、供应链、生产制造、人力资源等功能组，每个功能组中又包含若干模块，也称为子系统，如财务会计中包含总账子系统、应收款子系统、应付款子系统等。每个子系统具有不同的功能，这些功能通过系统中的功能菜单来体现，功能菜单呈树形结构，例如，总账子系统中的功能展开后如图1-12所示。

功能权限在系统管理中设定。用户登录U8后只能看到本人有权限操作的菜单。

(2) 角色

角色是指在企业管理中拥有某一类职能的组织，这个组织可以是实际的部门，也可以是由拥有同一类职能的人构成的虚拟组织。例如，实际工作中最常见的会计和出纳两个角色，他们既可以是同一个部门的人员，也可以分属不同的部门，但工作职能是一样的。我们设置角色后，就可以定义角色的权限，当用户归属某一角色后，就相应地拥有了该角色的权限。

设置角色的优点在于可以根据职能统一进行权限的划分，方便授权。通常，不能以角色身份登录U8进行操

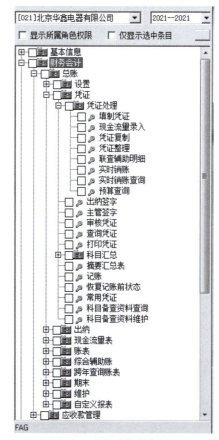

图1-12 总账功能菜单示意

作，只能以某个具体用户的身份登录。

2. 岗位说明

以系统管理员admin身份为用户赋权。

实训指引

1. 为W01罗培韶赋权

① 在"系统管理"窗口中，单击"权限/权限"菜单项，打开"操作员权限"窗口。

② 在打开的"操作员权限"窗口中，选择"[021]北京华鑫电器有限公司"账套，再从操作员列表中选择"W01罗培韶"，单击"修改"按钮。

③ 选中"基本信息"前的"+"图标，选中"公用目录设置"复选框；同理选中"财务会计"前的"+"图标，选中"总账—凭证"中的"审核凭证""查询凭证"及"总账—期末"中的"对账""结账"复选框，选中UFO报表复选框，结果如图1-13所示。

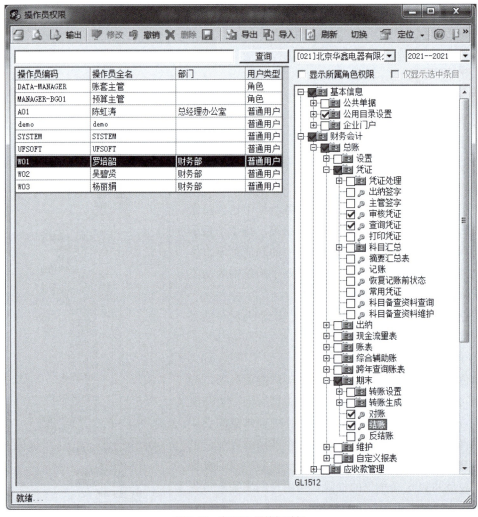

图1-13 为W01罗培韶赋权

④ 单击"保存"按钮。

2. 为 W02 吴碧贤赋权

① 在"系统管理"窗口中,单击"权限/权限"菜单项,打开"操作员权限"窗口。

② 在操作员权限窗口中,选择"[021]北京华鑫电器有限公司"账套,再从操作员列表中选择"W02吴碧贤",单击"修改"按钮。

③ 选中"基本信息"前的"+"图标,选中"公用目录设置"复选框;同理选中"财务会计"前的"+"图标,选中"总账/凭证"中的"凭证处理""查询凭证""记账"复选框及"账表""期末"复选框,结果如图1-14所示。

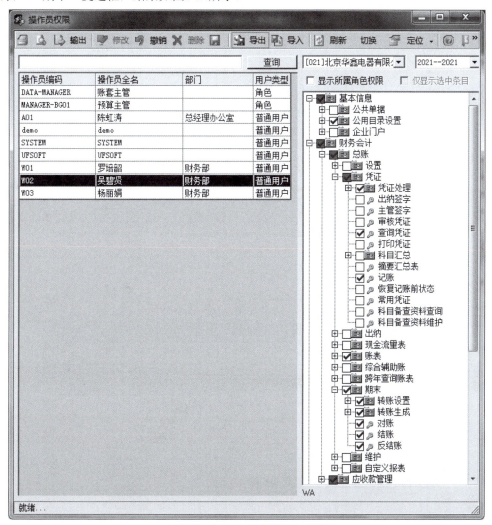

图 1-14 为 W02 吴碧贤赋权—总账

④ 继续选中"应收款管理"复选框,单击"日常处理"前的"+"图标,去掉"收款单据处理""选择收款"和"票据管理"的选中标记,再重新选中"收款单据处理"下除"卡片编辑"外的复选框,结果如图1-15所示。

⑤ 同理,设置应付款管理权限及固定资产、薪资管理。

⑥ 单击"保存"按钮。

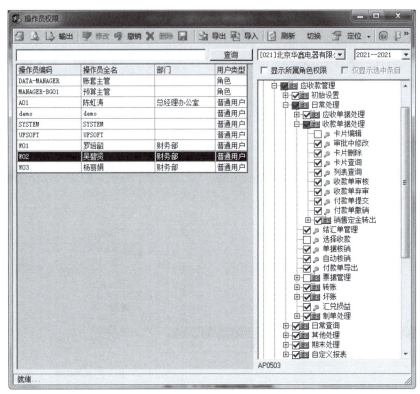

图 1-15 为 W02 吴碧贤赋权—应收款

3. 为 W03 杨丽娟赋权

请学员自行练习为 W03 杨丽娟赋权，结果如图 1-16～图 1-18 所示。

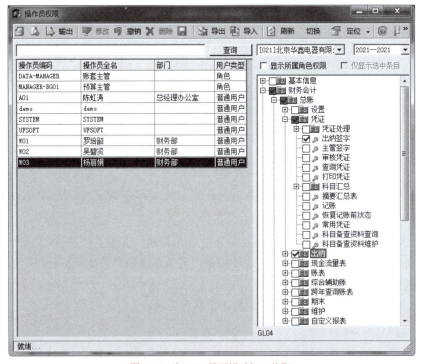

图 1-16 为 W03 杨丽娟赋权—总账

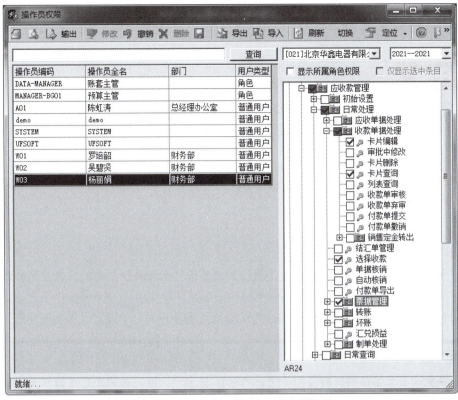

图 1-17　为 W03 杨丽娟赋权—应收款管理

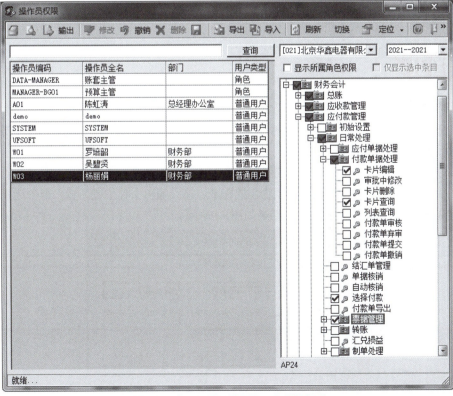

图 1-18　为 W03 杨丽娟赋权—应付款管理

实训四　输出/引入账套

实训任务

① 将账套备份到"D:\北京华鑫电器有限公司\1-1企业建账"文件夹中。
② 查看"D:\北京华鑫电器有限公司\1-1企业建账"中的账套备份文件。
③ 尝试将备份账套引入U8系统。

任务解析

1. 背景知识

(1) 账套备份

为了保护机内数据安全，企业应定期进行数据备份。账套备份是将机内企业账套数据输出到指定路径，并转移到他处存放，以备恢复机内数据损坏时使用。U8系统提供了自动备份和人工备份两种方式。自动备份在系统管理的"系统/设置备份计划"中设置。本实训介绍的是人工备份方式。

(2) 账套恢复

账套恢复是账套备份的对应操作。通过"账套/输出"功能备份的账套数据，无法利用其他应用程序阅读，只能通过U8系统管理"账套/引入"功能恢复到系统中才可使用。

2. 岗位说明

以系统管理员admin身份进行账套输出和引入。

实训指引

1. 备份账套

首先在D盘中建立"北京华鑫电器有限公司"文件，再在该文件中建立"1-1企业建账"文件夹，用于存放账套输出结果。

① 以系统管理员身份注册进入系统管理，单击"账套/输出"，打开"账套输出"窗口。

② 从"账套号"下拉列表中选择要输出的账套，在"输出文件位置"输入框中选择"D:\北京华鑫电器有限公司\1-1企业建账"，结果如图1-19所示。

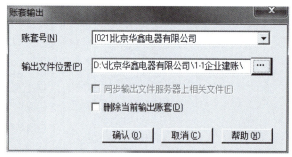

图1-19　账套输出

③ 单击"确认"按钮，系统将对企业账套数据库进行整理，稍候，系统弹出"输出成功！"信息提示框时，单击"确定"按钮。

> ❖ **特别提醒：**
> ◆ 输出账套之前，最好关闭所有系统模块。
> ◆ 如果将选中"删除当前输出账套"复选框，则系统会先输出账套，然后进行删除确认提示，最后删除当前账套。

2. 查看账套备份文件

账套输出之后在指定路径下将形成两个文件：UFDATA.BAK和UfErpAct.Lst。这两个文件不能被直接打开，只有通过系统管理中的账套引入功能引入U8中，才能正常查询。

3. 引入账套

① 由系统管理员登录系统管理，单击"账套/引入"菜单项，打开"请选择账套备份文件"窗口。

② 选择账套备份文件所在的位置，本例假设为"D:\北京华鑫电器有限公司\1-1企业建账\UfErpAct.Lst"文件。

③ 单击"确定"按钮，系统弹出"请选择账套引入的目录…"信息提示框。

④ 单击"确定"按钮，打开"请选择账套引入的目录"窗口，单击"确定"按钮，弹出系统提示"此操作将覆盖[021]账套当前的信息，继续吗？"信息提示框。

⑤ 单击"是"按钮，系统自动进行引入账套的工作。

⑥ 完成后，弹出系统提示"账套[021]引入成功！……"，单击"确定"按钮返回。

> ❖ **特别提醒：**
> ◆ 如果引入账套时U8系统中不存在021账套，则系统不会出现是否覆盖信息提示，直接进行账套引入。
> ◆ 如果在系统提示框中单击"否"按钮，将返回系统管理，不做账套引入。

> ❖ **拓展任务：**
> **1. 设置自动备份计划**
> ◆ 功能概要：实现系统自动备份。
> ◆ 路径指引：系统管理—系统—设置备份计划。
> ◆ 岗位说明：系统管理员(账套备份)或账套主管(账套库备份)。
>
> **2. 修改账套**
> ◆ 功能概要：对建账过程中的错误进行修改。
> ◆ 路径指引：系统管理—账套—修改。
> ◆ 岗位说明：账套主管。

项目二 基础档案设置

实训一 机构人员设置

实训任务

1. 设置人员类别

按照表2-1完成华鑫电器在用友U8中"正式工"人员类别的子类设置(新建账套时,系统已预置正式工、合同工、实习生3个人员类别)。

表2-1 人员类别

人员类别	档案编码	档案名称
101正式工	1011	企管人员
	1012	销售人员
	1013	车间管理人员
	1014	生产工人
102合同工		
103实习生		

2. 设置部门档案

按照表2-2完成华鑫电器部门档案的设置。

表2-2 部门档案

部门编码	部门名称
1	总经理办公室
2	财务部
3	采购部
4	销售部
5	仓管部
6	生产部
601	车间管理部
602	车间生产部

3. 设置人员档案

按照表2-3完成华鑫电器人员档案的设置。

表2-3 人员档案

人员编码	人员姓名	性别	部门名称	雇佣状态	人员类别	银行及银行账号	是否操作员	是否业务员
A01	陈虹涛	男	总经理办公室	在职	企管人员	中国工商银行 6222020220332019001	是	否
W01	罗培韶	女	财务部	在职	企管人员	中国工商银行 6222020220332019002	是	否
W02	吴碧贤	男	财务部	在职	企管人员	中国工商银行 6222020220332019003	是	否
W03	杨丽娟	女	财务部	在职	企管人员	中国工商银行 6222020220332019004	是	否
G01	周东瑞	男	采购部	在职	企管人员	中国工商银行 6222020220332019005	否	是
X01	刘东强	男	销售部	在职	销售人员	中国工商银行 6222020220332019006	否	是
C01	徐倩月	女	仓管部	在职	企管人员	中国工商银行 6222020220332019007	否	是
S01	张　峰	男	车间管理部	在职	车间管理人员	中国工商银行 6222020220332019008	否	否
S02	韩宇豪	男	车间生产部	在职	生产工人	中国工商银行 6222020220332019009	否	否
S03	李平凯	男	车间生产部	在职	生产工人	中国工商银行 6222020220332019010	否	否
S04	王鑫锐	男	车间生产部	在职	生产工人	中国工商银行 6222020220332019011	否	否
S05	杨建文	男	车间生产部	在职	生产工人	中国工商银行 6222020220332019012	否	否

任务解析

1. 背景知识

(1) 企业应用平台

企业应用平台是用友U8的集成应用平台，是用户登录U8的唯一入口。

企业应用平台中划分了3个功能组，分别为系统服务、基础设置和业务工作。系统服务主要为系统安全且正常运行而设；基础设置主要用于U8各子系统公用的基本信息、基础档案和单据设置；业务工作中集成了登录用户用友操作权限的所有功能模块。

(2) 人员类别

人员类别与工资费用的分配、分摊有关，工资费用的分配及分摊是薪资管理系统的一项重要功能。人员类别设置的目的是为工资分摊凭证设置相应的入账科目，可以按不同的入账科目需要设置不同的人员类别。

人员类别是人员档案中的必选项目，需要在人员档案建立之前设置。

(3) 人员档案

人员档案主要用于记录本企业职工的个人信息。设置人员档案的作用一是为总账中个人往来核算和管理提供基础档案；二是为薪资管理系统提供人员基础信息。企业全部的人员均需在此建立档案。

2. 岗位说明

以账套主管A01身份进行机构人员设置。

实训指引

1. 以账套主管的身份登录企业应用平台

① 双击桌面的"企业应用平台"快捷方式，打开"登录"窗口。

② 设置"操作员"为A01，密码为空，账套为"[021]"，操作日期为"2021-04-01"，单击"登录"按钮，打开"企业应用平台"窗口。

2. 设置人员类别

① 在"企业应用平台"的"基础设置"页签下，依次单击"基础档案/机构人员/人员类别"菜单项，打开"人员类别"窗口。

② 先单击左窗格的"正式工"，然后单击工具栏中的"增加"按钮，系统弹出"增加档案项"窗口。

③ 编辑"企管人员"类别。方法是输入"档案编码"为"1011"、"档案名称"为"企管人员"，单击"确定"按钮。

④ 同理，完成表2-1中其他人员类别的设置。单击"取消"按钮，返回"人员类别"窗口，结果如图2-1所示。

⑤ 单击"增加档案项"窗口中的"取消"按钮，再单击工具栏中的"退出"按钮，返回企业应用平台窗口。

图 2-1　设置人员类别

3. 设置部门档案

① 在"企业应用平台"的"基础设置"页签下，依次单击"基础档案/机构人员/部门档案"菜单项，打开"部门档案"窗口。

② 编辑"总经理办公室"。单击工具栏中的"增加"按钮，设置部门编码为"1"、部门名称为"总经理办公室"，单击"保存"按钮。

③ 完成部门编辑。重复步骤②，按照表2-2，录入其他部门档案，结果如图2-2所示，完成后单击"部门档案"窗口右上角的"关闭"按钮，退出该窗口并返回企业应用平台。

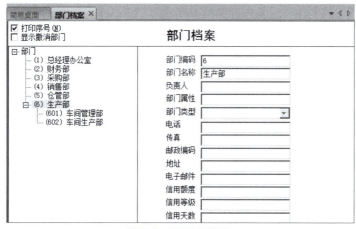

图2-2 设置部门档案

4. 设置人员档案

① 双击"人员档案"菜单项，打开"人员档案"窗口。

② 单击"增加"按钮，系统进入新增状态，新增一张人员档案表。

③ 编辑人员档案。按照表2-3，编辑"人员编码"为"A01"、"人员姓名"为"陈虹涛"、"性别"为"男"、"人员类别"为"企管人员"、"行政部门"为"总经理办公室"、"银行"为"中国工商银行"、"账号"为"6222020220332019001"，同时勾选复选框"是否操作员"，结果如图2-3所示。

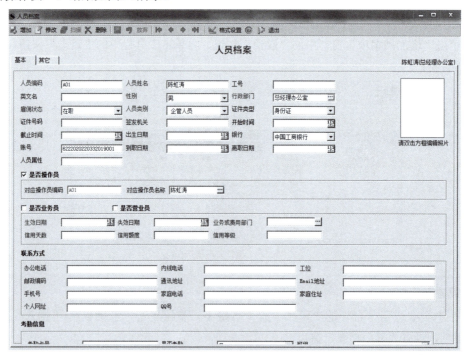

图2-3 人员档案设置

栏目说明：

- 人员编码：必须录入，必须唯一。
- 人员姓名：必须录入，可以重复。
- 性别：必须录入。
- 行政部门：输入该职员所属的行政部门，参照部门档案。
- 人员属性：填写职员是属于采购员、库房管理人员还是销售人员等。
- 人员类别：必须录入，参照人员类别档案，如果"人事信息管理"未启用，则可随时修改；否则不能修改，应由HR业务进行处理。
- 银行：指人员工资等账户所属银行，参照银行档案。
- 账号：指人员的工资账号。
- 是否业务员：指此人员是否可以在后续的业务操作中被参照。若出差借款时需要选择人员，此处的人员只有设置了"业务员"才可能被参照到。
- 是否操作员：指此人员是否可操作U8产品，可以将本人作为操作员，也可与已有的操作员做对应关系。

④ 单击"保存"按钮，若该人员已经是用友ERP软件的操作员，则系统弹出提示框"人员信息已改，是否同步修改操作员的相关信息？"，单击"是"按钮，系统保存人员信息并新增一张人员档案表。

⑤ 重复步骤②和④，依据表2-3将人员档案全部录入完成后，单击工具栏中的"退出"按钮，返回"人员档案"窗口，完成人员档案编辑。

⑥ 单击"人员档案"窗口右上角的"关闭"按钮，关闭并退出该窗口。

特别提醒：

- 人员编码不能被修改，人员姓名可随时修改。
- 如果该员工需要在其他档案或单据的"业务员"项目中被参照，则需要选中"是否业务员"选项。
- "是否操作员"是设定该人员是否可操作U8产品，有两种可能：一种是在系统管理中已经将该人员设置为用户，此处无须再选中该选项；另一种是该人员没有在系统管理中设置为用户，那么此处可以选中"是否操作员"复选框，系统将该人员追加在用户列表中，人员编码自动作为用户编码和用户密码，所属角色为普通员工。

实训二　客商信息设置

实训任务

1. 设置地区分类

按照表2-4完成华鑫电器地区分类设置。

表2-4 地区分类

分类编码	分类名称
01	华北地区
02	华东地区
03	华中地区

2. 设置客户分类

按照表2-5完成华鑫电器客户分类设置。

表2-5 客户分类

类别名称	一级分类编码与名称
客户	01 一般客户
	02 VIP客户

3. 设置供应商档案

按照表2-6完成华鑫电器供应商档案设置。

表2-6 供应商档案

供应商编码与名称	供应商简称	所属地区	税号	开户银行与账号	地址	电话	税率
0101湖南翊森电器有限公司	翊森电器	03	67110105556136796R	中国工商银行湖南衡阳支行 63017898765622151626	湖南省衡阳区东四中路198号	0734-84937907	13%
0102江苏盈华电器有限公司	江苏盈华	02	234401117315502835	中国工商银行南京玄武支行 41004446453959524317	南京市玄武区龙蟠路198号	025-82336111	13%
0103河北华工贸易有限公司	河北华工	01	13010111731550265C	中国工商银行河北宁波支行 41004446453959528569	河北省石家庄市宁波中路56号	0311-84937828	13%
0104上海凯跃五金有限公司	凯跃五金	02	310115043547628289	中国工商银行上海建业支行 10011762520254255099	上海市浦东新区建业路35号	021-41971666	13%
0105北京润泽工贸有限公司	北京润泽	01	110109011832355564	中国工商银行北京东城支行 02010002356400254866	北京市东城区建兴路5号	010-14483055	13%
0106江西普利电器有限公司	普利电器	02	360121021643604559	中国工商银行江西新建支行 42209182763122546668	江西省西城区车康庄路53号	0791-70308385	13%
0107北京顺丰快递有限公司	顺丰快递	01	113697011832396721	中国工商银行北京东城支行 11010002356400254866	北京市东城区建兴路5号	010-14483069	9%

4. 设置客户档案

按照表2-7完成华鑫电器客户档案设置。

表2-7 客户档案

客户编码与名称	客户简称	所属地区	所属分类	税号	开户银行与账号	地址	电话
0101江西玖富家电有限公司	玖富家电	02	02	360121091655034806	中国工商银行江西瑶湖支行 42201522028733277999	江西省瑶湖北三环东路55号	0791-80937006
0102河南阳光电器城有限公司	阳光电器城	03	01	914101079970971062	中国工商银行河南郑州支行 21000988217452962122	河南省郑州市广西路112号	0371-17901226
0103上海东盛万达广场有限公司	上海东盛	02	02	31010116569503966C	中国工商银行上海黄浦支行 31001522028733277562	上海市黄浦区小峪街49号	021-18817053

(续表)

客户编码与名称	客户简称	所属地区	所属分类	税号	开户银行与账号	地址	电话
0104安徽钦国家电有限公司	钦国家电	02	01	34250109165503652C	中国工商银行安徽合肥支行 11017898765636985213	安徽省合肥市西照北路40号	0551-18817033
0105湖北立兴商贸有限公司	立兴商贸	03	01	4201010917265387978	中国工商银行武汉和平支行 62000027251485445296	湖北省武汉市和平里76号	027-61445174
0106北京润泽工贸有限公司	润泽工贸	01	02	110101183235965564	中国工商银行北京东城支行 62010002356400254861	北京市东城区建兴路5号	010-14483055

任务解析

1. 背景知识

(1) 客户分类与供应商分类

企业可以根据自身管理的需要对客户或供应商进行分类管理。分类的目的是预设统计口径，如将客户分为VIP客户和一般客户，就可以分别统计出VIP客户和一般客户的销售数据，以便分析销售者行为，为企业制定合理的销售政策提供依据。

(2) 供应商档案

企业设置往来供应商的档案信息，有利于对供应商资料的管理和业务数据的统计与分析。在用友U8中建立供应商档案，主要是为企业的采购管理、委外管理、库存管理、应付账管理服务的。在填制采购入库单、采购发票，进行采购结算、应付款结算和有关供货单位统计时都会用到供应商档案。如果在建立账套时选择了供应商分类，则必须在设置完成供应商分类档案的情况下编辑供应商档案。

(3) 客户档案

客户档案是企业的一项重要资源，手工管理方式下，客户信息一般散落在业务员手中，业务员所掌握的客户信息一般包括客户名称、联系人、电话等基本信息。企业建立会计信息系统时，需要全面整理客户资料并录入系统，以便有效地管理客户、服务客户。客户信息包括以下几个方面的内容。

- 基本信息：包括客户编码、客户名称、客户简称、税号、开户银行、银行账号等。
- 联系信息：包括地址、邮编、联系人、电话、发货地址、发货方式、发货仓库等。
- 信用信息：包括价格级别、信用等级、信用额度、付款条件、应收余额等。
- 其他信息：包括分管部门、分管业务员、停用日期等。

我们看到，与客户相关的信用等级、信用额度是与赊销管理相关的控制信息；发货仓库、发货方式是销售发货必需的信息；开户银行、银行账号和税号是给客户开具销售发票必需的基本信息。在客户档案中预置与业务相关的所有基础信息充分体现了U8系统信息集成的特点及优势。

2. 岗位说明

以账套主管A01身份设置客商信息。

实训指引

以账套主管的身份登录企业应用平台对基础设置、基础档案、客商信息进行设置。

1. 设置地区分类

① 在"企业应用平台"的"基础设置"页签下,依次单击"基础档案/客商信息/地区分类"菜单项,打开"地区分类"窗口。

② 新增一个地区类别。单击"增加"按钮,录入分类编码为"01"、分类名称为"华北地区",单击"保存"按钮。

③ 完成地区分类编辑。重复步骤②,依据表2-4,完成地区分类信息的录入工作,结果如图2-4所示。

④ 退出。单击"地区分类"窗口中的"退出"按钮。

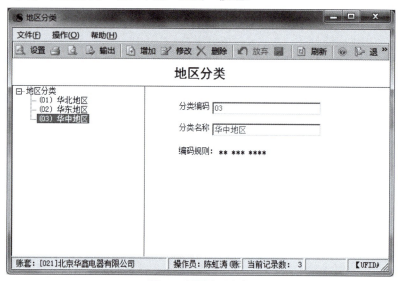

图 2-4 设置地区分类

2. 设置客户分类

① 双击"客户分类"菜单项,系统打开"客户分类"窗口。

② 单击工具栏中的"增加"按钮,录入分类编码为"01"、分类名称为"一般客户",单击"保存"按钮,新增一个客户分类。

③ 完成客户分类编辑。重复步骤②,依据表2-5录入客户分类信息,结果如图2-5所示。

④ 单击"客户分类"窗口中的"退出"按钮。

3. 设置供应商档案

① 在"企业应用平台"的"基础设置"页签下,依次单击"基础档案/客商信息/供应商档案"菜单项,打开"供应商档案"窗口。

② 新增一个供应商。单击"增加"按钮,增加一张供应商档案,编辑供应商档案的"基本"和"联系"信息,包括编码、名称、简称、分类、币种、所属地区等。以表2-6第1行为例,其"基本"选项卡的结果如图2-6所示。

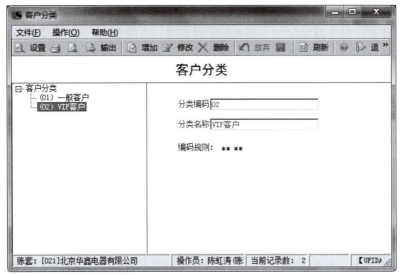

图 2-5　设置客户分类

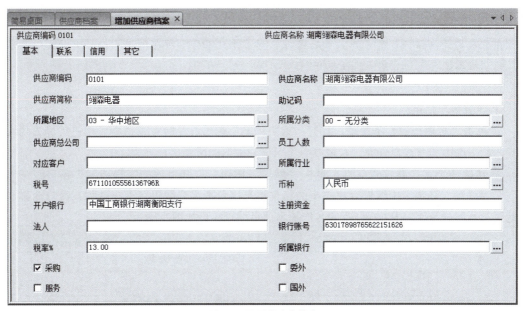

图 2-6　设置供应商档案

栏目说明：

- 供应商编码：供应商编码必须唯一且必须录入。
- 供应商名称：输入供应商全称。
- 供应商简称：用于业务单据和账表的屏幕显示。
- 供应商属性：请在采购、委外、服务3种属性中选择一种或多种。采购属性的供应商用于采购货物时可选的供应商，委外属性的供应商用于委外业务时可选的供应商，服务属性的供应商用于费用或服务业务时可选的供应商。本例均为"采购"。

- 对应客户编码、简称：在供应商档案中输入对应客户名称时不允许记录重复，即不允许有多个供应商对应一个客户的情况出现，且当在001供应商中输入对应客户编码为666，在保存该供应商信息时，则需要同时将666客户档案中的对应供应商编码记录存为001。
- 税号：输入供应商的工商登记税号。
- 开户银行：输入供应商的开户银行的名称，如果供应商的开户银行有多个，则在此处输入该企业同用户之间发生业务往来最常用的开户银行。
- 银行账号：输入供应商在其开户银行中的账号，可输入50位数字或字符。银行账号应对应于"开户银行"栏目所填写的内容。如果供应商在某开户银行中有多个银行账号，则在此处输入该企业同用户之间发生业务往来最常用的银行账号。

③ 保存并新增。单击"保存并新增"按钮，系统保存该供应商信息并增加一张供应商档案。

④ 完成编辑。重复步骤②和③，将表2-6中所有供应商档案全部录入后，单击"退出"按钮退出该窗口。

❖ **特别提醒：**

在录入"开户银行"时，其"所属银行"为"开户银行"所在银行，如"工行厦门高新支行"的"所属银行"为"中国工商银行"。

4. 设置客户档案

① 单击"客户档案"菜单项，打开"客户档案"窗口。此时左窗口中显示已经设置的客户分类，单击选中某一客户分类，右窗口中显示该分类下的所有客户列表。

② 新增一个客户并编辑信息。单击"增加"按钮，打开"增加客户档案"窗口，在"基本"和"联系"选项卡中编辑客户档案的相关信息，包括客户编码、客户名称、客户简称、所属地区、所属分类等，表2-7第1行的客户基本信息编辑结果如图2-7所示。

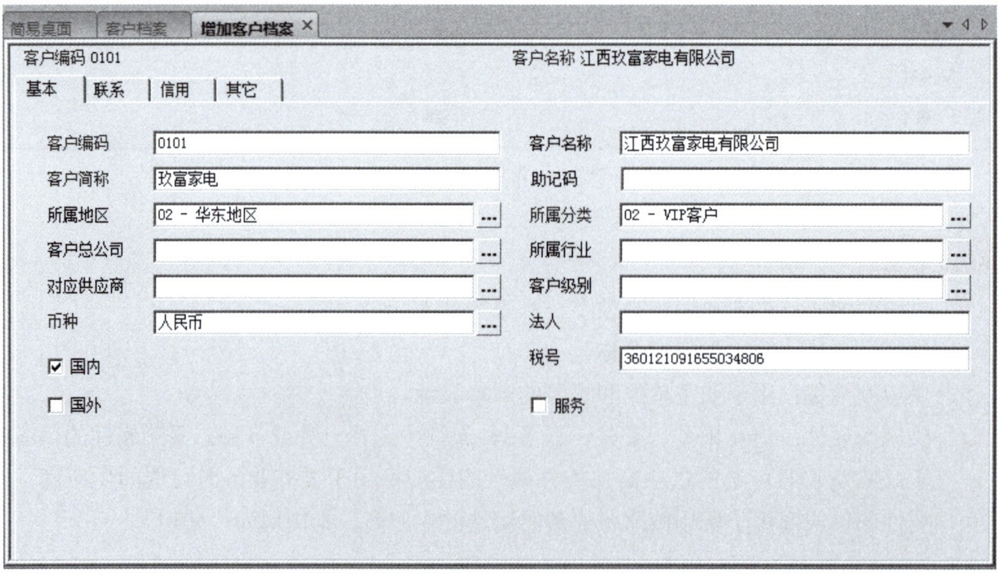

图2-7 客户档案设置

③ 编辑客户的银行信息。在"增加客户档案"窗口中,单击工具栏中的"银行"按钮,弹出"客户银行档案"窗口,单击"增加"按钮,以表2-7第1行为例,录入开户银行为"中国工商银行江西瑶湖支行"、银行账号为42201522028733277999、"默认值"为"是",然后"保存"并"退出"该窗口。

④ 保存并新增。单击工具栏中的"保存并新增"按钮,保存该客户信息并新增一张客户档案单据。

⑤ 完成客户信息编辑。重复步骤②~④,依据表2-7,完成客户档案的录入。

⑥ 单击"关闭"按钮,关闭并退出"客户档案"窗口。

❖ **特别提醒:**
◇ 如果客户档案中不输入税号,则之后无法向该客户开具增值税专用发票。
◇ 之所以设置"分管部门""专管业务员",是为了在应收应付款管理系统填制发票等原始单据时能自动根据客户显示部门及业务员信息。
◇ 企业使用金税系统时,因为由U8系统传入金税系统的发票不允许修改客户的银行信息,所以需要在U8客户档案中正确录入客户银行信息。

❖ **拓展任务:**
设置客户的信用信息。
◇ 功能概要:为对客户进行信用管理做基础设置。
◇ 路径指引:在"企业应用平台"的"基础设置"页签下,依次单击"基础档案/客商信息/客户档案"菜单项,打开"客户档案"窗口中的"信用"选项卡。
◇ 岗位说明:账套主管A01。

实训三 存货信息设置

实训任务

1. 存货分类

按照表2-8完成华鑫电器存货分类设置。

表2-8 存货分类

存货分类编码	存货分类名称
01	原材料
02	产成品
03	应税劳务

2. 计量单位组

按照表2-9完成华鑫电器计量单位组设置。

表2-9 计量单位组

计量单位组编码	计量单位组名称	计量单位组类别
01	自然单位组	无换算率

3. 计量单位

按照表2-10完成华鑫电器计量单位设置。

表2-10 存货计量单位

计量单位编码	计量单位名称	计量单位组
01	件	01无换算组
02	个	01无换算组
03	千米	01无换算组

4. 存货档案设置

按照表2-11完成华鑫电器存货档案设置。

表2-11 存货档案

存货编码	存货名称	存货分类	计量单位组/主计量单位	税率	存货属性
0101	普通发热盘	01 原材料	01/02个	13%	外购、生产耗用
0102	经典发热盘	01 原材料	01/02个	13%	外购、生产耗用
0103	智能发热盘	01 原材料	01/02个	13%	外购、生产耗用
0104	普通辅材套件	01 原材料	01/01件	13%	外购、生产耗用
0105	经典辅材套件	01 原材料	01/01件	13%	外购、生产耗用
0106	智能辅材套件	01 原材料	01/01件	13%	外购、生产耗用
0201	普通电饭煲	02 产成品	01/01件	13%	内销、自制
0202	经典电饭煲	02 产成品	01/01件	13%	内销、自制
0203	智能电饭煲	02 产成品	01/01件	13%	内销、自制
0301	运输费	03 应税劳务	01/03千米	9%	内销、外购、应税劳务

任务解析

1. 背景知识

(1) 存货分类

对于工业企业来说，存货种类繁多，需要进行分类，以便对业务数据进行统计和分析。需要特别说明的是：在企业日常购销业务中，经常会发生一些劳务费用，如运输费、装卸费等，这些费用也是构成企业存货成本的一个组成部分，并且它们可以拥有不同于一般存货的税率。为了能够正确反映和核算这些劳务费用，一般我们在存货分类中单独设置一类，如"应税劳务"或"劳务费用"。

(2) 计量单位组

在企业实际的经营活动中，不同部门对某种存货会采用不同的计量方式，例如大家熟悉的可口可乐，销售部对外发货时用箱计量，听装的每箱有24听，2L瓶装的每箱有12瓶。

U8中的计量单位组类别包括3种：无换算率、固定换算率和浮动换算率。

- 无换算率计量单位组中的计量单位都以单独形式存在，即相互之间没有换算关系，全部为主计量单位。
- 固定换算率计量单位组中可以包括多个计量单位：一个主计量单位、多个辅计量单位。主辅计量单位之间存在固定的换算率，如1箱=24听。
- 浮动换算率计量单位组中只能包括两个计量单位：一个主计量单位、一个辅计量单位。主计量单位作为财务上的计量单位，换算率自动设置为1。每个辅计量单位都可与主计量单位进行换算。数量(按主计量单位计量)=件数(按辅计量单位计量)×换算率。

(3) 存货档案

在U8存货档案中，为存货设置了18种属性。U8中存货属性是对存货的一种分类。标记了"外购"属性的存货将在入库、采购发票等单据中被参照，标记了"销售"属性的存货将在发货、出库、销售发票等单据中被参照，这样便大大缩小了查找范围。

2. 岗位说明

以账套主管A01身份设置存货。

实训指引

以账套主管的身份登录企业应用平台对基础设置、基础档案、存货与业务进行设置。

1. 设置存货分类

① 在"企业应用平台"的"基础设置"页签下，依次单击"存货/存货分类"菜单项，打开"存货分类"窗口。

② 新增一个存货分类。单击"增加"按钮，在其右窗格中输入"分类编码"为"01"、"分类名称"为"原材料"，单击"保存"按钮。

③ 完成存货分类的编辑。重复步骤②，录入并保存表2-8中所有的存货分类，结果如图2-8所示。

④ 单击"存货分类"窗口中的"退出"按钮，退出该窗口。

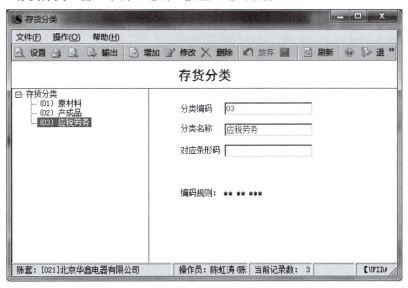

图2-8 存货分类设置

2. 设置计量单位组

① 打开"计量单位"窗口。在"企业应用平台"的"基础设置"页签下，依次单击"基础档案/存货/计量单位"菜单项，打开"计量单位"窗口。

② 录入表2-9中的信息，单击工具栏中的"分组"按钮，系统弹出"计量单位组"窗口。

③ 新增计量单位组"无换算组"。单击"增加"按钮，录入"计量单位组编码"为"01"、"计量单位组名称"为"自然单位组"，选择"计量单位组类别"为"无换算率"，单击"保存"按钮，结果如图2-9所示。

④ 完成计量单位组编辑。保存后单击"退出"按钮，系统返回"计量单位"窗口。

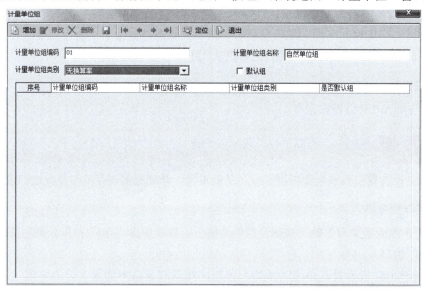

图 2-9　计量单位组设置

❖ **特别提醒：**
- ◇ 计量单位组保存后，只可对计量单位组的名称和类别进行修改。
- ◇ 已经使用过的计量单位组，不能修改其已经存在的计量单位信息。
- ◇ 已经有数据的存货，不允许修改该存货的计量单位组。

---

3. 设置计量单位

① 打开"计量单位"窗口。

② 选中左窗格的"计量单位组"为"无换算组"，然后单击工具栏中的"单位"按钮，系统打开计量单位组"无换算组"的"计量单位"窗口。

③ 编辑计量单位组"无换算组"的主计量单位。单击"增加"按钮，新增一张表单，此时"计量单位组编码"默认为"01"(不可修改)，然后在表头录入"计量单位编码"为"01"、"计量单位名称"为"件"，单击"保存"按钮。

④ 编辑计量单位组"无换算组"的其他计量单位。重复步骤②和③，依据表2-10录入计量单位后，结果如图2-10所示。单击"计量单位"窗口中的"退出"按钮，返回"计量单位"窗口。

⑤ 单击"计量单位"窗口中的"退出"按钮，退出该窗口。

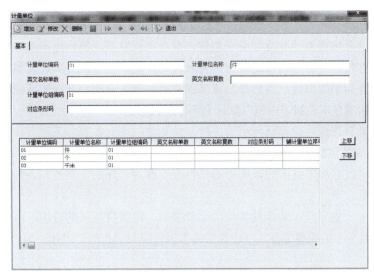

图 2-10 设置计量单位

4. 设置存货档案

① 在"存货"功能模块，双击"存货档案"菜单项，打开"存货档案"窗口。

② 单击工具栏中的"增加"按钮，系统打开"增加存货档案"窗口，新增一张存货档案单据。

③ 编辑存货档案。在新增单据的"基本"选项卡中，根据表2-11编辑存货档案的相关信息，包括存货编码、存货名称、存货分类、主计量单位组、主计量单位、税率和存货属性，其他值采用默认设置。以0101普通发热盘为例，结果如图2-11所示。

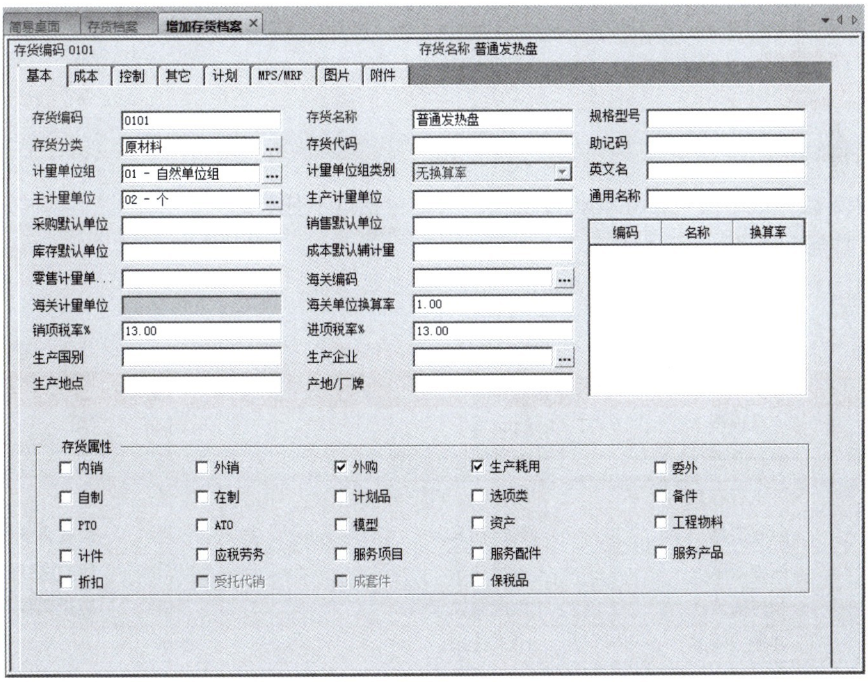

图 2-11 设置存货档案

🔻 存货属性说明：

- 内销：具有该属性的存货可用于销售。发货单、发票、销售出库单等与销售有关的单据参照存货时，参照的都是具有销售属性的存货。开在发货单或发票上的应税劳务，也应设置为销售属性，否则开发货单或发票时无法参照。升级的数据默认为"内销"属性，新增存货档案"内销"默认为不选择状态。
- 外购：具有该属性的存货可用于采购。到货单、采购发票、采购入库单等与采购有关的单据参照存货时，参照的都是具有外购属性的存货。开在采购专用发票、普通发票、运费发票等票据上的采购费用，也应设置为"外购"属性，否则开具采购发票时无法参照。
- 应税劳务：指开具在采购发票上的运费费用、包装费等采购费用，或者开具在销售发票或发货单上的应税劳务。"应税劳务"属性应与"自制""在制""生产耗用"属性互斥。
- 折扣：即折让属性，若选择是，则在采购发票和销售发票中录入折扣额。该属性的存货在开发票时可以没有数量，只有金额；或者在蓝字发票中开成负数。

④ 保存并新增。单击工具栏中的"保存并新增"按钮，系统保存该存货信息，并新增一张表单。

⑤ 完成存货档案编辑。重复步骤③和④，依据表2-12将存货档案全部录入并保存。

⑥ 退出。单击"存货档案"窗口右上角的"关闭"按钮，关闭并退出该窗口。

实训四 财务设置

实训任务

1. 会计科目

按照表2-12完成华鑫电器会计科目设置，具体包括以下任务。

(1) 增加会计科目

增加表2-12中备注一列标注为"新增"的会计科目。

表2-12 会计科目设置

科目编码	科目名称	辅助核算	计量单位	余额方向	受控系统	备注
1001	库存现金	日记账		借		修改
1002	银行存款	银行账、日记账		借		修改
100201	工行存款	银行账、日记账		借		新增
1121	应收票据	客户往来		借	应收系统	修改
1122	应收账款	客户往来		借	应收系统	修改
1123	预付账款	供应商往来		借	应付系统	修改
1221	其他应收款	个人往来		借		修改
1403	原材料			借		
140301	普通发热盘	数量核算	个	借		新增
140302	经典发热盘	数量核算	个	借		新增

(续表)

科目编码	科目名称	辅助核算	计量单位	余额方向	受控系统	备注
140303	智能发热盘	数量核算	个	借		新增
140304	普通辅材套件	数量核算	件	借		新增
140305	经典辅材套件	数量核算	件	借		新增
140306	智能辅材套件	数量核算	件	借		新增
1405	库存商品	项目核算/数量核算	件	借		修改
1901	待处理财产损溢			借		
190101	待处理流动资产损溢			借		新增
190102	待处理非流动资产损溢			借		新增
2201	应付票据	供应商往来		贷	应付系统	修改
2202	应付账款	供应商往来		贷	应付系统	修改
2203	预收账款	客户往来		贷	应收系统	修改
2211	应付职工薪酬			贷		
221101	工资			贷		新增
221102	职工福利			贷		新增
221103	社会保险费			贷		新增
221104	住房公积金			贷		新增
221105	工会经费			贷		新增
221106	职工教育经费			贷		新增
2221	应交税费			贷		
222101	应交增值税			贷		新增
22210101	进项税额			贷		新增
22210102	销项税额			贷		新增
22210103	转出未交增值税			贷		新增
222102	未交增值税			贷		新增
222103	应交企业所得税			贷		新增
222104	应交城市维护建设税			贷		新增
222105	应交教育费附加			贷		新增
222106	应交地方教育费附加			贷		新增
222107	应交个人所得税			贷		新增
4104	利润分配			贷		
410401	未分配利润			贷		新增
5001	生产成本			借		
500101	直接材料	项目核算		借		新增
500102	直接人工			借		新增
500103	制造费用			借		新增
5101	制造费用			借		
510101	工资			借		新增
510102	折旧费			借		新增
6001	主营业务收入	项目核算/数量核算	件	贷		修改
6401	主营业务成本	项目核算/数量核算	件	借		修改
6403	税金及附加			借		修改
6602	管理费用	部门核算		借		修改
6702	信用减值损失			借		新增

> **❖ 注意：**
> 新增"信用减值损失"科目时，该科目的"科目性质(余额方向)"需修改为"支出"性质。

(2) 修改会计科目

修改表2-12中备注一列标注为"修改"的会计科目。

(3) 指定会计科目

指定"1001库存现金"为现金总账科目，"1002银行存款"为银行总账科目。

2. 凭证类别

按照表2-13完成华鑫电器凭证类别设置。

表2-13 凭证类别

类别字	类别名称	限制类型	限制科目
记	记账凭证	无限制	无

3. 项目目录

按照表2-14完成华鑫电器项目目录设置，具体包括以下任务。

(1) 增加项目大类

增加项目大类：产品。

(2) 增加项目分类

在"产品"项目大类下增加项目分类：分类编码为"1"，分类名称为"电饭煲"。

(3) 增加项目目录

华鑫电器具体的项目目录如表2-14所示。

表2-14 项目目录

项目编号	项目名称	所属分类码
101	普通电饭煲	1
102	经典电饭煲	1
103	智能电饭煲	1

(4) 核算科目

按产品大类核算的会计科目为：1405库存商品、500101生产成本/直接材料、6001主营业务收入、6401主营业务成本。

任务解析

1. 背景知识

(1) 会计科目

设置会计科目是会计核算方法之一，它用于分门别类地反映企业经济业务，是登记账簿、编制会计报告的基础。用友U8中预置了现行会计制度规定的一级会计科目，企业可根据本单位的实际情况修改科目属性并补充明细科目。

企业实施信息化时，为了充分体现信息系统的优势，应在企业原有的会计科目基础上，对以往的一些科目结构进行优化调整，而不是完全照搬照抄。例如，当企业规模不大，往来业务较少时，可采用与手工方式一样的科目结构及记账方法，即通过将往来单位、个人、部门、项目设置明细科目来进行核算管理；而对于一个往来业务频繁、清欠和清理工作量大、核算要求严格的企业来说，应采用总账系统提供的辅助核算功能进行管理，即将这些明细科目的上级科目设为末级科目，并设为辅助核算科目，并将这些明细科目设为相应的辅助核算目录。一个科目设置了辅助核算后，它所发生的每一笔业务都将会登记在总账和辅助明细账上。

例如，未使用辅助核算功能时，可将科目设置为如下。

科目编码	科目名称
1122	应收账款
112201	玖富家电
112202	阳光电器城
……	
1221	其他应收款
122101	应收个人款
12210101	陈虹涛
12210102	刘东强
……	
6001	主营业务收入
660101	普通电饭煲
660102	经典电饭煲
……	
6602	管理费用
660201	办公费
66020101	总经理办公室
66020102	财务部
……	

启用总账系统的辅助核算功能进行核算时，可将科目设置如下。

科目编码	科目名称	辅助核算
1122	应收账款	客户往来
1221	其他应收款	
122101	应收个人款	个人往来
6601	主营业务收入	项目核算
6602	管理费用	
660201	办公费	部门核算

一个科目设置了辅助核算后，它发生的每一笔业务都将会登记在总账和辅助明细账上。

(2) 项目目录

项目可以是工程、订单或产品，我们可以把需要单独计算成本或收入的这样一种对象都视为项目。在企业中通常存在多种不同的项目，对应地，在软件中可以定义多类项目核算，并可将具有相同特性的一类项目定义为一个项目大类。为了便于管理，还可以对每个项目大类进行细分类,在最末级明细分类下再建立具体的项目档案。为了在业务发生时将数据准确归入对应的项目,需要在项目和已设置为项目核算的科目间建立对应关系。用户只要遵循以下提示就可以快速建立项目档案。

- 定义项目大类。定义项目大类包括指定项目大类名称、定义项目级次和定义项目栏目三项工作。项目级次是该项目大类下所管理的项目的级次及每级的位数。项目栏目是针对项目属性的记录。例如,定义项目大类"工程",工程下又分了一级,设置一位数字即可,工程要记录的必要内容如"工程号""工程名称""负责人""开工日期""完工日期"等可作为项目栏目。
- 指定核算科目。指定设置了项目辅助核算的科目具体要核算哪一个项目,建立项目与核算科目之间的对应关系。
- 定义项目分类。例如,将工程分为"自建工程"和"外包工程"。
- 定义项目目录。定义项目目录是将每个项目分类中所包含的具体项目录入系统。具体每个项目录入哪些内容取决于项目栏目的定义。

2. 岗位说明

以账套主管A01身份进行财务设置。

实训指引

以账套主管的身份登录企业应用平台对基础设置、基础档案、财务进行设置。

1. 设置会计科目

① 在"企业应用平台"的"基础设置"页签下,依次单击"基础档案/财务/会计科目"菜单项,打开"会计科目"窗口。

② 编辑库存现金的辅助账类型。首先双击预修改的会计科目,如"1001"(库存现金),在打开的"会计科目"窗口中,先单击"修改"按钮,再编辑会计科目相关信息,如勾选"日记账"复选框,以设置"库存现金"的辅助账类型为"日记账",然后单击"确定"按钮,保存并退出。

③ 编辑其他会计科目。重复步骤②,依据表2-12将要修改的会计科目全部编辑完成。

④ 新增工行存款科目。单击"增加"按钮,弹出"新增会计科目"窗口,编辑会计科目相关信息。以"100201工行存款"为例,录入科目编码"100201"、科目名称"工行存款",勾选"银行账""日记账",确认余额方向为"借方",然后单击"确定"按钮,保存并退出,结果如图2-12所示。

⑤ 新增其他会计科目。重复步骤④,依据表2-12新增其他会计科目。

⑥ 指定科目。单击"编辑/指定科目"菜单项,然后设置"现金科目"为"1001库存现金","银行科目"为"1002银行存款",结果如图2-13所示。

⑦ 确定。单击"确定"按钮,完成指定科目并返回"会计科目"窗口。

⑧ 退出。单击"会计科目"窗口中的"退出"按钮,退出该窗口。

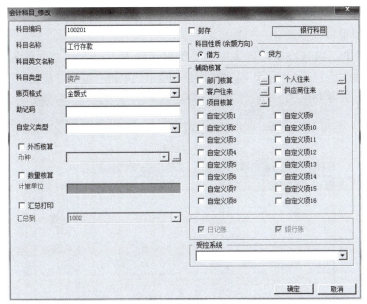

图 2-12 新增会计科目

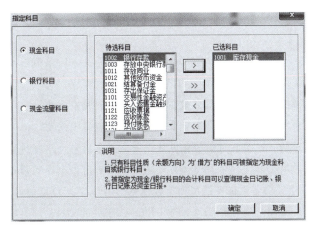

图 2-13 指定会计科目

❖ **特别提醒：**

◇ 指定会计科目是指定出纳的专管科目，一般指现金科目和银行存款科目。指定科目后才能执行出纳签字，从而实现现金、银行管理的保密性，才能查看现金、银行存款日记账。

◇ 如果本科目已被制过单或已录入期初余额，则不能删除、修改该科目。若要修改该科目，则必须先删除含有该科目的凭证，并将该科目及其下级科目余额清零，再行修改，修改完毕后要将余额及凭证补上。

2. 设置凭证类别

① 在"企业应用平台"的"基础设置"页签下，依次单击"基础档案/财务/凭证类别"菜单项，打开"凭证类别"窗口。

43

② 依据表2-13，选择"分类方式"为"记账凭证"，然后单击"确定"按钮，系统打开"凭证类别"编辑窗口。

③ 确认并退出。确认该窗口表体中的"类别字"为"记"、"类别名称"为"记账凭证"、"限制类型"为"无限制"，结果如图2-14所示。单击"退出"按钮，退出该窗口。

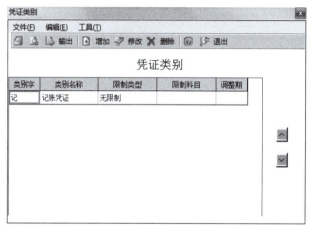

图 2-14　设置凭证类别

❖ **特别提醒：**

"限制科目"是某些类别的凭证在制单时，对科目有一定的限制，用友U8系统有以下7种"限制类型"供选择。

◇ 借方必有：制单时，此类凭证借方至少有一个限制科目有发生。
◇ 贷方必有：制单时，此类凭证贷方至少有一个限制科目有发生。
◇ 凭证必有：制单时，此类凭证无论借方还是贷方至少有一个限制科目有发生。
◇ 凭证必无：制单时，此类凭证无论借方还是贷方不可有一个限制科目有发生。
◇ 无限制：制单时，此类凭证可使用所有合法的科目限制，科目由用户输入，可以是任意级次的科目，科目之间用逗号分隔，数量不限，也可参照输入，但不能重复录入。
◇ 借方必无：即金额发生在借方的科目集必须不包含借方必无科目。可在凭证保存时检查。
◇ 贷方必无：即金额发生在贷方的科目集必须不包含贷方必无科目。可在凭证保存时检查。

3. 设置项目目录

① 在"企业应用平台"的"基础设置"页签下，依次单击"基础档案/财务/项目目录"，打开"项目档案"窗口。

② 定义项目大类。在"项目档案"窗口中，单击工具栏中的"增加"按钮，系统打开"项目大类定义_增加"窗口，输入"新项目大类名称"为"产品"，结果如图2-15所示，单击"下一步"按钮，其他设置均采用系统默认值，结果如图2-16和图2-17所示，最后单击"完成"按钮返回"项目档案"窗口。

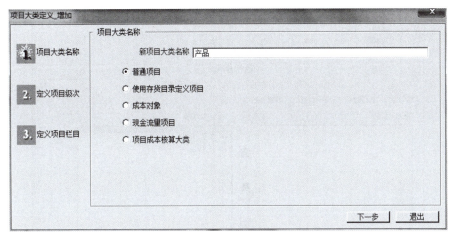

图2-15 项目大类定义(1)

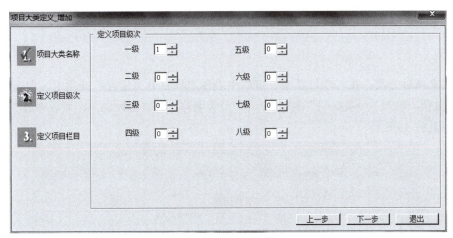

图2-16 项目大类定义(2)

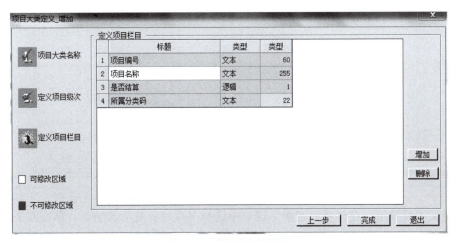

图2-17 项目大类定义(3)

③ 指定核算科目。在"项目档案"窗口中选择"核算科目"选项卡,选择"项目大类"为"产品",单击">>"按钮,将左边所有的科目"库存商品""直接材料""主营业务收入""主营业务成本"移到右边,最后单击"确定"按钮,结果如图2-18所示。

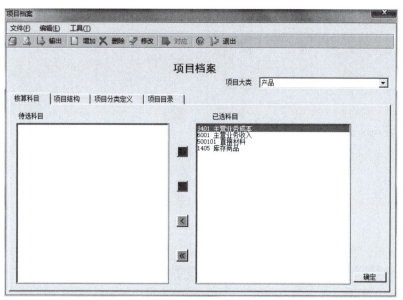

图 2-18　指定核算科目

④ 定义项目分类。在"项目档案"窗口中选择"项目分类定义"选项卡，单击右下角的"增加"按钮，输入"分类编码"为"1"、"分类名称"为"电饭煲"，然后单击"确定"按钮，结果如图2-19所示。

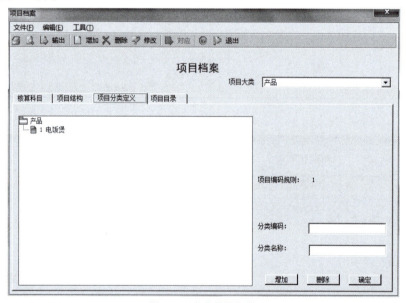

图 2-19　定义项目分录

⑤ 定义项目目录。在"项目档案"窗口中选择"项目目录"选项卡，单击右下角的"维护"按钮，进入"项目目录维护"窗口，单击"增加"按钮，输入"项目编号"为"101"、"项目名称"为"普通电饭煲"，选择"所属分类码"为"1"；同理，录入其他的项目目录，结果如图2-20所示。

⑥ 退出。连续单击"退出"按钮，退出"项目目录维护"和"项目档案"窗口。

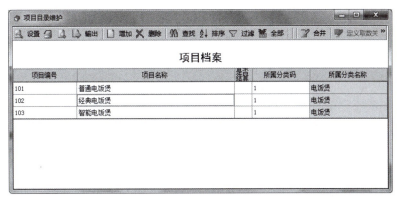

图 2-20　项目目录设置

实训五　收付结算设置

实训任务

1. 结算方式

按照表2-15完成华鑫电器结算方式的设置。

表2-15　结算方式

结算方式编码	结算方式名称	是否票据管理
1	现金	否
2	支票	是
201	现金支票	是
202	转账支票	是
3	商业汇票	否
301	银行承兑汇票	否
302	商业承兑汇票	否
4	电汇	否
5	其他	否

2. 银行档案

本案例企业的开户银行是中国工商银行，设置其企业账号定长为20位。

3. 单位开户银行设置

按照表2-16完成华鑫电器的本单位开户银行设置。

表2-16　本单位开户银行

编码	银行账号	币种	开户银行	所属银行编码	签约标志
01	11017898765623351867	人民币	中国工商银行北京朝阳支行	01中国工商银行	检查收付款账号

任务解析

1. 背景知识

(1) 结算方式

结算方式用来建立和管理用户在经营活动中对外进行收付结算时所使用的结算方式。它与财务结算方式一致。银企对账时，结算方式也是系统自动对账的一个重要参数。

(2) 银行档案

银行档案用于设置企业所用的各银行总行的名称和编码，用于工资、HR、网上报销、网上银行等系统。用户可以根据业务需要方便地增加、修改、删除、查询、打印银行档案。

(3) 本单位开户银行

用友U8支持企业具有多个开户行及账号的情况。"本单位开户银行"功能用于维护及查询使用单位的开户银行信息。开户银行一旦被引用，便不能进行修改和删除的操作。

2. 岗位说明

以账套主管A01身份设置收付结算。

实训指引

以账套主管的身份登录企业应用平台对基础设置、基础档案、收付结算进行设置。

1. 结算方式

① 在"企业应用平台"的"基础设置"页签下，依次单击"基础档案/收付结算/结算方式"，打开"结算方式"窗口。

② 新增一个结算方式。单击"增加"按钮，在其右窗格中录入"结算方式编码"为"1"、"结算方式名称"为"现金"，然后单击"保存"按钮。

③ 完成结算方式的编辑。重复步骤②，依据表2-15将结算方式全部录入并保存，结果如图2-21所示。

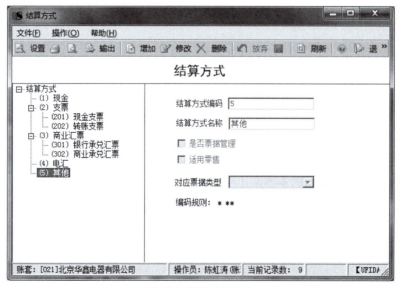

图 2-21　结算方式设置

④ 单击"结算方式"窗口中的"退出"按钮，退出该窗口。

2. 银行档案

① 在"企业应用平台"的"基础设置"页签下，依次单击"基础档案/收付结算/银行档案"，进入"银行档案"窗口，双击"中国工商银行"所在行，打开"修改银行档案"窗口。

② 选中"企业账户规则"区域的"定长"复选框，并修改"账号长度"为"20"，结果如图2-22所示。

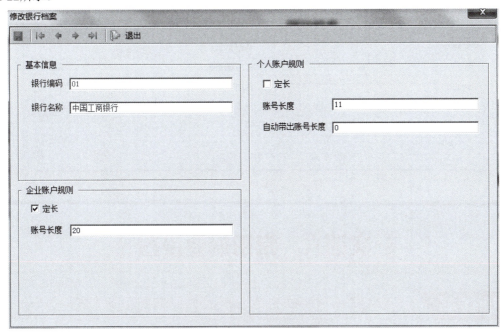

图 2-22　本单位开户银行设置

③ 单击"退出"按钮，系统提示"是否保存对当前档案的编辑？"，单击"是"按钮完成设置，退出"修改银行档案"窗口。在"银行档案"窗口中，单击"退出"按钮退出。

3. 本单位开户银行

① 在"收付结算"功能模块，双击"本单位开户银行"菜单项，打开"本单位开户银行"窗口。

② 编辑本单位人民币开户行信息。依据表2-16将本单位开户银行信息录入。单击"增加"按钮，系统弹出"增加本单位开户银行"窗口，设置"编码"为"01"、"银行账号"为"11017898765623351867"、"币种"为"人民币"、"开户银行"为"中国工商银行北京朝阳支行"，并且选择"所属银行编码"为"01中国工商银行"、"签约标志"为"检查收付款账号"，然后单击"保存"和"退出"按钮，系统返回"本单位开户银行"窗口，结果如图2-23所示。

③ 单击"退出"按钮，退出"本单位开户银行"窗口。

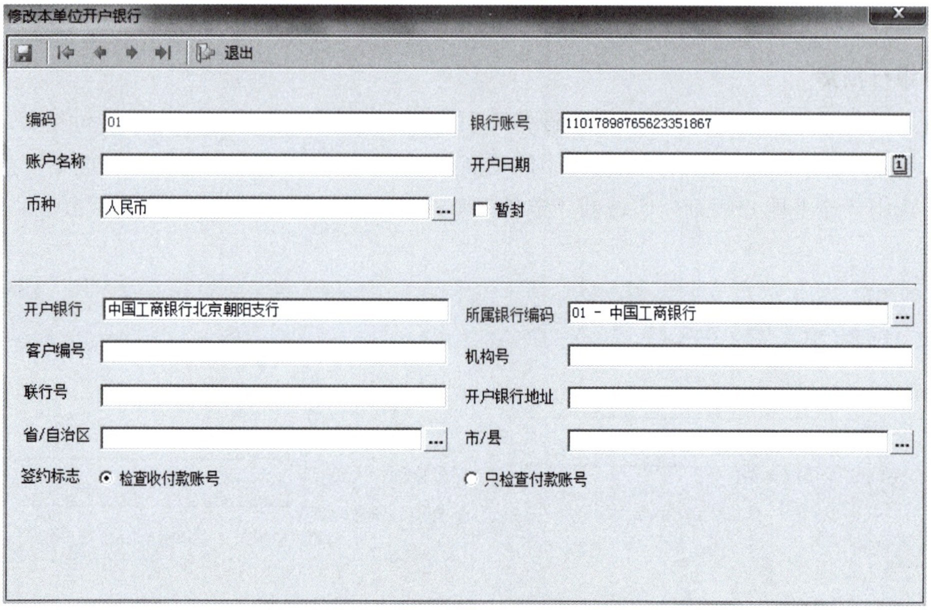

图2-23 设置本单位开户银行

实训六 常用摘要设置

实训任务

按照表2-17完成华鑫电器的常用摘要设置。

表2-17 常用摘要

常用摘要编码	常用摘要正文
01	缴纳税费
02	预支差旅费
03	计提总经理房租费用
04	支付总经理房租费用
05	提取现金备用
06	报销差旅费
07	购置办公用品
08	银行放贷
09	车间领用原材料
10	固定资产清理转营业外支出
11	代扣个人所得税
12	结转本月制造费用
13	本月采购原材料到货入库
14	结转本月产成品入库成本

任务解析

1. 背景知识

企业在处理日常业务数据时,在输入单据或凭证的过程中,因为业务的重复性发生,经常会有许多摘要完全相同或大部分相同,如果将这些常用摘要存储起来,在输入单据或凭证时随时调用,必将大大提高业务处理效率。调用常用摘要可以在输入摘要时直接输摘要代码或按F2键或参照输入。

2. 岗位说明

以账套主管A01身份设置常用摘要。

实训指引

以账套主管的身份登录企业应用平台对常用摘要进行设置。

① 在"企业应用平台"的"基础设置"页签下,依次单击"基础档案/其他/常用摘要"菜单项,系统弹出"常用摘要"编辑窗口。

② 编辑。依据表2-17,录入摘要编码和摘要内容,结果如图2-24所示。

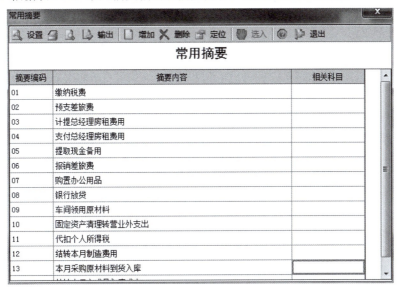

图 2-24 设置常用摘要

③ 单击"常用摘要"窗口中的"退出"按钮,退出该窗口。

项目三 总账日常业务

实训一 总账系统初始化

实训任务

1. 选项设置

"凭证"选项卡：在该选项卡中，取消"现金流量科目必录现金流量项目"选项。

"权限"选项卡：在该选项卡中，勾选"出纳凭证必须经由出纳签字"。

其他选项保持系统默认不变。

2. 总账科目期初余额设置

① 总账系统科目期初余额，如表3-1所示。

表3-1 总账系统科目期初余额

科目编码	科目名称	辅助核算	计量	余额方向	期初余额	备注
1001	库存现金	日记账		借	6,000.00	
1002	银行存款	银行账、日记账		借	920,000.00	
100201	工行存款	银行账、日记账		借	920,000.00	
1121	应收票据	客户往来		借	23,000.00	见辅助账明细
1122	应收账款	客户往来		借	51,980.00	见辅助账明细
1123	预付账款	供应商往来		借	20,000.00	见辅助账明细
1403	原材料			借	64,270.00	
140301	普通发热盘	数量核算	166个	借	3,320.00	
140302	经典发热盘	数量核算	164个	借	6,560.00	
140303	智能发热盘	数量核算	163个	借	9,780.00	
140304	普通辅材套件	数量核算	162件	借	12,960.00	
140305	经典辅材套件	数量核算	165件	借	14,850.00	
140306	智能辅材套件	数量核算	168件	借	16,800.00	
1405	库存商品	项目核算/数量核算		借	911,000.00	见辅助账明细
1601	固定资产			借	707,500.00	
1602	累计折旧			贷	132,365.70	
2201	应付票据	供应商往来		贷	22,600.00	见辅助账明细
2202	应付账款	供应商往来		贷	52,093.00	见辅助账明细

(续表)

科目编码	科目名称	辅助核算	计量	余额方向	期初余额	备注
2203	预收账款	客户往来		贷	10,000.00	见辅助明细账
2211	应付职工薪酬			贷	22,000.00	
221101	工资			贷	22,000.00	
2221	应交税费			贷	111,383.00	
222102	未交增值税			贷	41,600.00	
222103	应交企业所得税			贷	64,725.00	
222104	应交城市维护建设税			贷	2,912.00	
222105	应交教育费附加			贷	1,248.00	
222106	应交地方教育费附加			贷	832.00	
222107	应交个人所得税			贷	66.00	
4001	实收资本			贷	1,000,000.00	
4103	本年利润			贷	258,900.00	
4104	利润分配			贷	1,094,408.30	
410401	未分配利润			贷	1,094,408.30	

② 辅助账明细如表3-2～表3-8所示。

表3-2　1121应收票据

日期	凭证号	客户	业务员	摘要	方向	金额
2021-03-19	记-69	玖富家电	刘东强	收到银行承兑汇票	借	23,000.00

表3-3　1122应收账款

日期	凭证号	客户	业务员	摘要	方向	金额
2021-03-10	记-31	上海东盛	刘东强	销售普通电饭煲	借	11,300.00
2021-03-18	记-56	立兴商贸	刘东强	销售智能电饭煲	借	13,560.00
2021-03-25	记-106	润泽工贸	刘东强	销售经典电饭煲	借	27,120.00

表3-4　1123预付账款

日期	凭证号	供应商	业务员	摘要	方向	金额
2021-03-02	记-10	普利电器	周东瑞	预付材料款	借	10,000.00
2021-03-23	记-93	江苏盈华	周东瑞	预付材料款	借	10,000.00

表3-5　2201应付票据

日期	凭证号	供应商	业务员	摘要	方向	金额
2021-03-05	记-23	北京润泽	周东瑞	采购材料	贷	22,600.00

表3-6　2202应付账款

日期	凭证号	供应商	业务员	摘要	方向	金额
2021-03-09	记-29	翎森电器	周东瑞	采购材料	贷	14,464.00
2021-03-16	记-42	河北华工	周东瑞	采购材料	贷	17,289.00
2021-03-21	记-81	凯跃五金	周东瑞	采购材料	贷	20,340.00

表3-7　2203预收货款

日期	凭证号	供应商	业务员	摘要	方向	金额
2021-03-15	记-37	钦国家电	刘东强	预收销售款	贷	10,000.00

表3-8 1405库存商品

项目	金额	数量
普通电饭煲	198,000.00	1100
经典电饭煲	308,000.00	1400
智能电饭煲	405,000.00	1500

任务解析

1. 背景知识

(1) 总账选项

为了最大范围地满足不同企业用户的信息化应用需求，总账作为通用商品化管理软件的核心子系统，通过内置大量的选项(也称参数)来提供面向不同企业应用的解决方案。企业可以根据自身的实际情况进行选择，以确定符合企业个性特点的应用模式。

软件越通用，意味着系统内置的参数越多，系统参数的设置决定了企业的应用模式和应用流程。为了明确各项参数的适用对象，软件一般对参数进行分门别类的管理。

(2) 期初数据

建立企业账套之后，需要在系统中建立各账户的初始数据，才能接续手工业务处理进程。各账户余额数据的准备与总账启用的会计期间相关。

为了保持账簿资料的连续性，应该将原有系统下截止到总账启用日的各账户年初余额、累计发生额和期末余额输入计算机系统中。但因为它们之间存在的关系为：如果某账户余额在借方，则年初余额+本年累计借方发生额-本年累计贷方发生额=期末余额；如果某账户余额在贷方，则年初余额+本年累计贷方发生额-本年累计借方发生额=期末余额。因此一般只需要向计算机输入其中3个数据，另外一个可以根据上述关系自动计算出来。

选择年初启用总账和选择年中启用总账需要准备的期初数据是不同的。如果选择年初建账，则只需要准备各账户上年年末的余额作为新一年的期初余额，且年初余额和月初余额是相同的。例如，某企业选择2021年1月启用总账系统，则只需要整理该企业2020年12月末各账户的期末余额作为2021年1月初的期初余额，因为本年没有累计数据发生，因此月初余额同时也是2021年年初余额。如果选择年中建账，则不仅要准备各账户启用会计期间上一期的期末余额作为启用期的期初余额，而且还要整理自本年度开始截止到启用期的各账户累计发生数据。例如，某企业2021年9月开始启用总账系统，那么，应将该企业2021年8月末各科目的期末余额及1—8月的累计发生额整理出来，作为计算机系统的期初数录入总账系统中，系统将自动计算年初余额。

如果科目设置了某种辅助核算，那么还需要准备辅助项目的期初余额。例如，应收账款科目设置客户往来辅助核算，除了要准备应收账款总账科目的期初数据外，还要详细记录这些应收账款是哪些客户的销售未收，因此要按客户整理详细的应收余额数据。

2. 岗位说明

以账套主管A01身份进行总账初始化设置。

实训指引

1. 设置总账选项

① 用账套主管A01，操作日期2021年04月01日登入企业应用平台。在"企业应用平台"的"业务工作"页签中，依次单击"财务会计/总账/设置/选项"菜单项，系统打开"选项"窗口。

② 设置凭证。在"凭证"选项卡中，先单击"编辑"按钮，使所有参数处于可修改状态，不勾选"现金流量科目必录现金流量项目"复选框，其他选项设置为默认状态，结果如图3-1所示。

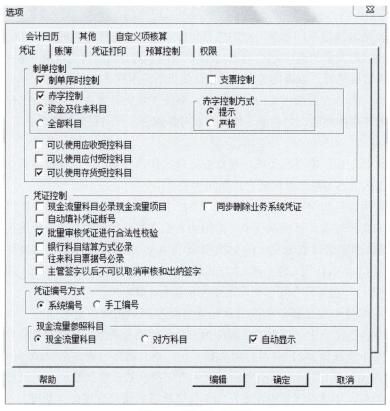

图 3-1 "凭证"选项卡

③ 设置权限。在"权限"选项卡中，选中"出纳凭证必须经由出纳签字"复选框，其他选项设置为默认状态，结果如图3-2所示。

④ 单击"确定"按钮，保存系统参数的设置，关闭"选项"窗口。

2. 录入期初余额

(1) 录入无辅助核算的科目余额

① 在"企业应用平台"的"业务工作"页签中，依次单击"财务会计/总账/设置/期初余额"菜单项，系统打开总账系统的"期初余额"窗口。

② 编辑科目期初余额。单击相应科目的"期初余额"栏，然后录入其期初余额值。

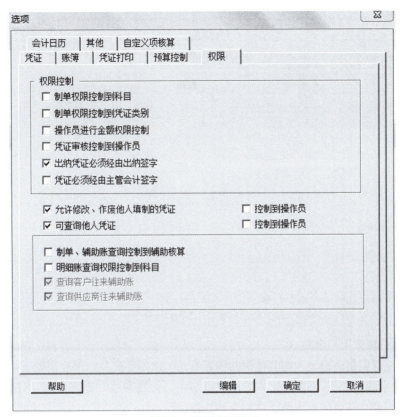

图3-2 "权限"选项卡

③ 完成期初余额编辑。重复步骤②,依据表3-1编辑完成可直接录入期初余额的会计科目期初余额。

④ 单击"期初余额"窗口中的"退出"按钮,退出该窗口。

(2) 录入客户往来辅助核算科目

① 打开总账系统的"期初余额"窗口。在"企业应用平台"的"业务工作"页签中,依次单击"财务会计/总账/设置/期初余额"菜单项,系统打开总账系统的"期初余额"窗口。

② 单击"应收账款"科目所在行,系统打开"辅助期初余额"窗口。

③ 单击工具栏中的"往来明细"按钮,系统打开"期初往来明细"窗口。

④ 单击工具栏中的"增行"按钮,修改"日期"为"2021-03-10"、"凭证号"为"记-31"、"客户"为"上海东盛"、"业务员"为"刘东强"、"摘要"为"销售普通电饭煲"、"金额"为"11,300.00"。重复上述步骤,完成剩余应收款往来明细的录入,结果如图3-3所示。

⑤ 单击工具栏的"汇总"按钮,系统自动汇总并弹出"完成了往来明细到附注期初标的汇总!"窗口,单击"确定"按钮。

⑥ 退出并返回总账系统的"期初余额"窗口。单击"期初往来明细"窗口的"退出"按钮,返回到辅助期初余额界面。

⑦ 可重复步骤②~⑥,完成应收票据、预付账款、应付票据、应付账款和预收账款的期初余额数据录入。

图3-3 "应收账款"期初往来明细

(3) 录入项目核算期初余额

项目辅助核算期初余额录入与其他辅助核算不同,以库存商品为例介绍如下:

① 在"企业应用平台"的"业务工作"页签中,依次单击"财务会计/总账/设置/期初余额"菜单项,系统打开总账系统的"期初余额"窗口。

② 单击"库存商品"科目所在行,系统打开"辅助期初余额"窗口。

③ 单击"增行"按钮,根据1405库存商品辅助明细账选择"项目"为"普通电饭煲"、"金额"为"19,8000.00"、"数量"为"1100";继续单击"增行"按钮,选择"项目"为"经典电饭煲"、"金额"为"308,000.00"、"数量"为"1400";继续单击"增行"按钮,选择"项目"为"智能电饭煲"、"金额"为"405,000.00"、"数量"为"1500",结果如图3-4所示。

图3-4 "库存商品"辅助期初余额

④ 单击"退出"按钮,返回"期初余额"窗口,此时库存商品科目余额已自动生成。

(4) 期初试算平衡

① 打开总账系统的"期初余额"窗口。

② 试算。单击"试算"按钮，系统弹出"期初试算平衡表"窗口，并给出试算结果，如图3-5所示。

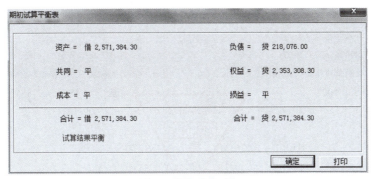

图 3-5　期初试算平衡

③ 单击"确定"按钮，系统返回"期初余额"窗口。

④ 单击工具栏中的"退出"按钮，退出"期初余额"窗口。

❖ **特别提醒：**
- 如果期初余额不平衡，可以填制、审核凭证，但是不允许记账。
- 凭证记账后，期初余额变为"只读、浏览"状态，不能修改。

实训二　凭证处理

实训任务

1. 根据原始凭证在 U8 中填制记账凭证

① 缴纳税费。4月1日，以网上电子缴税方式缴纳企业第一季度各项税费和代扣代缴个人所得税，相应的原始单据可参见图3-6和图3-7(分别制单)。

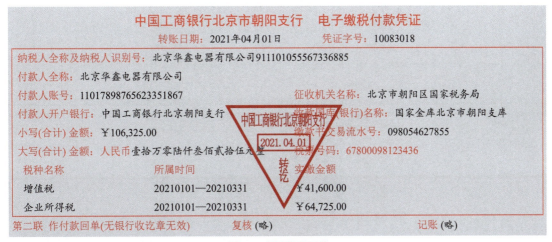

图 3-6　国税缴税回单

图 3-7 地税缴税回单

② 预支差旅费。4月1日,销售部刘东强预借差旅费,现金付讫。相应的原始单据可参见图3-8。

借支单

2021年04月01日

工作部门	销售部	职务	经理	姓名	刘东强
借支金额	贰仟元整(¥2,000.00)				
借款原因	开会			附证件	会议通知
核批	同意借支	2021年04月01日			
会计:吴碧贤		出纳:杨丽娟			制单:刘东强

图 3-8 借款单

③ 计提并支付总经理本月房租费用。4月2日,支付本月房租,不考虑个人所得税。相应的原始单据可参见图3-9。

图 3-9 支票存根

④ 提取现金备用。4月2日,提现备用,签发现金支票。相应的原始单据可参见图3-10。

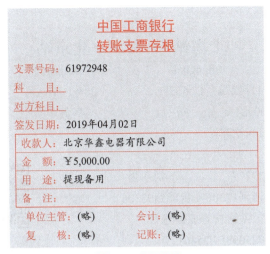

图 3-10 支票存根

⑤ 报销差旅费。4月3日,销售部刘东强报销差旅费。相应的原始单据可参见图3-11、图3-12和图3-13。

差旅费报销单

部门:销售部　　填报日期:2021年4月03日　　职务:销售部经理

姓名			刘东强		出差事由		培训		出差日期		04月01日—04月02日	
起讫时间及地点					车船票		夜间乘车补助			出差补助费		住宿费金额
月	日	起	月	日	讫	类别	金额	时间	标准	金额	日数	标准	金额
04	01	北京	04	01	上海	高铁票	1,308.00				2	100.00	200.00	2,968.00
04	02	上海	04	02	北京	高铁票	1,308.00							
合　计							2,616.00					200.00	2,968.00
总计金额(大写)人民币						预支:¥2,000.00			核销:¥5,784.00			退补:¥3,784.00	
主管:罗培韶　　记账:吴碧贤　　审核:陈虹涛　　制表:刘东强													

图 3-11 差旅费报销单

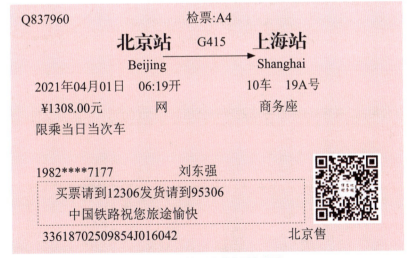

图 3-12 刘东强出差往返高铁票

图 3-12(续)

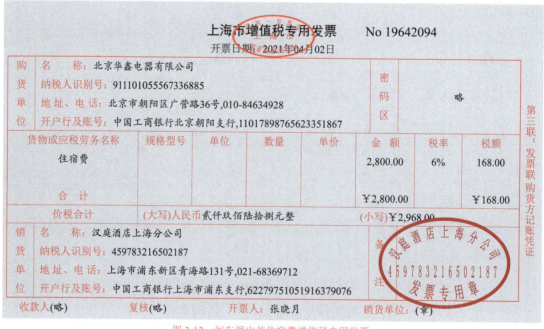

图 3-13　刘东强出差住宿费增值税专用发票

⑥ 购置办公用品。4月3日，财务部购置办公用品1,130.00元，以现金支付。相应的原始单据可参见图3-14。

上海市增值税专用发票 No 69701358
开票日期：2021年04月03日

购货单位	名称：北京华鑫电器有限公司 纳税人识别号：911101055567336885 地址、电话：北京市朝阳区广营路36号,010-84634928 开户行及账号：中国工商银行北京朝阳支行,11017898765623351867	密码区	略

货物或应税劳务名称	规格型号	单位	数量	单价	金额	税率	税额
办公用品					1,000.00	13%	130.00
合　计					￥1,000.00		￥130.00
价税合计	(大写)人民币 壹仟壹佰叁拾元整				(小写)￥1,130.00		

销货单位	名称：北京诚信办公用品有限公司 纳税人识别号：110107997097109162 地址、电话：北京市朝阳区广营西路112号,010-17901226 开户行及账号：中国工商银行北京朝阳支行,41000988217452962122

收款人：(略)　复核：(略)　开票人：张晓月　销货单位：(章)

图 3-14　购买办公用品增值税专用发票

⑦ 银行放贷。4月3日，收到贷款，相应的原始单据可参见图3-15和图3-16。

中国工商银行北京昌平支行贷款合同

借款方(简称甲方)：北京华鑫电器有限公司　　贷款银行(简称乙方)：中国工商银行北京朝阳支行
地址：北京市朝阳区广营路36号　　　　　　　地址：北京市朝阳区胜利北路18号
法定代表人：陈虹涛　　　　　　　　　　　　法定代表人(负责人)：张宏

甲方为适应发展需要，特向乙方申请借款，经乙方审查同意发放。为明确双方责任，恪守信用，特签订本合同，共同遵守。

一、甲方向乙方借款人民币(大写)陆拾万元整，规定用于企业经营。

二、借款期约定为5年，即从2021年04月03日至2026年04月02日，乙方保证按计划和下达的贷款指标额度供应资金，甲方保证按规定的用途用款。

三、贷款利息自支用贷款之日起，以支用额按年息7.2%计算。

四、乙方有权检查贷款使用情况，了解甲方的经营管理、计划执行、财务活动、物资库存等情况。甲方保证按季提供有关统计、会计、财务等方面的报表和资料。

五、在本合同有效期内，甲方因实行承包、租赁、兼并等而变更经营方式的，必须通知乙方参与清产核资和承包、租赁、兼并合同(协议)的研究、签订的全过程，并根据国家有关规定落实债务、债权关系。

六、需要变更合同条约的，经甲乙双方协商一致，应签订补充文本。

其他约定如下：

一、本合同自签订之日起生效，贷款本息全部偿清之后失效。

二、本合同正本2份，甲乙双方各执一份，副本2份，送乙方财务部门和有关部门。

借款单位(公章)　　　　　　　　　　　　　贷款银行(公章)
法定代表人(签字)：陈虹涛　　　　　　　　法定代表人或负责人(签字)：张宏
签订日期：2021年04月03日　　　　　　　　签订日期：2021年04月03日

图 3-15　贷款合同

图 3-16　贷款银行进账单

⑧ 车间领用原材料。4月5日，生产车间领用一批原材料，相应的原始单据可参见图3-17、图3-18和图3-19(分别制单)。

领料单

领料部门：车间生产部　　　领料日期：2021年04月05日
用途：生产普通电饭煲　　　发料仓库：原材料仓　　　领料单号：20210405

材料编号	材料名称	规格	计量单位	数量 请领	数量 实领	单价	总金额
0101	普通发热盘		个	100	100	20.00	2,000.00
0104	普通辅材套件		件	100	100	80.00	8,000.00
合计：							¥10,000.00

领料部门负责人：张峰　　　领料人：韩宇豪　　　发料人：徐倩月

图 3-17　领料单 (1)

领料单

领料部门：车间生产部　　　领料日期：2021年04月05日
用途：生产经典电饭煲　　　发料仓库：原材料仓　　　领料单号：20210406

材料编号	材料名称	规格	计量单位	数量 请领	数量 实领	单价	总金额
0102	经典发热盘		个	100	100	40.00	4,000.00
0105	经典辅材套件		件	100	100	90.00	9,000.00
合计：							¥13,000.00

领料部门负责人：张峰　　　领料人：韩宇豪　　　发料人：徐倩月

图 3-18　领料单 (2)

领料单

领料部门：车间生产部 领料日期：2021年04月05日
用途：生产智能电饭煲 发料仓库：原材料仓 领料单号：20210407

材料编号	材料名称	规格	计量单位	数量 请领	数量 实领	单价	总金额	
0103	智能发热盘		个	100	100	60.00	6,000.00	会
0106	智能辅材套件		件	100	100	100.00	10,000.00	计
								联
合 计							￥16,000.00	

领料部门负责人：张峰 领料人：韩宇豪 发料人：徐倩月

图 3-19 领料单 (3)

2. 凭证复核

① 由出纳杨丽娟对出纳凭证进行出纳签字。
② 由会计主管罗培韶对所有凭证进行审核。

3. 记账

由会计吴碧贤对所有凭证进行记账处理。

4. 账簿查询

① 查询发生额及余额表。
② 查询140303智能发热盘数量金额明细账。
③ 查询智能电饭煲项目明细账。

任务解析

1. 背景知识

凭证是记录企业各项经济业务发生的载体，凭证管理是总账系统的核心功能，主要包括填制凭证、出纳签字、审核凭证、记账、查询、打印凭证等。凭证是总账系统数据的唯一来源，为严把数据源的正确性，总账系统设置了严密的制单控制，以保证凭证填制的正确性。另外，总账系统还提供资金赤字控制、支票控制、预算控制、外币折算误差控制、凭证类型控制、制单金额控制等功能，以加强对业务的及时管理和控制。

(1) 填制凭证

记账凭证按其编制来源可分为两大类：手工填制凭证和机制凭证。机制凭证包括利用总账系统自动转账功能生成的凭证，以及在其他子系统中生成传递到总账的凭证。本节主要介绍手工填制凭证。

填制凭证时各项目应填制的内容及注意事项如下。

○ 凭证类别

填制凭证时可以直接选择所需的凭证类别。如果在设置凭证类别时设置了凭证的限制类型，那么必须符合限制类型的要求，否则系统会给出错误提示。例如，假定企业选择了"收、付、转"三类凭证，且设置了收款凭证的限制类型为"借方必有"科目"1001, 1002"，如果企业发生了"销售产品，货款未收"的业务，应借记应收账款科目，贷记主营业务收入科目。如果用户误选择了"收款凭证"类别，保存时系统会提示"不满足借方必有条件"。

- 凭证编号

如果选择"系统编号"方式，凭证按凭证类别且按月自动顺序编号。如果选择"手工编号"方式，需要手工输入凭证号，但应注意凭证号的连续性、唯一性。

- 凭证日期

填制凭证时，日期一般自动取登录系统时的业务日期。选择"制单序时控制"的情况下，凭证日期应大于等于该类凭证最后一张凭证日期，但不能超过机内系统日期。

- 附单据数

打印出记账凭证后，应将相应的原始凭证黏附其后，这里的附单据数就是指将来该记账凭证所附的原始单据数。

- 摘要

摘要是对经济业务的概括说明。因为计算机记账时是以记录行为单位，因此每行记录都要有摘要，不同记录行的摘要可以相同也可以不同，每行摘要将随相应的会计科目在明细账、日记账中出现。可以直接输入，如果定义了常用摘要，也可以调用常用摘要。

- 会计科目

填制凭证时，要求会计科目必须是末级科目，可以输入科目编码、科目名称、科目助记码。

如果输入的是银行科目，一般系统会要求输入有关结算方式的信息，此时最好输入，以方便日后银行对账；如果输入的科目有外币核算，系统会自动带出在外币中已设置的相关汇率，如果不符还可以修改，输入外币金额后，系统会自动计算出本币金额；如果输入的科目有数量核算，应该输入数量和单价，系统会自动计算出本币金额；如果输入的科目有辅助核算，应该输入相关的辅助信息，以便系统生成辅助核算信息。

- 金额

金额可以是正数或负数(即红字)，但不能为零。凭证金额应符合"有借必有贷，借贷必相等"原则，否则将不能保存。

另外，如果设置了常用凭证，可以在填制凭证时直接调用常用凭证，从而增加凭证录入的速度和规范性。

> ❖ **特别提醒：**
>
> **关于损益类科目金额的填制**
>
> 填制涉及损益类科目的凭证时需要注意，如果科目发生额与科目余额方向相反，则需要将科目发生额以红字记录与科目余额方向保持一致。例如，本月正常销售10,000元，后发生销售退货500元，一般会记录借主营业务收入500元，这里建议在主营业务收入科目的贷方记录红字金额-500元。原因何在呢？企业账务处理的最终结果要编制对外财务报告，其中利润表反映企业一定会计期间的经营成果，利润表模板中的公式默认按照科目的余额方向取科目发生额。按照第一种记录方式，利润表中的主营业务收入会取到10,000元，没有包括销售退回的500元；按照第二种方式记录，可以取到正确的主营业务收入9,500元。

(2) 审核凭证

为了保证会计事项处理正确和记账凭证填制正确，需要对记账凭证进行复核。凭证复核包括出纳签字、主管签字和审核凭证。

审核凭证是审核员按照相关规定，对制单员填制的记账凭证进行检查核对，如是否与原始凭证相符，会计分录是否正确等。凭证审核无误后，审核人便可签字，否则必须交由制单人修改后再重新审核。

所有凭证必须审核后才能记账。注意审核人与制单人不能是同一人。

如果设置了凭证审核明细权限，审核凭证还会受到明细权限的制约。

(3) 凭证记账

记账凭证经过审核签字后，便可以记账了。计算机系统中，记账是由计算机自动进行的。记账过程一旦断电或其他原因造成中断，系统自动调用"恢复记账前状态"功能恢复数据，再重新选择记账。

如果记账后发现输入的记账凭证有错误需要进行修改，需要人工调用"恢复记账前状态"功能。系统提供了两种恢复记账前状态方式：将系统恢复到最后一次记账前状态和将系统恢复到月初状态。只有主管才能选择将数据"恢复到月初状态"。

如果期初余额试算不平衡，则不能记账。如果上月未结账，则本月不能记账。

(4) 修改凭证

如果发生凭证填制错误的情况，就涉及如何修改凭证的问题。在信息化方式下，凭证的修改分为无痕迹修改和有痕迹修改。

○ 无痕迹修改

无痕迹修改，是指系统内不保存任何修改线索和痕迹。对于尚未审核和签字的凭证可以直接进行修改；对于已经审核或签字的凭证应先取消审核或签字，然后才能修改。显然，这两种情况下，都没有保留任何审计线索。

○ 有痕迹修改

有痕迹修改，是指系统通过保存错误凭证和更正凭证的方式而保留修改痕迹，因而可以留下审计线索。对于已经记账的错误凭证，一般应采用有痕迹修改。具体方法是采用红字更正法或补充更正法。前者适用于更正记账金额大于应记金额的错误或会计科目的错误，后者适用于更正记账金额小于应记金额的错误。

能否修改他人填制的凭证，将取决于系统参数的设置。其他子系统生成的凭证，只能在账务系统中进行查询、审核、记账，不能修改和作废，只能在生成该凭证的原子系统中进行修改和删除，以保证记账凭证和原子系统中的原始单据一致。

修改凭证时，一般而言不能修改凭证类别及编号。修改凭证日期时，为了保持序时性，日期应介于前后两张凭证日期之间，同时日期月份不能修改。

(5) 删除凭证

在U8系统中，没有直接删除凭证的功能。如果需要删除凭证，要分为两步：第一步，将凭证作废；第二步，通过整理凭证，将作废的凭证彻底删除。对于尚未审核和签字的凭证，若不需要，可以直接将其作废，作废凭证仍保留凭证内容及编号，仅显示"作废"字样。作废凭证不能修改、审核，但应参与记账，否则月末无法结账。记账时不对作废凭证进行数据处理，相当于一张空凭证。查询账簿时，查不到作废凭证的数据。

与作废凭证相对应，系统也提供对作废凭证的恢复，将已标识为作废的凭证恢复为正常凭证。如果作废凭证没有保留的必要，则可以通过"整理凭证"将其彻底删除。

(6) 冲销凭证

冲销凭证是针对已记账凭证而言的。红字冲销可以采用手工方式进行，也可以由系统自动进行。如果采用自动冲销，只要告知系统要被冲销的凭证类型及凭证号，系统便会自动生成一张与该凭证相同只是金额为红字(负数)的凭证。

(7) 查询凭证

查询是计算机系统较手工方式具有优势的一个方面。利用计算机系统，既可以查询已记账凭证，也可以查询未记账凭证；既可以查询作废凭证，也可以查询标错凭证；既可以按凭证号范围查询，也可以按日期查询；既可以按制单人查询，也可以按审核人或出纳员查询；通过设置查询条件，可以按科目、摘要、金额、外币、数量、结算方式或各种辅助项查询，快捷方便。

(8) 汇总凭证

汇总凭证时，可按一定条件对记账凭证进行汇总并生成凭证汇总表。进行凭证汇总的凭证可以是已记账凭证，也可以是未记账凭证，可供财务人员随时查询凭证汇总信息，及时了解企业的经营状况及其他财务信息。

(9) 设置常用的凭证

企业发生的经济业务都有其规律性，有些业务在一个月内会重复发生若干次，因而在填制凭证的过程中，经常会有许多凭证完全相同或部分相同，因而可以将这些经常出现的凭证进行预先设置，以便将来填制凭证时随时调用，简化凭证的填制过程，这就是常用凭证。

2. 岗位说明

由会计W02填制凭证。

由出纳W03进行出纳签字。

由财务主管W01审核凭证。

由会计W02记账。

实训指引

1. 填制凭证

(1) 缴纳税费业务

① 以"会计W02，操作日期2021年04月01日"登入企业应用平台。在"企业应用平台"的"业务工作"页签中，依次单击"财务会计/总账/凭证/填制凭证"菜单项，打开"填制凭证"窗口。

② 新增凭证。单击"填制凭证"窗口中的"增加"按钮("+"标志)，系统打开一张空白的记账凭证。

③ 填制凭证。在第1行的"摘要"栏中参照生成或录入"缴纳税费"，在第1行的"科目名称"栏参照生成或录入"222102(应交税费/未交增值税)"，在"借方金额"中输入"41,600.00"，然后按回车键；在第2行的"科目名称"栏参照生成或录入"222103(应交税费/应交企业所得税)"，在"借方金额"中输入"64,725.00"，然后按回车键；在第3行的"科目

名称”栏参照生成或录入“100201(银行存款/工行存款)”，单击其他区域系统弹出“辅助项”窗口，在其“结算方式”编辑框参照生成为“其他”，然后单击“确定”按钮，返回“填制凭证”窗口，再在“贷方金额”栏按“=”键，系统自动填充贷方金额“106,325.00”。

④ 保存凭证。单击工具栏中的“保存”按钮，系统提示保存成功，退出信息提示框，结果如图3-20所示。

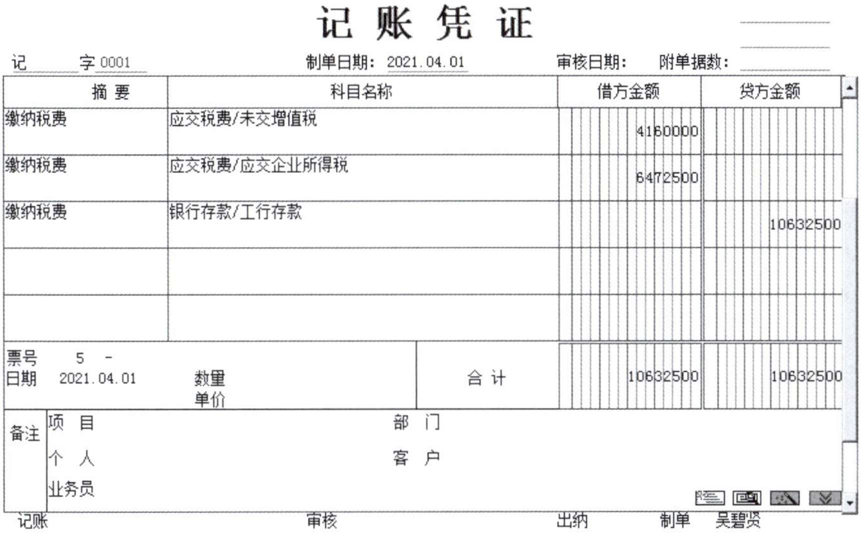

记 账 凭 证

记　字 0001　　制单日期：2021.04.01　　审核日期：　　附单据数：

摘要	科目名称	借方金额	贷方金额
缴纳税费	应交税费/未交增值税	4160000	
缴纳税费	应交税费/应交企业所得税	6472500	
缴纳税费	银行存款/工行存款		10632500
票号 5 - 日期 2021.04.01 数量 单价	合 计	10632500	10632500

备注　项 目　部 门　个 人　客 户　业务员

记账　审核　出纳　制单　吴碧贤

图 3-20　缴税记账凭证

⑤ 新增凭证。单击“填制凭证”窗口中的“增加”按钮(“+”标志)，系统打开一张空白的记账凭证。

⑥ 填制凭证。在第1行的“摘要”栏中参照生成或录入“缴纳税费”，在第1行的“科目名称”栏参照生成或录入“222104(应交税费/应交城市维护建设税)”，在“借方金额”中输入“2,912.00”，然后按回车键；在第2行的“科目名称”栏参照生成或录入“222105(应交税费/应交教育费附加)”，在“借方金额”中输入“1,248.00”，然后按回车键；在第3行的“科目名称”栏参照生成或录入“222106(应交税费/应交地方教育费附加)”，在“借方金额”中输入“832.00”，然后按回车键；在第4行的“科目名称”栏参照生成或录入“222107(应交税费/应交个人所得税)”，在“借方金额”中输入“66.00”，然后按回车键；在第5行的“科目名称”栏参照生成或录入“100201(银行存款/工行存款)”，单击其他区域系统弹出“辅助项”窗口，在其“结算方式”编辑框参照生成为“其他”，然后单击“确定”按钮，返回“填制凭证”窗口，再在“贷方金额”栏按“=”键，系统自动填充贷方金额“5,058.00”。

⑦ 保存凭证。单击工具栏中的“保存”按钮，系统提示保存成功，退出信息提示框，结果如图3-21所示。

⑧ 退出。单击“填制凭证”窗口右上角的“关闭”按钮，关闭并退出该窗口。

(2) 预支差旅费业务

① 以“会计W02，操作日期2021年04月01日”登入企业应用平台。在“企业应用平台”的“业务工作”页签中，依次单击“财务会计/总账/凭证/填制凭证”菜单项，系统打开“填制凭证”窗口。

记 账 凭 证

记 字 0002　　制单日期：2021.04.01　　审核日期：　　附单据数：

摘要	科目名称	借方金额	贷方金额
缴纳税费	应交税费/应交城市维护建设税	2912 00	
缴纳税费	应交税费/应交教育费附加	1248 00	
缴纳税费	应交税费/应交地方教育费附加	832 00	
缴纳税费	应交税费/应交个人所得税	66 00	
缴纳税费	银行存款/工行存款		5058 00
票号 5 - 日期 2021.04.01	数量 单价	合计 5058 00	5058 00

备注　项目　　　　部门
　　　个人　　　　客户
　　　业务员

记账　　　审核　　　出纳　　　制单 吴碧贤

图 3-21　缴税记账凭证

② 新增凭证。单击"填制凭证"窗口中的"增加"按钮("+"标志)，系统打开一张空白的记账凭证。

③ 填制凭证。在其"摘要"栏中参照生成或填入"预支差旅费"。在第1行的"科目名称"栏中参照生成或录入"1221"(其他应收款)，单击其他区域系统将弹出"辅助项"窗口，在其"部门"编辑框中参照生成"销售部"，"个人"参照生成"刘东强"，然后单击"确定"按钮，返回"填制凭证"窗口，在"借方金额"中输入"2,000.00"，然后按回车键。在第2行的"科目名称"栏中录入"1001"(库存现金)，在"贷方金额"栏按"="键，由系统自动填充金额"2,000.00"。

④ 保存凭证。单击工具栏中的"保存"按钮，系统提示保存成功，退出信息提示框，结果如图3-22所示。

图 3-22　销售部刘东强预支差旅费的记账凭证

⑤ 退出。单击"填制凭证"窗口右上角的"关闭"按钮,关闭并退出该窗口。

(3) 计提并支付总经理本月房租费用

① 以"会计W02,操作日期2021年04月02日"登入企业应用平台。在"企业应用平台"的"业务工作"页签中,依次单击"财务会计/总账/凭证/填制凭证"菜单项,系统打开"填制凭证"窗口。

② 新增凭证。单击"填制凭证"窗口中的"增加"按钮("+"标志),系统打开一张空白的记账凭证。

③ 填制凭证。修改制单日期为2021.04.02,在其"摘要"栏中参照生成或填入"计提总经理房租费用"。在第1行的"科目名称"栏中参照生成或录入"6602"(管理费用),单击其他区域系统将弹出"辅助项"窗口,在其"部门"编辑框中参照生成"总经理办公室",然后单击"确定"按钮,返回"填制凭证"窗口,在"借方金额"中输入"6,000.00",然后按回车键;在第2行的"科目名称"栏中录入"221102"(应付职工薪酬/职工福利),然后在"贷方金额"栏按"=",系统自动填充金额"6,000.00"。

④ 保存凭证。单击工具栏中的"保存"按钮,系统提示保存成功,退出信息提示框,结果如图3-23所示。

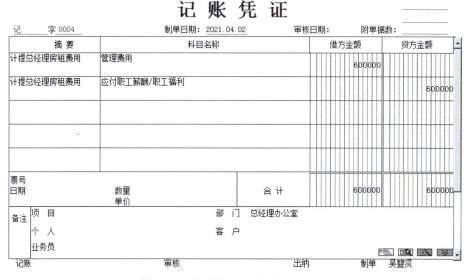

图3-23 计提总经理房租费的记账凭证

⑤ 新增凭证。单击"填制凭证"窗口中的"增加"按钮("+"标志),系统打开一张空白的记账凭证。

⑥ 填制凭证。修改制单日期为2021.04.02,在其"摘要"栏中参照生成或填入"支付总经理房租费用"。在第1行的"科目名称"栏中参照生成或录入"221102"(应付职工薪酬/职工福利),在"借方金额"中输入"6,000.00",然后按回车键;在第2行的"科目名称"栏中录入"100201"(银行存款/工行存款),并设置其结算方式为"转账支票",票号"61972018",然后在"贷方金额"栏按"=",系统自动填充金额"6,000.00"。

⑦ 保存凭证。单击工具栏中的"保存"按钮,系统提示保存成功,退出信息提示框,结果如图3-24所示。

⑧ 退出。单击"填制凭证"窗口右上角的"关闭"按钮,关闭并退出该窗口。

```
                    记 账 凭 证
   记    字 0005        制单日期: 2021.04.02     审核日期:        附单据数:
   ┌─────────────┬──────────────────┬──────────────┬──────────────┐
   │   摘  要    │    科目名称       │  借方金额     │   贷方金额    │
   ├─────────────┼──────────────────┼──────────────┼──────────────┤
   │支付总经理房租费用│应付职工薪酬/职工福利│   600000    │              │
   │支付总经理房租费用│银行存款/工行存款   │              │   600000    │
   │             │                  │              │              │
   ├─────────────┼──────────────────┼──────────────┼──────────────┤
   │票号 202-61972021│数量            │              │              │
   │日期 2021.04.02 │单价     合计    │   600000    │   600000    │
   ├─────────────┼──────────────────┴──────────────┴──────────────┤
   │备 │项目         部门                                         │
   │注 │个人         客户                                         │
   │  │业务员                                                    │
   └─────────────────────────────────────────────────────────────┘
   记账              审核             出纳           制单 吴碧贤
```

图 3-24 支付总经理房租费用的记账凭证

(4) 提取现金备用业务

① 以"会计W02,操作日期2021年04月02日"登入企业应用平台。在"企业应用平台"的"业务工作"页签中,依次单击"财务会计/总账/凭证/填制凭证"菜单项,系统打开"填制凭证"窗口。

② 新增凭证。单击"填制凭证"窗口中的"增加"按钮("+"标志),系统打开一张空白的记账凭证。

③ 填制凭证。修改制单日期为2021.04.02,在其"摘要"栏中参照生成或填入"提取现金备用"。在第1行的"科目名称"栏中参照生成或录入"1001"(库存现金),在"借方金额"中输入"5,000.00",然后按回车键;在第2行的"科目名称"栏中录入"100201"(银行存款/工行存款),并设置其结算方式为"现金支票",票号为"61972948",在"贷方金额"栏按"="键,由系统自动填充金额"5,000.00"。

④ 保存凭证。单击工具栏中的"保存"按钮,系统提示保存成功,退出信息提示框,结果如图3-25所示。

⑤ 退出。单击"填制凭证"窗口右上角的"关闭"按钮,关闭并退出该窗口。

(5) 报销差旅费业务

① 以"会计W02,操作日期2021年04月03日"登入企业应用平台。在"企业应用平台"的"业务工作"页签中,依次单击"财务会计/总账/凭证/填制凭证"菜单项,系统打开"填制凭证"窗口。

② 新增凭证。单击"填制凭证"窗口中的"增加"按钮("+"标志),系统打开一张空白的记账凭证。

③ 填制凭证。修改制单日期为2021.04.03,在其"摘要"栏中参照生成或填入"报销差旅费"。在第1行的"科目名称"栏中参照生成或录入"6601"(销售费用),在"借方金额"中输入"5,616.00",然后按回车键;在第2行的"科目名称"栏中录入"22210101"(应交税费/应交

增值税/进项税额),在"借方金额"输入"168.00",然后按回车键;在第3行的"科目名称"栏中录入"1001"(库存现金),在"贷方金额"输入"3,784.00",然后按回车键;在第4行的"科目名称"栏中录入"1221"(其他应收款),单击其他区域系统将弹出"辅助项"窗口,在其"部门"编辑框中参照生成"销售部","个人"参照生成"刘东强",然后单击"确定"按钮,返回"填制凭证"窗口,在"贷方金额"栏按"="键,由系统自动填充金额"2,000.00"。

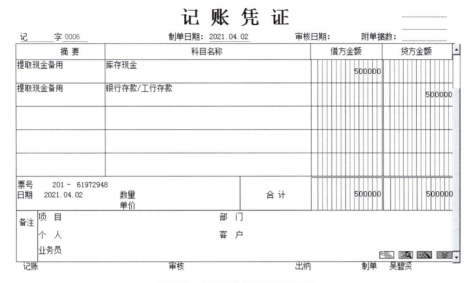

图 3-25　提取现金备用的记账凭证

④ 保存凭证。单击工具栏的"保存"按钮,系统提示保存成功,退出信息提示框,结果如图3-26所示。

图 3-26　销售部刘东强报销差旅费的记账凭证

⑤ 退出。单击"填制凭证"窗口右上角的"关闭"按钮,关闭并退出该窗口。

(6) 购置办公用品业务

① 以"会计W02,操作日期2021年04月03日"登入企业应用平台。在"企业应用平台"的"业务工作"页签中,依次单击"财务会计/总账/凭证/填制凭证"菜单项,系统打开"填制凭证"窗口。

② 新增凭证。单击"填制凭证"窗口中的"增加"按钮("+"标志),系统打开一张空白的记账凭证。

③ 填制凭证。修改制单日期为2021.04.03,在其"摘要"栏中参照生成或填入"购置办公用品"。在第1行的"科目名称"栏中参照生成或录入"6602"(管理费用),单击其他区域系统,弹出"辅助项"窗口,在其"部门"编辑框中参照生成"财务部",然后单击"确定"按钮,返回"填制凭证"窗口,在"借方金额"中输入"1,000.00",然后按回车键;在第2行的"科目名称"栏中录入"22210101"(应交税费/应交增值税/进项税额),在"借方金额"中输入"130.00";在第3行的"科目名称"栏中录入"1001"(库存现金),在"贷方金额"栏按"="键,由系统自动填充金额"1,130.00"。

④ 保存凭证。单击工具栏中的"保存"按钮,系统提示保存成功,退出信息提示框,结果如图3-27所示。

图3-27 财务部购置办公用品的记账凭证

⑤ 退出。单击"填制凭证"窗口右上角的"关闭"按钮,关闭并退出该窗口。

(7) 银行放贷业务

① 以"会计W02,操作日期2021年04月03日"登入企业应用平台。在"企业应用平台"的"业务工作"页签中,依次单击"财务会计/总账/凭证/填制凭证"菜单项,系统打开"填制凭证"窗口。

② 新增凭证。单击"填制凭证"窗口中的"增加"按钮("+"标志),系统打开一张空白的记账凭证。

③ 填制凭证。修改制单日期为2021.04.03,在其"摘要"栏中参照生成或填入"银行放贷"。在第1行的"科目名称"栏中参照生成或录入"100201"(银行存款/工行存款),并设置其结算方式为"转账支票",票号为"63790401",在"借方金额"中输入"600,000.00",然后按回车键;在第2行的"科目名称"栏中录入"2501"(长期借款),在"贷方金额"栏按"="键,由系统自动填充金额"600,000.00"。

④ 保存凭证。单击工具栏中的"保存"按钮,系统提示保存成功,退出信息提示框,结果如图3-28所示。

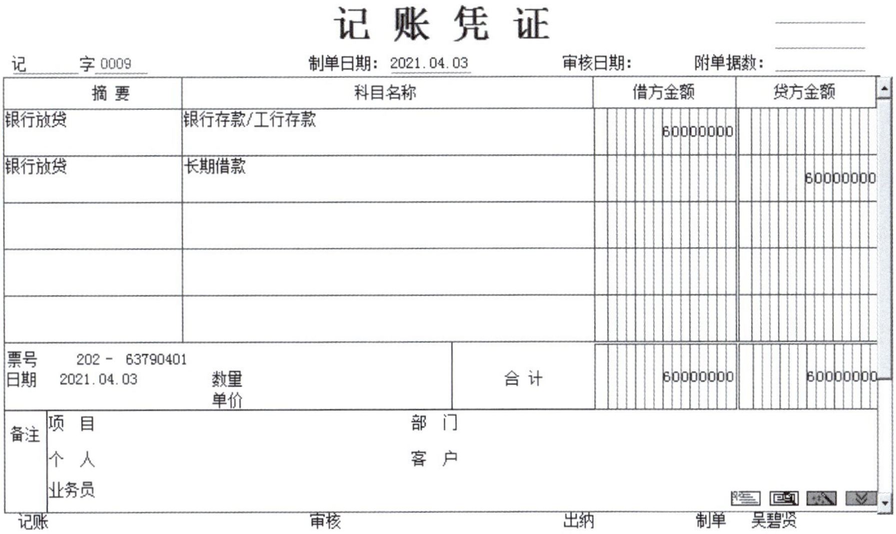

记 账 凭 证

记 字 0009　　　制单日期：2021.04.03　　　审核日期：　　　附单据数：

摘要	科目名称	借方金额	贷方金额
银行放贷	银行存款/工行存款	60000000	
银行放贷	长期借款		60000000
	合　计	60000000	60000000

票号 202 - 63790401
日期 2021.04.03　数量
　　　　　　　　单价

备注　项目　　　　　部门
　　　个人　　　　　客户
　　　业务员

记账　　　　　审核　　　　　出纳　　　　　制单 吴碧贤

图 3-28　银行放贷的记账凭证

⑤ 单击"填制凭证"窗口右上角的"关闭"按钮，关闭并退出该窗口。

(8) 车间领用原材料业务

① 以"会计 W02，操作日期2021年04月05日"登入企业应用平台。在"企业应用平台"的"业务工作"页签中，依次单击"财务会计/总账/凭证/填制凭证"菜单项，系统打开"填制凭证"窗口。

② 新增凭证。单击"填制凭证"窗口中的"增加"按钮（"+"标志），系统打开一张空白的记账凭证。

③ 填制凭证。修改制单日期为2021.04.05，在其"摘要"栏中参照生成或填入"车间领用原材料"。在第1行的"科目名称"栏中参照生成或录入"500101(生产成本/直接材料)，单击其他区域，系统将弹出"辅助项"窗口，在其"项目名称"编辑框中参照生成"普通电饭煲"，然后单击"确定"按钮，返回"填制凭证"窗口，在"借方金额"中输入"10,000.00"，然后按回车键；在第2行的"科目名称"栏中录入"140301(原材料/普通发热盘)，单击其他区域，系统将弹出"辅助项"窗口，在其"数量"编辑框中输入"100"，"单价"编辑框中输入"20"，然后单击"确定"按钮，返回"填制凭证"窗口，这时"借方金额"栏系统自动填充金额"2,000.00"，按空格键将其调整为"贷方金额"栏，然后按回车键；在第3行的"科目名称"栏中录入"140304(原材料/普通辅材套件)，单击其他区域，系统将弹出"辅助项"窗口，在其"数量"编辑框中输入"100"，"单价"编辑框中输入"80"，然后单击"确定"按钮，返回"填制凭证"窗口，这时"借方金额"栏系统自动填充金额"8,000.00"，单击空格键将其调整为"贷方金额"栏。

④ 保存凭证。单击工具栏中的"保存"按钮，系统提示保存成功，退出信息提示框，结果如图3-29所示。

⑤ 新增其他领料凭证。重复步骤②~④，依据图3-18和图3-19新增其他领料凭证，结果如图3-30和图3-31所示。

⑥ 单击"填制凭证"窗口右上角的"关闭"按钮，关闭并退出该窗口。

图 3-29 车间领用原材料的记账凭证 1

图 3-30 车间领用原材料的记账凭证 2

图 3-31 车间领用原材料的记账凭证 3

2. 复核凭证

(1) 出纳签字

① 以“出纳W03，操作日期2021年04月05日”登入企业应用平台。在“企业应用平台”的“业务工作”页签中，依次单击“财务会计/总账/凭证/出纳签字”菜单项，系统弹出“出纳签字”窗口，单击“确定”按钮，系统打开“出纳签字列表”窗口。

② 出纳签字。单击要签字的凭证，进入该凭证的“出纳签字”窗口，查阅信息无误后单击工具栏中的“签字”按钮，即在凭证下方“出纳”处显示“杨丽娟”的名字，表示出纳签字完成。单击“下张凭证”按钮，查阅信息无误后再单击工具栏中的“签字”按钮，完成其他凭证的出纳签字。

③ 退出。单击“出纳签字”和“出纳签字列表”窗口右上角的“关闭”按钮，关闭并退出窗口。

(2) 审核凭证

① 以“主管W01，操作日期2021年04月05日”登入企业应用平台。在“企业应用平台”的“业务工作”页签中，依次单击“财务会计/总账/凭证/审核凭证”菜单项，进入“凭证审核”窗口，单击“确定”按钮，系统打开“凭证审核列表”窗口。

② 会计主管审核。单击要审核的凭证，进入该凭证的“审核凭证”窗口，审核信息无误后单击工具栏中的“审核”按钮，即在凭证下方“审核”处显示“罗培韶”的名字，表示主管审核工作完成，结果如图3-32所示。系统自动进入“下张凭证”界面，查阅信息无误后再单击工具栏中的“审核”按钮，完成其他凭证的主管审核。

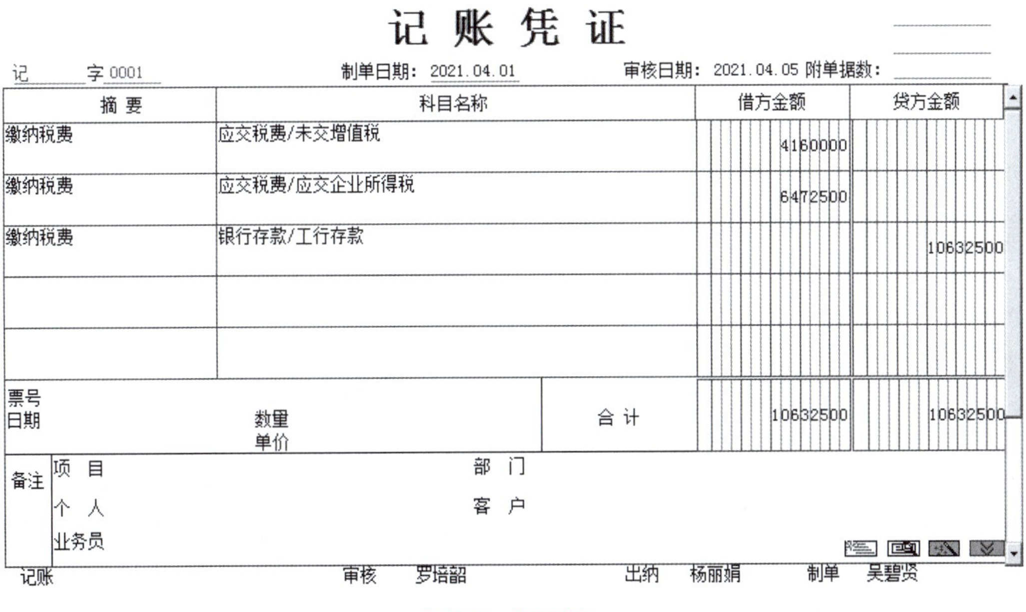

记账凭证

记 字 0001　　制单日期：2021.04.01　　审核日期：2021.04.05 附单据数：

摘要	科目名称	借方金额	贷方金额
缴纳税费	应交税费/未交增值税	4160000	
缴纳税费	应交税费/应交企业所得税	6472500	
缴纳税费	银行存款/工行存款		10632500
票号 日期　数量 单价	合计	10632500	10632500

备注　项目　部门
个人　客户
业务员

记账　审核 罗培韶　出纳 杨丽娟　制单 吴碧贤

图 3-32 凭证审核

③ 单击“审核凭证”和“凭证审核列表”窗口右上角的“关闭”按钮，退出窗口。

3. 记账

① 以"会计W02,操作日期2021年04月05日"登入企业应用平台。在"企业应用平台"的"业务工作"页签中,依次单击"财务会计/总账/凭证/记账"菜单项,打开"记账"窗口。

② 记账。先单击窗口中的"全选"按钮,再单击"记账"按钮,系统弹出"期初试算平衡板"窗口,直接单击其"确定"按钮,系统自动记账完成,并弹出信息提示框,结果如图3-33所示。

图 3-33 凭证记账

③ 退出。单击信息提示框中的"确定"按钮和"记账"窗口中的"退出"按钮。

4. 查询账簿

(1) 查询发生额及余额表

① 以"会计W02,操作日期2021年04月05日"登入企业应用平台。在"企业应用平台"的"业务工作"页签中,依次单击"财务会计/总账/账表/科目账/余额表"菜单项,打开"发生额及余额查询条件"窗口。

② 单击"确定"按钮,打开"发生额及余额表"窗口,如图3-34所示。

(2) 查询140303智能发热盘数量金额明细账

① 以"会计W02,操作日期2021年04月05日"登入企业应用平台。在"企业应用平台"的"业务工作"页签中,依次单击"财务会计/总账/账表/科目账/明细账"菜单项,打开"明细账查询条件"窗口。

② 打开"原材料明细账"窗口。在"明细账查询条件"窗口,选择"科目"栏中的科目为"140303智能发热盘",单击"确定"按钮,系统打开"原材料明细账"窗口;在右上角选择"数量金额式",打开数量金额式"原材料明细账"窗口,如图3-35所示。

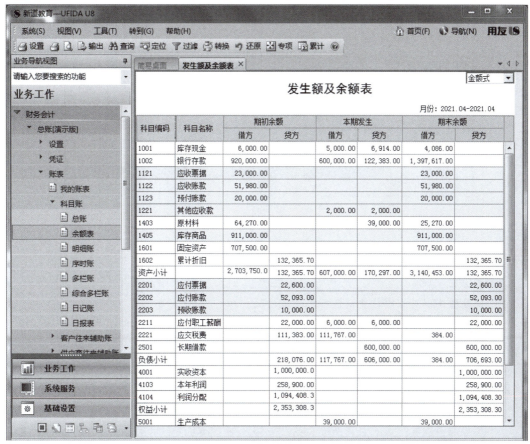

图 3-34 发生额及余额表

图 3-35 140303 智能发热盘数量金额式明细账

(3) 查询智能电饭煲项目明细账

① 以"会计W02,操作日期2021年04月05日"登入企业应用平台。在"企业应用平台"的"业务工作"页签中,依次单击"财务会计/总账/账表/项目辅助账/项目明细账/项目明细账"菜单项,打开"项目明细账查询条件"窗口。

② 在"项目明细账查询条件"窗口中,"项目大类"选择"产品","项目"选择"智能电饭煲",单击"确定"按钮,打开智能电饭煲"项目明细账"窗口,如图3-36所示。

图 3-36 智能电饭煲项目明细账

❖ **拓展任务：**

1. 修改凭证
- 功能概要：对未审核凭证进行无痕迹修改。
- 路径指引：在"企业应用平台"的"业务工作"页签下，依次单击"财务会计/总账/凭证/填制凭证"菜单项，打开"填制凭证"窗口，直接修改。
- 岗位说明：会计W02。

2. 红字冲销
- 功能概要：对已记账凭证进行有痕迹修改。
- 路径指引：在"企业应用平台"的"业务工作"页签下，依次单击"财务会计/总账/凭证/填制凭证"菜单项，打开"填制凭证"窗口，单击"冲销凭证"。
- 岗位说明：会计W02。

实训三 出纳管理

实训任务

1. 登记支票登记簿

2021年4月5日，采购部周东瑞借转账支票一张用于采购材料，票号为61972967，预计金额为50,000.00元。出纳杨丽娟登记支票登记簿。

2. 银行对账

华鑫电器公司银行账的启用日期为2021-04-01，工行人民币户企业日记账调整前余额为920,000.00元，银行对账单调整前余额为900,000.00元，未达账项一笔，系企业已收银行未收20,000.00元(日期为2021-03-25)。

华鑫电器公司4月份银行对账单如表3-9所示。

表3-9　4月份银行对账单

日　期	摘要	结算方式与票号	借方金额	贷方金额
2021-04-01	缴纳税费	其他		10,6325.00
2021-04-01	缴纳税费	其他		5,058.00
2021-04-02	支付总经理房租费用	转账支票-61972018		6,000.00
2021-04-02	提取现金备用	现金支票-61972948		5,000.00
2021-04-03	银行放贷	转账支票-63790401	600,000.00	

任务解析

1. 背景知识

资金收付的核算与管理是企业的一项重要日常工作，也是出纳的一项重要工作内容。总账系统中的出纳管理为出纳人员提供了一个集成办公环境，可完成现金日记账、银行存款日记账的查询和打印，随时出最新资金日报表，进行银行对账并生成银行存款余额调节表。

(1) 出纳签字

由于出纳凭证涉及企业资金的收支，所以应加强对出纳凭证的管理。出纳签字功能使得出纳可以对涉及现金、银行存款的凭证进行核对，以决定凭证是否有误。如果凭证正确无误，出纳便可签字，否则必须交由制单人修改后再重新核对。

出纳凭证是否必须由出纳签字取决于系统参数的设置，如果选择了"出纳凭证必须由出纳签字"选项，那么出纳凭证必须经过出纳签字才能够记账。出纳签字与审核签字没有先后顺序，既可以先出纳签字再审核签字，也可以先审核签字再出纳签字。

(2) 现金日记账和银行日记账的查询和打印

现金日记账和银行日记账不同于一般科目的日记账，属于出纳专管。现金日记账和银行日记账可按月或按日查询，查询时可包含未记账凭证的数据在内。

(3) 资金日报表

资金日报表可以反映现金和银行存款的日发生额及余额情况。手工环境下，资金日报表由出纳逐日填写，以反映营业终了时的现金、银行存款的收支情况及余额。在U8系统中，资金日报在凭证记账时自动生成。

(4) 支票登记簿

支票登记簿的作用是供出纳员详细登记支票领用及报销情况。使用时需要注意以下几点。

① 只有在总账选项中选中"支票控制"、在结算方式设置中选中"票据结算"、在指定会计科目中指定为"银行账"的科目，才能使用支票登记簿。

② 领用支票时，出纳员要登记支票领用日期、领用部门、领用人、支票用途、预计金额、备注等信息。

③ 使用支票后，经办人持原始单据报销，会计据此填制记账凭证。在录入凭证时，要求录入结算方式、票号，系统据此在支票登记簿中找到该支票，自动填写报销日期，表示支票已报销。

(5) 银行对账

银行对账是出纳在月末应进行的一项工作，企业为了了解未达账项的情况，通常都会定期与开户银行进行对账。在信息化方式下，银行对账的流程如下。

① 录入银行对账期初数据。

在第一次利用总账系统进行银行对账前，应该录入银行启用日期时的银行对账期初数据。银行对账的启用日期是指使用银行对账功能前最后一次手工对账的截止日期，银行对账不一定和总账系统同时启用，银行对账的启用日期可以晚于总账系统的启用日期。

银行对账期初数据包括银行对账启用日的单位方银行日记账与银行方银行对账单的调整前余额，以及启用日期之前的单位日记账和银行对账单的未达账项。

录入期初数据后，应保证银行日记账的调整后余额等于银行对账单的调整后余额，否则会影响以后的银行对账。

② 录入银行对账单。

在开始对账之前，需将银行开出的银行对账单录入系统中，以便将其与企业银行日记账进行核对。有些系统还提供了银行账单导入的功能，避免了烦琐的手工录入过程。

③ 银行对账。

银行对账可采用自动对账和手工对账相结合的方式，先进行自动对账，然后在此基础上，再进行手工对账。

自动对账是指系统根据设定的对账依据，将银行日记账(银行未达账项文件)与银行对账单进行自动核对和核销。对于已核对上的银行业务，系统将自动在银行日记账和银行对账单双方打上两清标志，视为已达账项，否则视为未达账项。

对账依据可由用户自己设置，但"方向+金额"是必要条件，通常可设置为"结算方式+结算号+方向+金额"。

采用自动对账后，可能还有一些特殊的已达账项没有对上而被视为未达账项，为了保证对账的彻底性和正确性，在自动对账的基础上还要进行手工补对。例如，自动对账只能针对"一对一"的情况进行，而对于"一对多""多对一"或"多对多"的情况，只能由手工对账来实现。

④ 输出余额调节表。

对账后，系统会根据对账结果自动生成银行存款余额调节表，以供用户查询、打印或输出。

对账后，还可以查询银行日记账和银行对账单对账的详细情况，包括已达账项和未达账项。

⑤ 核销银行账。

为了避免文件过大，占用磁盘空间，可以利用核销银行账功能将已达账项删除。对企业银行日记账已达账项的删除不影响企业银行日记账的查询和打印。

⑥ 长期未达账项审计。

有的软件还提供长期未达账项审计的功能。通过设置截止日期及至截止日期的未达天数，系统可以自分理处将至截止日期未达账项中未达天数超过指定天数的所有未达账项显示出来，以便企业了解长期未达账项的情况，从而采取措施对其追踪、加强监督，避免不必要的损失。

2. 岗位说明

由出纳W03登记支票登记簿及进行银行对账。

实训指引

以出纳W03的身份登录企业应用平台登记支票登记簿,并进行银行对账。

1. 登记支票登记簿

① 以"出纳W03,操作日期2021年04月05日"登入企业应用平台。在"企业运用平台"的"业务工作"页签中,依次单击"财务会计/总账/出纳/支票登记簿"菜单项,系统弹出"银行科目选择"窗口,默认"科目"为"工行存款(100201)",直接单击"确定"按钮,系统打开"支票登记簿"窗口。

② 登记支票登记簿。在"支票登记簿"窗口中,单击"增加"按钮,输入"领用日期"为2021.04.05,领用部门为"采购部",领用人为"周东瑞",支票号为"61972967",预计金额为"50,000.00",用途为"采购材料",单击"保存"按钮,结果如图3-37所示。

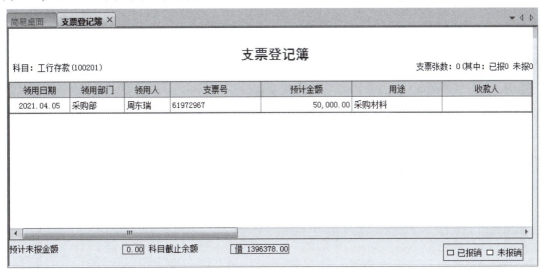

图3-37 支票登记簿

③ 单击工具栏上的"退出"按钮,关闭并退出该窗口。

2. 银行对账

(1) 财务部出纳杨丽娟进行银行对账期初设置

① 以"出纳W03,操作日期2021年04月05日"登入企业应用平台。在"企业运用平台"的"业务工作"页签中,依次单击"财务会计/总账/出纳/银行对账/银行对账期初录入"菜单项,系统弹出"银行科目选择"窗口,默认"科目"为"工行存款(100201)",直接单击"确定"按钮,系统打开"银行对账期初"窗口。

② 设置余额。在"银行对账期初"窗口中,确认"启用日期"为"2021.04.01",录入单位日记账的"调整前余额"为"920,000.00"元,银行对账单的"调整前余额"为"900,000.00"元,结果如图3-38所示。

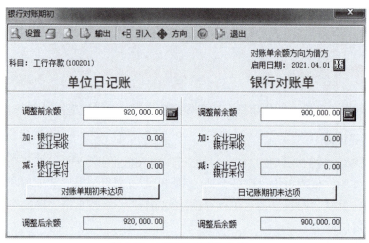

图 3-38 "银行对账期初"窗口

③ 设置日记期初未达项。在"银行对账期初"窗口中，单击"日记账期初未达项"按钮，系统打开"企业方期初"窗口；单击其工具栏中的"增加"按钮，输入"凭证日期"为"2021.03.25"，"借方金额"为"20,000.00"，然后单击"保存"按钮，结果如图3-39所示。

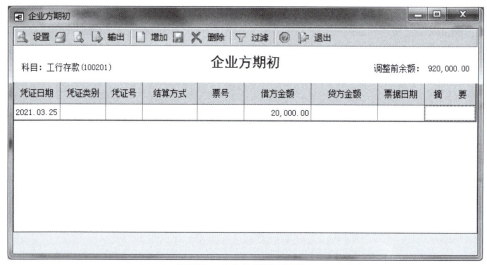

图 3-39 "企业方期初"窗口

④ 单击"企业方期初"窗口工具栏中的"退出"按钮，系统返回"银行对账期初"窗口；单击窗口中的"退出"按钮，退出该窗口。

(2) 录入银行对账单

① 以"出纳W03，操作日期2021年04月05日"登入企业应用平台。在"总账"子系统中，依次单击"财务会计/总账/出纳/银行对账/银行对账单"菜单项，系统弹出"银行科目选择"窗口，默认"科目"为"工行存款(100201)"，确认或设置"月份"为"2021.04—2021.04"，然后单击"确定"按钮，系统打开"银行对账单"窗口。

② 单击工具栏中的"增加"按钮，参照表3-9依次输入银行对账单数据，包括"日期""结算方式""票号""借方金额"和"贷方金额"，完成之后单击"保存"按钮，结果如图3-40所示。

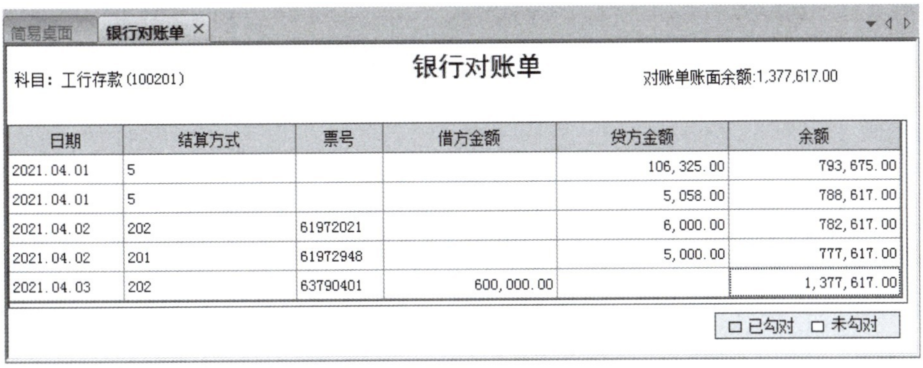

银行对账单

科目：工行存款(100201)　　　　　对账单账面余额:1,377,617.00

日期	结算方式	票号	借方金额	贷方金额	余额
2021.04.01	5			106,325.00	793,675.00
2021.04.01	5			5,058.00	788,617.00
2021.04.02	202	61972021		6,000.00	782,617.00
2021.04.02	201	61972948		5,000.00	777,617.00
2021.04.03	202	63790401	600,000.00		1,377,617.00

□已勾对　□未勾对

图3-40　"银行对账单"窗口

③ 单击"银行对账单"窗口中的"关闭"按钮，关闭并退出该窗口。

(3) 进行银行对账

① 以"出纳W03，操作日期2021年04月05日"登入企业应用平台。在"总账"子系统中，依次单击"财务会计/总账/出纳/银行对账/银行对账"菜单项，系统弹出"银行科目选择"窗口，默认"科目"为"工行存款(100201)"，确认或设置"月份"为"2021.04—2021.04"，然后单击"确定"按钮，系统打开"银行对账"窗口。

② 单击工具栏中的"对账"按钮，打开"自动对账"窗口，设置"截至日期"为"2021.04.30"，默认系统提供的其他对账条件，单击"确定"按钮，系统显示自动对账结果，结果如图3-41所示。

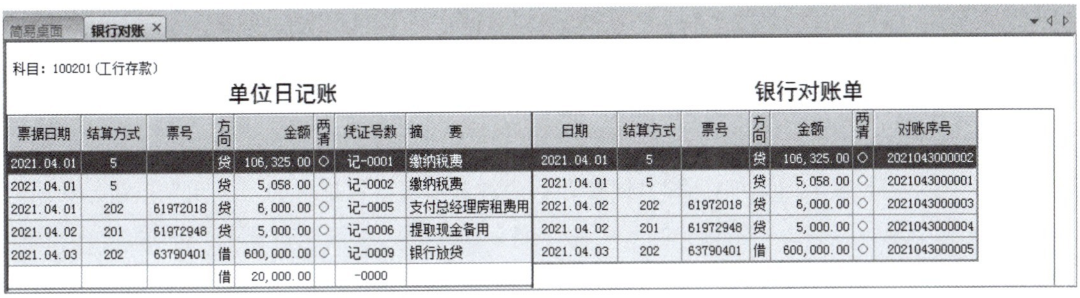

银行对账

科目：100201(工行存款)

单位日记账

票据日期	结算方式	票号	方向	金额	两清	凭证号数	摘要
2021.04.01	5		贷	106,325.00	○	记-0001	缴纳税费
2021.04.01	5		贷	5,058.00	○	记-0002	缴纳税费
2021.04.01	202	61972018	贷	6,000.00	○	记-0005	支付总经理房租费用
2021.04.02	201	61972948	贷	5,000.00	○	记-0006	提取现金备用
2021.04.03	202	63790401	借	600,000.00	○	记-0009	银行放贷
			借	20,000.00		-0000	

银行对账单

日期	结算方式	票号	方向	金额	两清	对账序号
2021.04.01	5		贷	106,325.00	○	2021043000002
2021.04.01	5		贷	5,058.00	○	2021043000001
2021.04.02	202	61972018	贷	6,000.00	○	2021043000003
2021.04.02	201	61972948	贷	5,000.00	○	2021043000004
2021.04.03	202	63790401	借	600,000.00	○	2021043000005

图3-41　"银行对账"窗口

对于已达账项，系统自动在单位日记账和银行对账单双方的"两清"栏画上"○"标志。在自动对账窗口，对于一些应勾对而未勾对上的账项，可分别双击"两清"栏，直接进行手工调整。

③ 所有数据对账完毕后，单击"检查"按钮，检查结果平衡，单击"确定"按钮。

④ 单击工具栏中的"保存"按钮，保存对账结果(如果不保存，系统会弹出保存提示信息框)。

⑤ 单击"银行对账"窗口中的"关闭"按钮，关闭并退出该窗口。

(4) 查询余额调节表

① 以"出纳W03，操作日期2021年04月05日"登入企业应用平台。在"总账"子系统中，依次单击"出纳/银行对账/余额调节表查询"菜单项，系统打开"银行存款余额调节表"窗口。

② 查看总的银行存款余额。双击表体中"银行科目(账号)"栏的"工行存款(100201)"所在行，系统弹出"银行存款余额调节表"窗口，结果如图3-42所示。

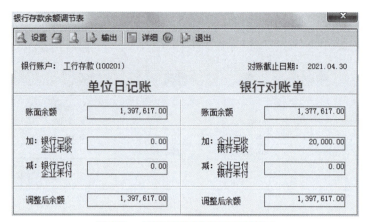

图 3-42 "银行存款余额调节表"窗口

③ 查看详细的银行存款余额。单击"银行存款余额调节表"窗口工具栏中的"详细"按钮，系统打开"余额调节表(详细)"窗口，显示该银行账户的银行存款余额调节表的详细情况，结果如图3-43所示。

图 3-43 余额调节表

④ 单击"余额调节表(详细)"和"银行存款余额调节表"窗口中的"关闭"按钮，关闭并退出窗口。

项目四 应收款管理

实训一 应收款管理系统初始化

实训任务

1. 应收款管理选项设置

"常规"选项卡：在该选项卡中，设置"坏账处理方式"为"应收余额百分比法"，勾选"自动计算现金折扣"；其他选项保持系统默认。

"凭证"选项卡：在该选项卡中，设置"受控科目制单方式"为"明细到单据"，"销售科目依据"为"按存货分类"；其他选项保持系统默认。

"权限与预警"选项卡：在该选项卡中，取消选择"控制操作员权限"选项。

2. 应收款管理系统科目设置

应收款管理系统科目设置见表4-1。

表4-1 应收款管理系统科目设置

科目类别	设置方式
基本科目设置	应收科目(本币)：1122应收账款
	预收科目(本币)：2203预收账款
	销售收入科目：6001主营业务收入
	销售退回科目：6001主营业务收入
	代垫费用科目：1001 库存现金
	现金折扣科目：6603财务费用
	税金科目：22210102销项税额
结算方式科目设置	结算方式为现金；币种为人民币；科目为1001库存现金
	结算方式为现金支票；币种为人民币；科目为100201工行存款
	结算方式为转账支票；币种为人民币；科目为100201工行存款
	结算方式为银行承兑汇票；币种为人民币；科目为100201工行存款
	结算方式为商业承兑汇票；币种为人民币；科目为100201工行存款
	结算方式为电汇；币种为人民币；科目为100201工行存款
	结算方式为其他；币种为人民币；科目为100201工行存款

3. 坏账设置

坏账设置见表4-2。

表4-2 坏账准备参数

控制参数	参数设置
提取比例	0.5%
坏账准备期初余额	0
坏账准备科目	1231(坏账准备)
对方科目	6702(信用减值损失)

4. 账龄区间与逾期账龄区间设置

账龄区间与逾期账龄区间设置见表4-3。

表4-3 账龄区间与逾期账龄区间设置

账龄区间			逾期账龄区间		
序号	起止天数	总天数	序号	起止天数	总天数
01	0~30	30	01	1~30	30
02	31~60	60	02	31~60	60
03	61~90	90	03	61~90	90
04	91~120	120	04	91~120	120
05	121以上		05	121以上	

5. 报警级别设置

报警级别设置见表4-4。

表4-4 报警级别设置

级别	A	B	C	D	E	F
总比率(客户欠款余额占其信用额度的比例)	10%	20%	30%	40%	50%	
起止比率	0~10%	10%~20%	20%~30%	30%~40%	40%~50%	50%以上

6. 单据编号设置

将销售管理中销售专用发票和销售普通发票的单据编号设置为"可以手工改动,重号时自动重取"。

7. 期初数据录入

录入期初数据见表4-5~表4-7。

表4-5 预收账款期初余额明细

日期	客户	结算方式	金额	票据号	业务员	摘要
2021-03-15	钦国家电	转账支票	10,000.00	66394297	刘东强	预收销售款

表4-6 应收票据期初余额明细

签发/收到日期	票据类型	承兑银行	票据编号	开票单位	票据金额	到期日	业务员	科目	摘要
2021-03-19	银行承兑汇票	中国工商银行	79543603	玖富家电	23,000.00	2021-06-18	刘东强	1121应收票据	收到银行承兑汇票

表4-7 销售部转来的增值税发票列表

单据名称	方向	单据日期	业务员	发票号	客户名称	存货名称	数量	无税单价	价税合计	税率
销售专用发票	正向	2021-03-10	刘东强	91090301	上海东盛	普通电饭煲	50	200.00	11,300.00	13%
销售专用发票	正向	2021-03-18	刘东强	91320302	立兴商贸	经典电饭煲	40	300.00	13,560.00	13%
销售专用发票	正向	2021-03-25	刘东强	91890303	润泽工贸	智能电饭煲	60	400.00	27,120.00	13%

8. 取消"数据权限控制设置"的"用户"权限

任务解析

1. 背景知识

(1) 受控科目

前期已学习总账。如果企业信息化只购买了总账和报表,则企业与客户之间的往来核算在总账系统中完成。例如,向上海东盛销售了50台智能电饭煲,需要在总账中填制凭证,如果企业既采购了总账子系统,也购置了应收款系统,且同一期间启用,那么以上业务需要在应收款管理系统中填制并审核销售发票,对销售发票制单生成凭证并传递给总账,总账中不再人工填制与客户往来核算相关的一切凭证。为了避免在总账中填制凭证时使用"应收账款""预收账款""应收票据"这几个客户往来核算科目,需要将其受控系统设置为"应收款",即只有应收款系统中可以使用这几个科目制单,其他系统中不可使用。

(2) 设置应收款管理系统科目

科目设置的目的是为应收款系统自动生成业务凭证设置模板。应收款系统中生成的凭证主要包括三类:销售商品或劳务形成的确认应收凭证、收款形成的确认收入的凭证、坏账处理业务形成的坏账处理及计提坏账准备凭证。

在基本科目中可以设置应收凭证和收款凭证中常用的应收账款、预收账款、主营业务收入、销项税。

在结算方式科目设置中设置不同结算方式下用到的收款科目,如库存现金、银行存款。

(3) 设置坏账准备

坏账准备设置包括选择坏账处理方法和设置坏账准备参数。

U8系统提供的坏账处理方法包括销售收入百分比法、应收余额百分比法、账龄分析法等。选择某一种坏账处理方法后,还要设置与之相关的期初信息。

(4) 录入期初余额

通过期初余额功能,可将正式启用账套前的所有应收业务数据录入系统中,作为期初建账的数据。这样既保证了数据的连续性,又保证了数据的完整性。当初次使用应收款系统时,要将上期未处理完全的单据都录入本系统,便于以后的处理。当进入第二年度处理时,系统自动将上年度未处理完全的单据转为下一年度的期初余额。在下一年度的第一个会计期间里,可以进行期初余额的调整。

2. 岗位说明

以账套主管A01身份进行应收款管理系统初始化设置。

实训指引

以账套主管的身份登录企业应用平台，对应收款管理系统初始化进行设置。

1. 选项设置

① 以"账套主管A01，操作日期2021年04月05日"登入企业应用平台。在"企业应用平台"的"业务工作"页签中，依次单击"财务会计/应收款管理/设置/选项"菜单项，打开"账套参数设置"窗口。

② 改变状态。单击"编辑"按钮，使所有参数处于可修改状态。

③ 设置常规参数。在"常规"选项卡中，选择"坏账处理方式"为"应收余额百分比法"，勾选"自动计算现金折扣"，其他选项按系统默认设置(其中"应收账款核算模型"默认为"详细核算")，结果如图4-1所示。

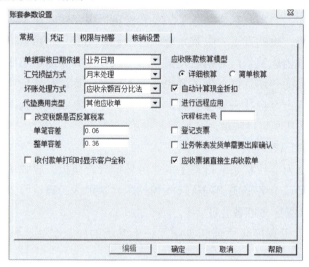

图 4-1　应收款管理的"常规"参数设置

④ 设置凭证参数。在"凭证"选项卡中，设置"受控科目制单方式"为"明细到单据"，"销售科目依据"为"按存货分类"，其他选项按系统默认设置，结果如图4-2所示。

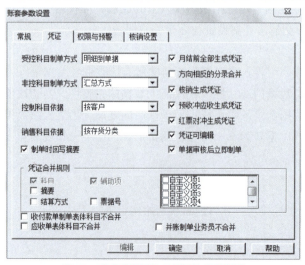

图 4-2　应收款管理的"凭证"参数设置

⑤ 设置权限与预警参数。在"权限与预警"选项卡中,取消选择"控制操作员权限"选项,其他选项按系统默认设置,结果如图4-3所示。

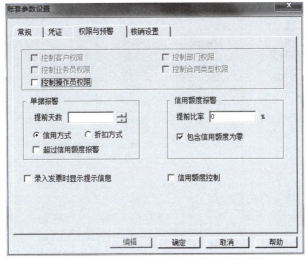

图4-3 应收款管理的"权限与预警"参数设置

⑥ 确定并退出。单击"确定"按钮,保存系统参数的设置,同时关闭"账套参数设置"窗口。

2. 设置应收款管理系统科目

① 以"账套主管A01,操作日期2021年04月05日"登入企业应用平台。在"应收款管理"子系统中,依次单击"设置/初始设置"菜单项,打开应收的"初始设置"窗口。

② 设置基本科目。在左侧设置科目中选中"基本科目设置",单击工具栏中的"增加"按钮,然后在第1行的"基础科目种类"中选择"应收科目","科目"录入或参照生成"1122(应收账款)","币种"为人民币。依据表4-1,在"基本科目设置"的第2~6行进行其他基本科目的设置,结果如图4-4所示。

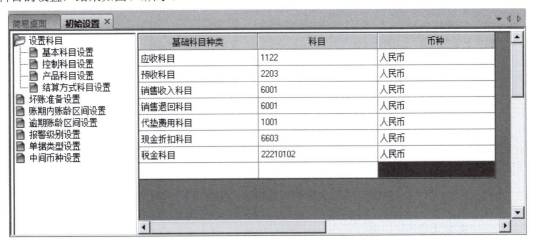

图4-4 初始设置中的基本科目设置

③ 设置结算方式科目。单击"设置科目"中的"结算方式科目设置",在第1行的"结算方式"中选择"现金","科目"录入或参照生成"1001(库存现金)",然后依据表4-1,在

"结算方式科目设置"中进行其他结算方式的设置,结果如图4-5所示。

图4-5 初始设置中的结算方式科目设置

④ 单击窗口中的"关闭"按钮,关闭并退出该窗口。

3. 设置坏账准备

① 以"账套主管A01,操作日期2021年04月05日"登入企业应用平台。在"应收款管理"子系统中,依次单击"设置/初始设置"菜单项,打开应收系统的"初始设置"窗口。

② 设置坏账准备。单击"坏账准备设置",依据表4-2中的内容填制完成(如在"提取比率"栏输入"0.5"),然后单击"确定"按钮,完成设置。

③ 单击窗口中的"关闭"按钮,退出该窗口。结果如图4-6所示。

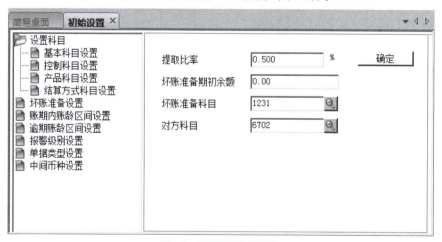

图4-6 坏账准备期初设置

4. 设置账龄区间与逾期账龄区间

① 以"账套主管A01,操作日期2021年04月05日"登入企业应用平台。在"应收款管理"子系统中,依次单击"设置/初始设置"菜单项,打开应收系统的"初始设置"窗口。

② 设置账期内账龄区间。单击"账期内账龄区间设置",根据表4-3左侧中的内容,在"总天数"栏录入相应的天数,完成对应收款管理账龄区间的设置,结果如图4-7所示。

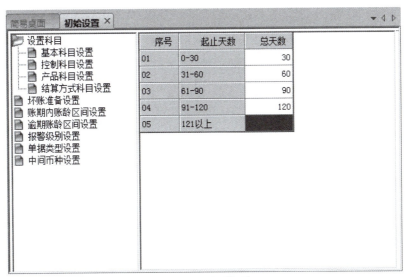

图 4-7 设置账龄区间

③ 设置逾期账龄区间。单击"逾期账龄区间设置",然后根据表4-3右侧中的内容,在"总天数"栏录入相应的天数,完成对应付款管理逾期账龄区间的设置,结果如图4-8所示。

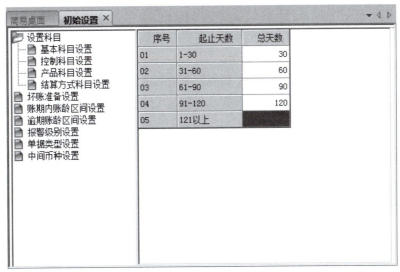

图 4-8 设置逾期账龄区间

④ 单击窗口中的"关闭"按钮,关闭并退出该窗口。

5. 设置报警级别

① 以"账套主管A01,操作日期2021年04月05日"登入企业应用平台。在"应收款管理"子系统中,依次单击"设置/初始设置"菜单项,打开应收系统的"初始设置"窗口。

② 设置报警级别。单击"报警级别设置",然后依据表4-4中的内容,在其右窗格第1行的"总比率"栏录入"10",在"级别名称"栏录入"A",同理,在第2~6行中录入相应的级别,结果如图4-9所示。

③ 单击窗口中的"关闭"按钮,退出该窗口。

图 4-9　设置报警级别

6. 设置单据编号

① 以"账套主管 A01，操作日期 2021 年 04 月 05 日"登入企业应用平台。在"企业应用平台"的"基础设置"页签中，依次单击"单据设置/单据编号设置"菜单项，系统弹出"单据编号设置"窗口。

② 在左侧的"单据类型"中，依次单击"销售管理/销售专用发票"选项，选中"销售专用发票"单据。

③ 修改"销售专用发票"单据的编号设置。单击右侧工具栏中的"修改"按钮，选中"手工改动，重号时自动重取"复选框，然后单击右侧工具栏中的"保存"按钮，设置完成，结果如图 4-10 所示。

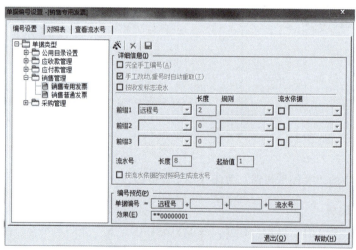

图 4-10　设置单据编号方式

④ 编辑其他单据的编号设置。重复步骤②和③，完成销售普通发票的单据编号设置。

⑤ 单击"退出"按钮，退出该窗口。

7. 录入期初余额(以应收账款为例)

① 打开"期初余额—查询"窗口。以"账套主管 A01，操作日期 2021 年 04 月 05 日"登入企

业应用平台。在"应收款管理"子系统中,依次单击"设置/期初余额"菜单项,打开"期初余额—查询"窗口。

② 在"期初余额—查询"窗口中,直接单击"确定"按钮,系统打开"期初余额"窗口。

③ 单击"增加"按钮,系统弹出"单据类别"窗口,选择"单据名称"为"销售发票"、"单据类型"为"销售专用发票",然后单击"确定"按钮,系统打开"期初销售发票"窗口。

④ 编辑期初销售发票。单击"增加"按钮后,在新增的发票单据上,修改表头的"发票号"为"91090301"、"开票日期"为"2021-03-10"、"客户名称"为"上海东盛"、"业务员"为"刘东强"、"税率(%)"为"13";在表体的第1行"货物编号"栏参照生成"0201(普通电饭煲)",在"数量"栏输入"50","无税单价"输入"200.00",其他栏系统自动计算并填充;单击"保存"按钮,完成第1张期初销售专用发票的录入,结果如图4-11所示。

图 4-11 录入期初销售专用发票

⑤ 完成期初余额的编辑。重复步骤④,依据表4-7完成第2与第3笔的期初应收业务的录入。

⑥ 返回"期初余额"窗口。单击"期初销售发票"窗口中的"关闭"按钮,关闭该窗口,系统返回"期初余额"窗口,然后单击工具栏中的"刷新"按钮,系统将本操作中录入的3张发票信息列表显示在"期初余额"窗口中。

⑦ 重复步骤③~⑤,依据表4-5和表4-6完成其他期初应收业务的录入,结果如图4-12所示。

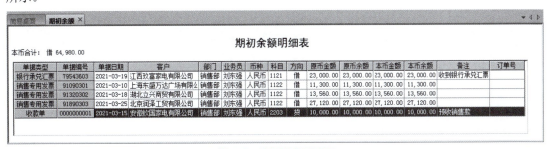

图 4-12 期初余额明细表

⑧ 对账。单击工具栏中的"对账"按钮，应收款系统与总账管理系统根据受控科目进行一一对账，然后系统打开"期初对账"窗口，此时显示"差额"为零，表示对账成功。

⑨ 退出。单击"期初对账"和"期初余额"窗口中的"关闭"按钮，关闭并退出相应的窗口。

8. 取消"用户"权限

① 以"账套主管A01，操作日期2021年04月05日"登入企业应用平台。在"企业应用平台"的"系统服务"页签中，依次单击"权限/数据权限控制设置"菜单项，打开"数据权限控制设置"窗口。

② 取消用户权限。在"记录级"选项卡中，不勾选"是否控制"栏的"用户"复选框，单击"确定"按钮，退出"数据权限控制设置"对话框，则不对数据做用户控制。

实训二 单据处理

实训任务

① 2021年4月5日，向玖富家电销售智能电饭煲100件，无税单价为400.00元/件。相应的原始单据可参见图4-13(合同略)。

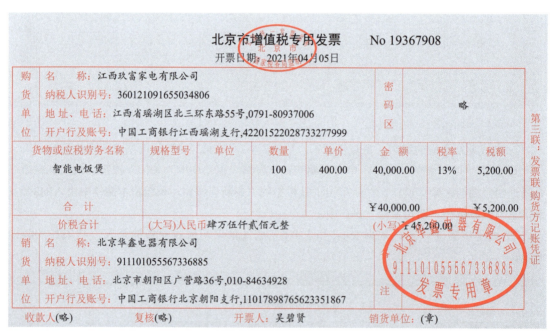

图4-13 增值税专用发票1

② 2021年4月5日，向润泽工贸销售经典电饭煲200件，无税单价为300.00元/件，以现金代垫运费550.00元。相应的原始单据可参见图4-14和图4-15(合同略)。

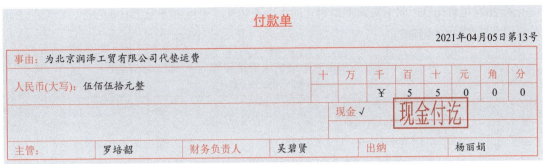

图 4-14 付款单

图 4-15 增值税专用发票 2

③ 2021年4月6日,收到本月5日向润泽工贸销售经典电饭煲200件的货税款67,800.00元。相应的原始单据可参见图4-16。

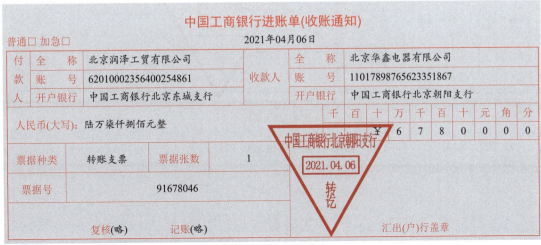

图 4-16 银行进账单 1

④ 2021年4月6日，向上海东盛销售普通电饭煲40件，无税单价为250.00元/件。相应的原始单据可参见图4-17(合同略)。

		北京市增值税专用发票			No 19367801	
		开票日期：2021年04月06日				
购货单位	名称：上海东盛万达广场有限公司 纳税人识别号：31010116569503966C 地址、电话：上海市黄浦区小峪街49号，021-18817053 开户行及账号：中国工商银行上海黄浦支行，31001522028733277562				密码区	略
货物或应税劳务名称	规格型号	单位	数量	单价	金额	税率	税额
普通电饭煲		件	40	250.00	10,000.00	13%	1,300.00
合 计					￥10,000.00		￥1,300.00
价税合计	(大写)人民币 壹万壹仟叁佰元整				(小写)￥11,300.00		
销货单位	名称：北京华鑫电器有限公司 纳税人识别号：911101055567336885 地址、电话：北京市朝阳区广营路36号，010-84634928 开户行及账号：中国工商银行北京朝阳支行，11017898765623351867				备注		
收款人：(略)		复核：(略)		开票人：吴碧贤		销货单位：(章)	

图4-17 增值税普通发票3

⑤ 2021年4月7日，收到本月6日向上海东盛销售货款12,900.00元，其中多余款1,600.00元作为预收款处理。相应的原始单据可参见图4-18。

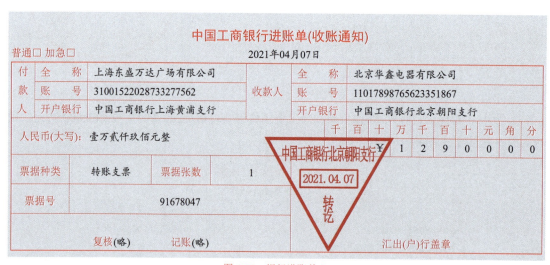

图4-18 银行进账单2

⑥ 2021年4月7日，向阳光电器城销售经典电饭煲40件，无税单价为300.00元/件。相应的原始单据可参见图4-19(合同略)。

项目四 应收款管理

		北京市增值税普通发票					No 19367802		
		开票日期：2021年04月07日							
购货单位	名　称：河南阳光电器城有限公司 纳税人识别号：914101079970971062 地址、电话：河南省郑州市广西路112号,0371-17901226 开户行及账号：中国工商银行河南郑州支行,21000988217452962122						密码区	略	
货物或应税劳务名称	规格型号	单位	数量	单价	金额		税率	税额	
经典电饭煲		件	40	300.00	12,000.00		13%	1,560.00	
合　计					￥12,000.00			￥1,560.00	
价税合计	(大写)人民币壹万叁仟伍佰陆拾元整				(小写)￥13,560.00				
销货单位	名　称：北京华鑫电器有限公司 纳税人识别号：911101055567336885 地址、电话：北京市朝阳区广营路36号,010-84634928 开户行及账号：中国工商银行北京朝阳支行,11017898765623351867								
收款人(略)		复核(略)		开票人：吴碧贤			销货单位：(章)		

图 4-19　增值税普通发票 4

任务解析

1. 背景知识

(1) 应收单据和收款单据

应收款系统中包括两种类型的单据：应收单据和收款单据。

应收单据是企业确认应收的依据，主要包括销售发票和应收单。销售发票是企业销售货物的证明，其他应收单是记录除销售货物之外其他的应收款项。

收款单据是确认收款的依据。按照款项性质，分为应收和预收。

(2) 核销

单据核销是对客户往来已达账做删除处理的过程，表示本笔业务已经结清，即确定收款单与原始发票之间的对应关系后，进行机内自动冲销的过程。单据核销的作用是解决收回客商款项并核销该客商应收款的处理，建立收款与应收款的核销记录，监督应收款及时核销，加强往来款项的管理。明确核销关系后，可以进行精确的账龄分析，更好地管理应收账款。

2. 岗位说明

由会计W02填制销售专用/普通发票。

由出纳W03填制收款单和票据管理。

由会计W02审核应收单和收款单。

由会计W02进行核销处理。

实训指引

1. 填制增值税专用发票

① 以"会计W02,操作日期2021年04月05日"登入企业应用平台。在"应收款管理"子系统中,依次单击"应收款管理/应收单据处理/应收单据录入"菜单项,系统打开"单据类别"窗口。

② 确认"单据名称"栏为"销售发票","单据类型"为"销售专用发票","方向"为"正向"后,单击"确定"按钮,打开"销售发票"窗口。

③ 编辑收发类别。单击"增加"按钮,在"销售发票"窗口中,单击销售类型参照按钮,打开"销售类型基本参照"窗口。单击"编辑"按钮,进入"销售类型"窗口。单击"增加"按钮,参照表4-8,录入"销售类型编码"为"01"、"销售类型名称"为"普通销售"。单击"出库类别"参照按钮,打开"收发类别档案基本参照"窗口,结果如图4-20所示。单击"编辑"按钮,打开"收发类别"窗口。单击"增加"按钮,参照表4-9进行收发类别设置,结果如图4-21所示。

表4-8 销售类型

销售类型编码	销售类型名称	出库类别	是否默认值
01	普通销售	销售出库	是

图4-20 "收发类别档案基本参照"窗口

表4-9 收发类别

收发类别编码	收发类别名称	收发标志
1	入库	收
11	采购入库	收
2	出库	发
21	销售出库	发

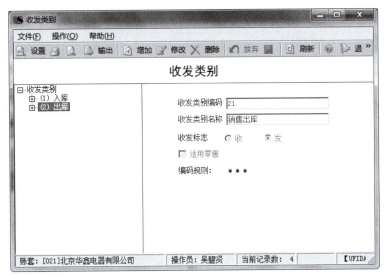

图 4-21 设置收发类别

④ 填制销售发票。在"销售发票"窗口中,编辑表头的"发票号"为"19367908"、"销售类型"为"普通销售"、"客户简称"为"玖富家电"、"销售部门"为"销售部"、"业务员"为"刘东强";设置表体的"存货编码"为"0203"、"数量"为"100"、"无税单价"为"400.00"。单击工具栏中的"保存"按钮,结果如图4-22所示。

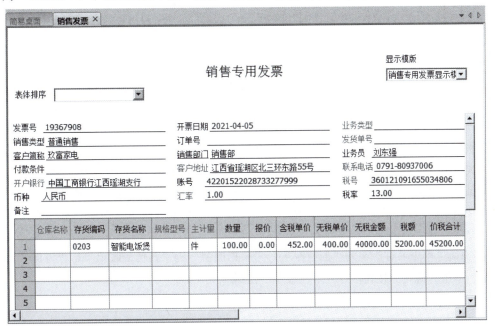

图 4-22 销售专用发票

⑤ 填制凭证。单击工具栏中的"审核"按钮，系统打开"是否立即制单"窗口，单击"是"按钮，系统打开"填制凭证"窗口，单击"主营业务收入"所在行，录入"项目名称"为"智能电饭煲"。单击工具栏中的"保存"按钮，结果如图4-23所示。

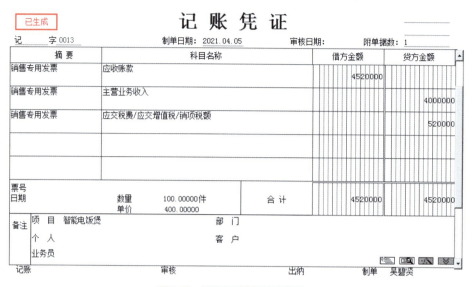

图4-23 销售专用发票生成凭证

⑥ 退出。单击"填制凭证"窗口右上角的"关闭"按钮，关闭并退出该窗口。

2. 填制销售专用发票和应收单

① 以"会计W02，操作日期2021年04月05日"登入企业应用平台。在"应收款管理"子系统中，依次单击"应收款管理/应收单据处理/应收单据录入"菜单项，系统打开"单据类别"窗口。

② 打开"销售发票"窗口。确认"单据名称"为"销售发票"，"单据类型"为"销售专用发票"，"方向"为"正向"后，单击"确定"按钮，打开"销售发票"窗口。

③ 填制销售发票。单击"增加"按钮，在"销售发票"窗口中，编辑表头的"发票号"为"19367909"、"销售类型"为"普通销售"、客户简称为"润泽工贸"、"销售部门"为"销售部"、"业务员"为"刘东强"；设置表体的"存货编码"为"0202"、"数量"为"200"、"无税单价"为"300.00"。单击工具栏中的"保存"按钮，结果如图4-24所示。

④ 填制凭证。单击工具栏中的"审核"按钮，系统打开"是否立即制单"窗口，单击"是"按钮，系统打开"填制凭证"窗口，单击"主营业务收入"所在行，录入"项目名称"为"经典电饭煲"。单击工具栏中的"保存"按钮，结果如图4-25所示。

⑤ 退出。单击"填制凭证"窗口右上角的"关闭"按钮，关闭并退出该窗口。

⑥ 在"应收款管理"子系统中，依次单击"应收款管理/应收单据处理/应收单据录入"菜单项，系统打开"单据类别"窗口。

⑦ 确认"单据名称"栏为"应收单"，"单据类型"为"其他应收单"，"方向"为"正向"后，单击"确定"按钮，打开"应收单"窗口。

图 4-24 销售专用发票

图 4-25 销售专用发票生成凭证

⑧ 填制应收单。单击"增加"按钮，表头部分录入"客户"为"润泽工贸"、"金额"为"550.00"、"部门"为"销售部"、"业务员"为"刘东强"；再单击表体部分，系统将自动生成一条记录；然后单击工具栏中的"保存"按钮，结果如图4-26所示。

⑨ 填制凭证。单击工具栏中的"审核"按钮，系统打开"是否立即制单"窗口，单击"是"按钮，系统打开"填制凭证"窗口，在记账凭证的第2行"科目名称"栏录入科目编码"1001库存现金"。单击工具栏中的"保存"按钮，结果如图4-27所示。

⑩ 退出。单击"填制凭证"窗口右上角的"关闭"按钮，关闭并退出该窗口。

图 4-26 应收单

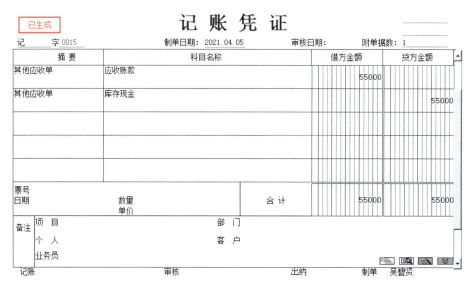

图 4-27 应收单生成凭证

❖ **特别提醒：**

◇ 销售发票与应收单是应收款管理系统日常核算的单据。如果应收款系统与销售系统集成使用，销售发票和代垫费用在销售管理系统中录入，则在应收系统中可以对这些单据进行查询、核销、制单等操作。此时应收系统需要录入的只限于应收单。如果企业没有使用销售系统，则所有发票和应收单均需在应收系统中录入。

◇ 在不启用供应链的情况下，在应收款系统中只能对销售业务的资金流进行会计核算，即可以进行应收款、已收款及收入实现情况的核算；而其物流的核算，即存货出库成本的核算还需在总账系统中手工结转。

3. 填制收款单

① 以"出纳W03,操作日期2021年04月06日"登入企业应用平台。在"应收款管理"子系统中,依次单击"应收款管理/收款单据处理/收款单据录入"菜单项,系统打开"收付款单录入"窗口。

② 填制收款单。单击"增加"按钮,表头部分录入"客户"为"润泽工贸"、"结算方式"为"202转账支票"、"金额"为"67,800.00"、"票据号"为"91678046",其他项默认,然后单击表体部分,系统将自动生成一条记录,注意确认"款项类型"为"应收款"。单击"保存"按钮,结果如图4-28所示。

③ 退出。单击"收付款单录入"窗口右上角的"关闭"按钮,关闭并退出该窗口。

图 4-28 润泽工贸的收款单

④ 以"会计W02,操作日期2021年04月06日"登入企业应用平台。在"应收款管理"子系统中,依次单击"应收款管理/收款单据处理/收款单据审核"菜单项,系统打开"收款单查询条件"窗口。

⑤ 审核收款单。单击"确定"按钮,进入"收付款单列表"窗口。单击工具栏中的"全选"按钮,再单击"审核"按钮,系统弹出"本次审核成功单据1张"信息提示窗口。

⑥ 退出。单击"确定"按钮,再单击"收付款单列表"窗口右上角的"关闭"按钮,关闭并退出该窗口。

⑦ 保存并退出单据核销。在"应收款管理"子系统中,依次单击"应收款管理/核销处理/手工核销"菜单项,选择客户"润泽工贸",单击"确定"按钮,系统打开"单据核销"窗口。将窗口上方款项类型为"应收款"的收款单中的"本次结算金额"栏的数据修改为"67,800.00",在窗口下方找到润泽工贸本月5日的销售数据,在其"本次结算"栏录入"67,800.00",结果如图4-29所示。单击"保存"按钮,再单击"单据核销"窗口右上角的"关闭"按钮,关闭并退出该窗口。

⑧ 打开"制单"窗口。在"应收款管理"子系统中,依次单击"应收款管理/制单处理"菜单项,系统打开"制单查询"窗口。在"制单查询"窗口中,选中"收付款单制单""核销制单"选项,单击"确定"按钮,进入"制单"窗口,结果如图4-30所示。

图 4-29 收款单核销应收款

图 4-30 收款单"制单"窗口

⑨ 保存记账凭证。单击工具栏中的"合并"按钮,再单击"制单"按钮,生成记账凭证。单击"保存"按钮,结果如图4-31所示。

图 4-31 收款单生成凭证

⑩ 退出。单击"确定"按钮,再单击"填制凭证"窗口右上角的"关闭"按钮,关闭并退出该窗口。

4. 填制销售普通发票

① 以"会计W02,操作日期2021年04月06日"登入企业应用平台。在"应收款管理"子系

统中，依次单击"应收款管理/应收单据处理/应收单据录入"菜单项，系统打开"单据类别"窗口。

② 确认"单据名称"栏为"销售发票"，"单据类型"为"销售专用发票"，"方向"为"正向"后，单击"确定"按钮，打开"销售发票"窗口。

③ 填制销售发票。单击"增加"按钮，在"销售发票"窗口中，编辑表头的"发票号"为"19367801"、"销售类型"为"普通销售"、客户简称为"上海东盛"、"销售部门"为"销售部"、"业务员"为"刘东强"；设置表体的"存货编码"为"0201"、"数量"为"40"、"无税单价"为"250.00"。单击工具栏中的"保存"按钮，结果如图4-32所示。

图 4-32　销售专用发票

④ 填制凭证。单击工具栏中的"审核"按钮，系统打开"是否立即制单"窗口，单击"是"按钮，打开"填制凭证"窗口，单击"主营业务收入"所在行，录入"项目名称"为"普通电饭煲"。单击工具栏中的"保存"按钮，结果如图4-33所示。

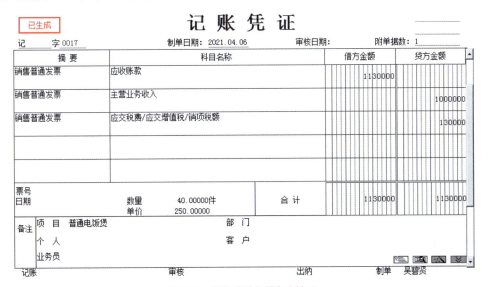

图 4-33　销售普通发票生成凭证

⑤ 退出。单击"填制凭证"窗口右上角的"关闭"按钮，关闭并退出该窗口。

5. 填制预收单

① 以"出纳W03，操作日期2021年04月07日"登入企业应用平台。在"应收款管理"子系统中，依次单击"应收款管理/收款单据处理/收款单据录入"菜单项，系统打开"收付款单录入"窗口。

② 填制收款单。单击"增加"按钮，录入"客户"为"上海东盛"、"结算方式"为"202转账支票"、"金额"为"12,900.00"、"票据号"为"91678047"，其他项默认，然后单击表体部分，系统将自动生成一条记录，注意确认"款项类型"为"应收款"、"金额"为"11,300.00"；单击表体部分第2行，修改"款项类型"为"预收款"、"金额"为"1,600.00"。单击"保存"按钮，结果如图4-34所示。

③ 退出。单击"收付款单录入"窗口右上角的"关闭"按钮，关闭并退出该窗口。

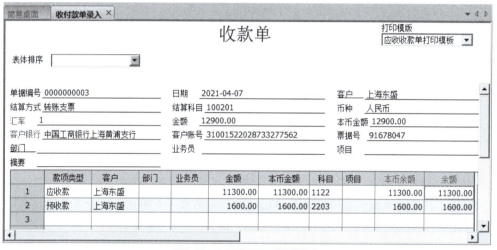

图4-34 上海东盛公司的收款单

④ 以"会计W02，操作日期2021年04月07日"登入企业应用平台。在"应收款管理"子系统，依次单击"应收款管理/收款单据处理/收款单据审核"菜单项，系统打开"收款单查询条件"窗口。

⑤ 审核收款单。单击"确定"按钮，进入"单据处理"窗口。单击工具栏中的"全选"按钮，再单击"审核"按钮，系统弹出"本次审核成功单据1张"信息提示窗口。

⑥ 退出。单击"确定"按钮，再单击"单据处理"窗口右上角的"关闭"按钮，关闭并退出该窗口。

⑦ 保存并退出单据核销。在"应收款管理"子系统中，依次单击"应收款管理/核销处理/手工核销"菜单项，选择客户"上海东盛"，单击"确定"按钮，系统打开"单据核销"窗口。将窗口上方款项类型为"应收款"的收款单中的"本次结算金额"栏的数据修改为"11,300.00"，在窗口下方找到上海东盛本月6日的销售数据，在其"本次结算"栏录入"11,300.00"，结果如图4-35所示。单击"保存"按钮，再单击"单据核销"窗口右上角的"关闭"按钮，关闭并退出该窗口。

图 4-35　收款单核销应收款

⑧ 在"应收款管理"子系统中，依次单击"应收款管理/制单处理"菜单项，系统打开"制单查询"窗口；在"制单查询"窗口中，选中"收付款单制单""核销制单"选项，单击"确定"按钮，进入"应收制单"窗口，结果如图4-36所示。

图 4-36　收款单"制单"窗口

⑨ 单击"合并"按钮，再单击"制单"按钮，生成记账凭证。单击"保存"按钮，结果如图4-37所示。

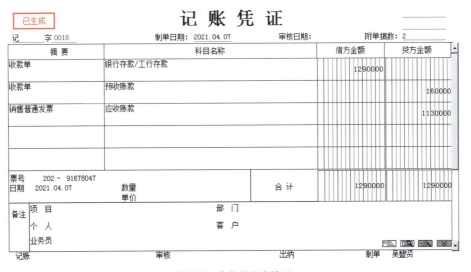

图 4-37　收款单生成凭证

⑩ 退出。单击"确定"按钮，再单击"填制凭证"窗口右上角的"关闭"按钮，关闭并退出该窗口。

6. 填制销售普通发票

① 以“会计W02，操作日期2021年04月07日”登入企业应用平台。在“应收款管理”子系统中，依次单击“应收款管理/应收单据处理”菜单项，系统打开“单据类别”窗口。

② 确认“单据名称”栏为“销售发票”，“单据类型”为“销售普通发票”，“方向”为“正向”后，单击“确定”按钮，打开“销售发票”窗口。

③ 填制销售发票。单击“增加”按钮，在“销售发票”窗口中，编辑表头的“发票号”为“19367802”、“销售类型”为“普通销售”、“客户简称”为“阳光电器城”、“销售部门”为“销售部”、“业务员”为“刘东强”；表体的“存货编码”为“0202”、“数量”为“40”、“无税单价”为“300.00”。单击工具栏中的“保存”按钮，结果如图4-38所示。

	仓库名称	存货编码	存货名称	规格型号	主计量	数量	报价	含税单价	无税单价	无税金额	税额	价税合计
1		0202	经典电饭煲		件	40.00	0.00	339.00	300.00	12000.00	1560.00	13560.00
2												
3												

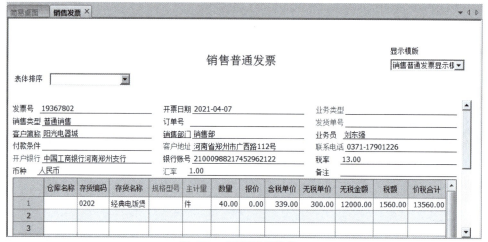

图 4-38 “销售发票”窗口

④ 填制凭证。单击工具栏中的“审核”按钮，系统打开“是否立即制单”窗口，单击“是”按钮，打开“填制凭证”窗口，单击“主营业务收入”所在行，录入“项目名称”为“经典电饭煲”。单击工具栏中的“保存”按钮，结果如图4-39所示。

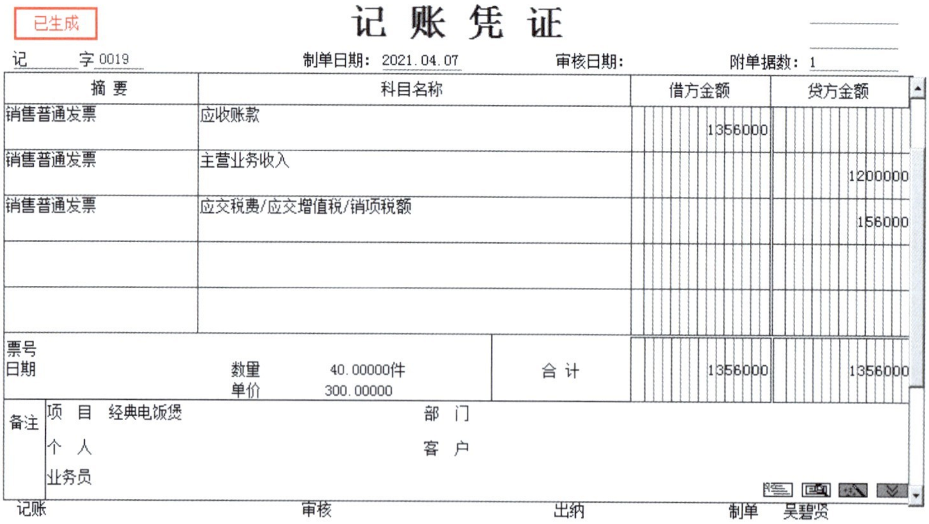

摘要	科目名称	借方金额	贷方金额
销售普通发票	应收账款	1356000	
销售普通发票	主营业务收入		1200000
销售普通发票	应交税费/应交增值税/销项税额		156000
票号 日期 数量 40.00000件 单价 300.00000	合计	1356000	1356000

图 4-39 销售普通发票生成凭证

⑤ 退出。单击"填制凭证"窗口右上角的"关闭"按钮,关闭并退出该窗口。

实训三 票据处理

实训任务

① 2021年4月7日,收到润泽工贸银行承兑汇票一张(No:34591267),面值为27 120.00元,到期日为2021年6月6日,用以支付上月所欠货款。相应的原始单据可参见图4-40。

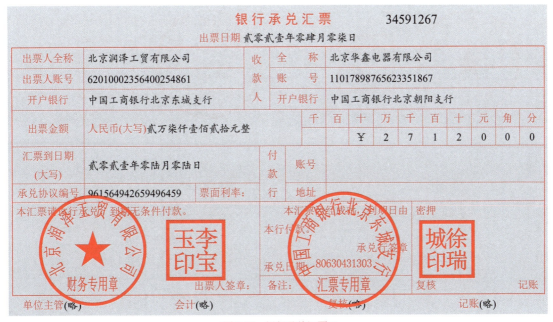

图 4-40 银行承兑汇票 1

② 2021年4月8日,将2021年3月19日收到的玖富家电签发的银行承兑汇票(No:79543603)送到银行进行贴现,贴现率为6%。相应的原始单据可参见图4-41。

③ 2021年4月8日,将2021年4月7日收到的润泽工贸银行承兑汇票(No:34591267)进行结算处理。

④ 2021年4月9日,收到玖富家电签发的商业承兑汇票一张(No:34591389),面值为45 200.00元,用以支付2021年4月5日所欠货款。相应的原始单据可参见图4-42。

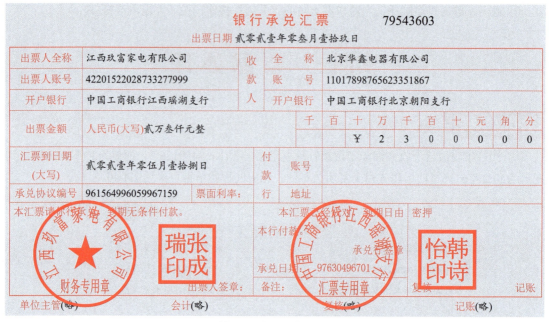

图 4-41　银行承兑汇票 2

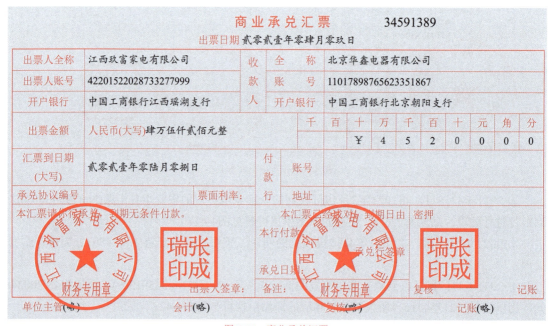

图 4-42　商业承兑汇票

任务解析

1. 背景知识

(1) 商业汇票

商业汇票是出票人签发的，委托付款人在指定日期无条件支付确定的金额给收款人或持票人的票据。商业汇票分为商业承兑汇票和银行承兑汇票。商业承兑汇票由银行以外的付款人承兑(付款人为承兑人)，银行承兑汇票由银行承兑。

(2) 票据管理

U8票据管理中提供了对票据的记录、计息、贴现、转出、结算、背书等处理。新增票据并保存后系统会自动根据票据生成一张收款单，用于核销客户应收款。

2. 岗位说明

由出纳W03填制票据管理。

由会计W02审核收款单。

由会计W02进行核销处理。

实训指引

1. 填制银行承兑汇票

① 用"出纳W03，操作日期2021年04月07日"登入企业应用平台。在"应收款管理"子系统，依次单击"应收款管理/票据管理"菜单项，系统打开"票据管理"窗口。

② 填制银行承兑汇票。单击"增加"按钮，录入"票据类型"为"银行承兑汇票"、"结算方式"为"301银行承兑汇票"、"票据编号"为"34591267"、"出票日期"为"2021-04-07"、"到期日"为"2021-06-06"、"出票人"为"北京润泽工贸有限公司"、"金额"为"27,120.00"、"收款人账号"为"11017898765623351867"，其他项默认。单击"保存"按钮，结果如图4-43所示。

③ 退出。单击"票据管理"窗口右上角的"关闭"按钮，关闭并退出该窗口。

图4-43 填制银行承兑汇票

④ 以"会计W02，操作日期2021年04月07日"登入企业应用平台。在"应收款管理"子系统中，依次单击"应收款管理/收款单据处理/收款单据审核"菜单项，系统打开"收款单查询条件"窗口。

⑤ 审核收款单。单击"确定"按钮,进入"单据处理"窗口。单击工具栏中的"全选"按钮,再单击"审核"按钮,系统弹出"本次审核成功单据1张"信息提示窗口。

⑥ 退出。单击"确定"按钮,再单击"单据处理"窗口右上角的"关闭"按钮,关闭并退出该窗口。

⑦ 保存并退出单据核销。在"应收款管理"子系统中,依次单击"应收款管理/核销处理/手工核销"菜单项,选择客户"润泽工贸",单击"确定"按钮,系统打开"单据核销"窗口。将窗口上方款项类型为"应收款"的收款单中的"本次结算金额"栏的数据修改为"27,120.00",在窗口下方找到润泽工贸上月的销售数据,在其"本次结算"栏录入"27,120.00",结果如图4-44所示。单击"保存"按钮,再单击"单据核销"窗口右上角的"关闭"按钮,关闭并退出该窗口。

图 4-44 收款单核销应收款

⑧ 打开"制单"窗口。在"应收款管理"子系统中,依次单击"应收款管理/制单处理"菜单项,系统打开"制单查询"窗口;在"制单查询"窗口中,选中"收付款单制单""核销制单"选项,单击"确定"按钮,进入"制单"窗口,结果如图4-45所示。

图 4-45 收款单"制单"窗口

⑨ 单击"合并"按钮,再单击"制单"按钮,生成记账凭证,在凭证第1行的"科目名称"栏输入"1121应收票据",确认辅助项"客户"为"润泽工贸",单击"确认"按钮,再单击"保存"按钮,结果如图4-46所示。

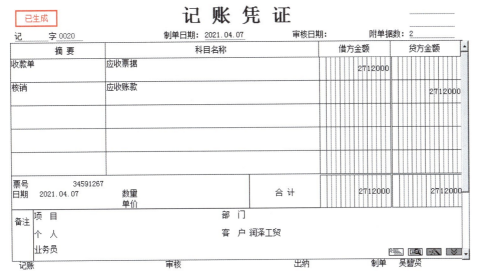

图 4-46 收款单生成凭证

⑩ 退出。单击"确定"按钮,再单击"填制凭证"窗口右上角的"关闭"按钮,关闭并退出该窗口。

> ❖ **特别提醒:**
> ◇ 保存一张商业票据之后,系统会自动生成一张收款单,该张收款单需经过审核之后才能生成记账凭证。
> ◇ 由票据生成的收款单不能被修改。
> ◇ 商业承兑汇票不能有承兑银行,银行承兑汇票必须有承兑银行。

2. 票据贴现

① 以"出纳W03,操作日期2021年04月08日"登入企业应用平台。在"应收款管理"子系统中,依次单击"应收款管理/票据管理"菜单项,系统打开"票据管理"窗口。

② 打开"票据贴现"窗口。选中2021年3月19日收到的银行承兑汇票,单击工具栏中的"贴现"按钮,打开"票据贴现"窗口。贴现方式选择"异地",在"贴现率"栏录入"6",在"结算科目"栏录入"100201",其他默认,结果如图4-47所示。

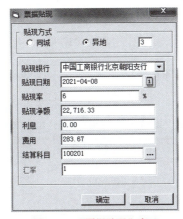

图 4-47 "票据贴现"窗口

③ 退出。单击"确定"按钮，系统弹出"是否立即制单"信息提示框。单击"否"按钮。单击"票据管理"窗口右上角的"关闭"按钮，关闭并退出该窗口。

④ 打开"制单"窗口。以"会计W02，操作日期2021年04月08日"登入企业应用平台。在"应收款管理"子系统中，依次单击"应收款管理/制单处理"菜单项，系统打开"制单查询"窗口；在"制单查询"窗口中，选中"票据处理制单"选项，单击"确定"按钮，进入"制单"窗口，结果如图4-48所示。

图4-48 票据处理"制单"窗口

⑤ 单击"全选"按钮，再单击"制单"按钮，生成记账凭证，在凭证第2行的"科目名称"栏输入"6603财务费用"；在凭证第3行的"科目名称"栏输入"1121应收票据"，确认辅助项"客户"为"玖富家电"，单击"确认"按钮，再单击"保存"按钮，结果如图4-49所示。

摘 要	科目名称	借方金额	贷方金额
票据贴现	银行存款/工行存款	2271633	
票据费用	财务费用	28367	
票据贴现	应收票据		2300000
	合计	2300000	2300000

记 字 0021　　制单日期：2021.04.08　　审核日期：　　附单据数：1

票号 79543603　日期 2021.04.08
项目　个人　业务员 刘东强　客户 玖富家电

图4-49 票据贴现生成凭证

⑥ 退出。单击"确定"按钮，再单击"填制凭证"窗口右上角的"关闭"按钮，关闭并退出该窗口。

❖ **特别提醒：**
◇ 如果贴现净额大于余额，则系统自动将其差额作为利息，不能修改；如果贴现净额小于票据余额，则系统自动将其差额作为费用，不能修改。
◇ 票据贴现后，将不能对其进行其他处理。

3. 票据结算

① 以"出纳W03，操作日期2021年04月08日"登入企业应用平台。在"应收款管理"子系统中，依次单击"应收款管理/票据管理"菜单项，系统打开"票据管理"窗口。

② 选中2021年04月07日收到的银行承兑汇票，单击工具栏中的"结算"按钮，打开"票据结算"窗口。确认"结算日期"为"2021-04-08"，录入"结算金额"为"27,120.00"；在"结算科目"栏录入"100201"，结果如图4-50所示。

图4-50　"票据结算"窗口

③ 退出。单击"确定"按钮，系统弹出"是否立即制单"信息提示框，单击"否"按钮。单击"票据管理"窗口右上角的"关闭"按钮，关闭并退出该窗口。

④ 以"会计W02，操作日期2021年04月08日"登入企业应用平台。在"应收款管理"子系统中，依次单击"应收款管理/制单处理"菜单项，系统打开"制单查询"窗口；在"制单查询"窗口，选中"票据处理制单"选项，单击"确定"按钮，进入"制单"窗口，结果如图4-51所示。

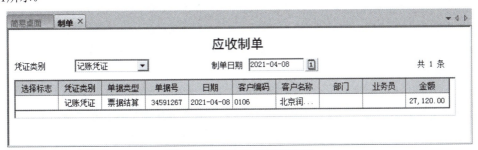

图4-51　票据处理"制单"窗口

⑤ 单击"全选"按钮，再单击"制单"按钮，生成记账凭证，在凭证第2行的"科目名称"栏输入"1121应收票据"，确认辅助项客户为"润泽工贸"，单击"确认"按钮，再单击"保存"按钮，结果如图4-52所示。

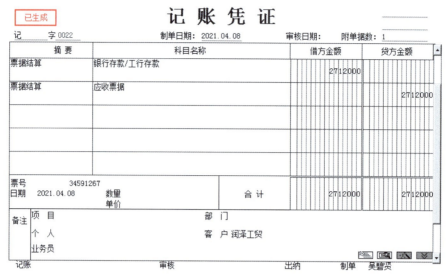

图 4-52 票据结算生成凭证

⑥ 退出。单击"确定"按钮,再单击"填制凭证"窗口右上角的"关闭"按钮,关闭并退出该窗口。

> ❖ **特别提醒:**
> ◇ 当票据到期持票收款时,执行票据结算处理。
> ◇ 进行票据结算时,结算金额应是通过结算实际收到的金额。
> ◇ 结算金额减去利息加上费用的金额要小于等于票据余额。
> ◇ 票据结算后,不能再进行其他与票据相关的处理。

4. 填制商业承兑汇票

① 以"出纳W03,操作日期2021年04月09日"登入企业应用平台。在"应收款管理"子系统中,依次单击"应收款管理/票据管理"菜单项,系统打开"票据管理"窗口。

② 填制商业承兑汇票。单击"增加"按钮,录入"票据类型"为"商业承兑汇票"、"结算方式"为"302商业承兑汇票"、"票据编号"为"34591389"、"出票日期"为"2021-04-09"、"到期日"为"2021-06-08"、"出票人"为"江西玖富家电有限公司"、"金额"为"45,200.00"、"收款人账号"为"11017898765623351867",其他项默认。单击"保存"按钮,结果如图4-53所示。

③ 退出。单击"票据管理"窗口右上角的"关闭"按钮,关闭并退出该窗口。

④ 以"会计W02,操作日期2021年04月09日"登入企业应用平台。在"应收款管理"子系统中,依次单击"应收款管理/收款单据处理/收款单据审核"菜单项,系统打开"收款单查询条件"窗口。

⑤ 审核收款单。单击"确定"按钮,进入"单据处理"窗口。单击工具栏中的"全选"按钮,再单击"审核"按钮,系统弹出"本次审核成功单据1张"信息提示窗口。

图 4-53 填制商业承兑汇票

⑥ 退出。单击"确定"按钮，再单击"单据处理"窗口右上角的"关闭"按钮，关闭并退出该窗口。

⑦ 保存并退出单据核销。在"应收款管理"子系统中，依次单击"应收款管理/核销处理/手工核销"菜单项，选择客户"玖富家电"，单击"确定"按钮，系统打开"单据核销"窗口。将窗口上方款项类型为"应收款"的收款单中的"本次结算金额"栏的数据修改为"45,200.00"，在窗口下方找到玖富家电本月5日的销售数据，在其"本次结算"栏录入"45,200.00"，结果如图4-54所示。单击"保存"按钮，再单击"单据核销"窗口右上角的"关闭"按钮，关闭并退出该窗口。

图 4-54 收款单核销应收款

⑧ 在"应收款管理"子系统中，依次单击"应收款管理/制单处理"菜单项，系统打开"制单查询"窗口；在"制单查询"窗口中，选中"收付款单制单""核销制单"选项，单击"确定"按钮，进入"制单"窗口，结果如图4-55所示。

图 4-55　收款单"制单"窗口

⑨ 单击"合并"按钮,再单击"制单"按钮,生成记账凭证,在凭证第1行的"科目名称"栏输入"1121应收票据",确认辅助项"客户"为"玖富家电",单击"确认"按钮,再单击"保存"按钮,结果如图4-56所示。

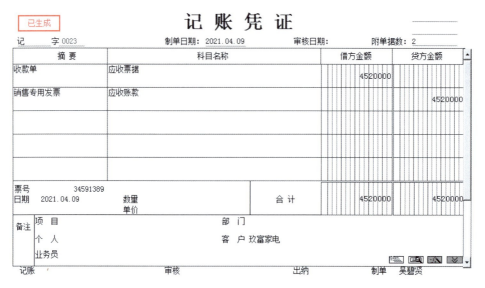

图 4-56　收款单生成凭证

⑩ 退出。单击"确定"按钮,再单击"填制凭证"窗口右上角的"关闭"按钮,关闭并退出该窗口。

实训四　转账处理

实训任务

① 2021年4月9日,经三方同意,将"阳光电器城"4月7日销售的13,560.00元货款转为向"玖富家电"的应收账款。

② 2021年4月9日，经双方同意，将本月7日预收"上海东盛"的1,600.00元的货款冲抵上月"上海东盛"所欠部分货款。

③ 2021年4月9日，经双方商议，将4月5日为润泽工贸以现金代垫的运费550元用红票冲抵。

任务解析

1. 背景知识

(1) 应收冲应付

应收冲应付是指用某客户的应收账款冲抵某供应商的应付款项。系统通过应收冲应付功能将应收款业务在客户和供应商之间进行转账，实现应收业务的调整，解决应收债权与应付债务的冲抵。

(2) 应收冲应收

应收冲应收是指将一家客户的应收款转到另一家客户中。通过应收冲应收功能可将应收款业务在客商之间进行转入、转出，实现应收业务的调整，解决应收款业务在不同客商之间入错户或合并户等问题。

(3) 预收冲应收

预收冲应收是指处理客户的预收款和该客户应收欠款的转账核销业务，即某一个客户有预收款时，可用该客户的一笔预收款冲其一笔应收款。

(4) 红票对冲

红票对冲可实现某客户的红字应收单与蓝字应收单、收款单与付款单进行冲抵。例如，当发生退票时，用红字发票对冲蓝字发票。

2. 岗位说明

由会计W02进行应收冲应收、预收冲应收、红票对冲。

实训指引

1. 应收冲应收

① 以"会计W02，操作日期2021年04月09日"登入企业应用平台。在"应收款管理"子系统中，依次单击"应收款管理/转账/应收冲应收"菜单项，系统打开"应收冲应收"窗口。

② 查询应收冲应收。录入日期为"2021-04-09"；选择转出客户"阳光电器城"，转入客户"玖富家电"，单击工具栏中的"查询"按钮，系统列出转出户"阳光电器城"未核销的应收款。

③ 处理应收冲应收。在2021-04-07销售专用发票的"并账金额"处输入"13,560.00"，如图4-57所示。

图 4-57 应收冲应收

④ 填制凭证。单击工具栏中的"保存"按钮，系统打开"是否立即制单"窗口，单击"是"按钮，系统打开"填制凭证"窗口。单击工具栏中的"保存"按钮，结果如图4-58所示。

图 4-58 应收冲应收生成凭证

⑤ 退出。单击"填制凭证"窗口右上角的"关闭"按钮，关闭并退出该窗口。

2. 预收冲应收

① 以"会计W02，操作日期2021年04月09日"登入企业应用平台。在"应收款管理"子系统中，依次单击"应收款管理/转账/预收冲应收"菜单项，系统打开"预收冲应收"窗口。

② 录入预收款。单击"预收款"选项卡，录入日期为"2021-04-09"；选择客户"上海东盛"，单击"过滤"按钮，系统列出客户"上海东盛"的预收款，录入转账金额为"1,600.00"，结果如图4-59所示。

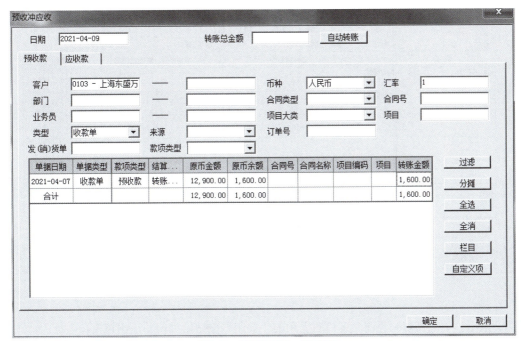

图4-59 预收冲应收—预收款

③ 录入应收款。单击"应收款"选项卡,录入日期为"2021-04-09";选择客户"上海东盛",单击"过滤"按钮,系统列出客户"上海东盛"的预收款,录入转账金额为"1,600.00",结果如图4-60所示。

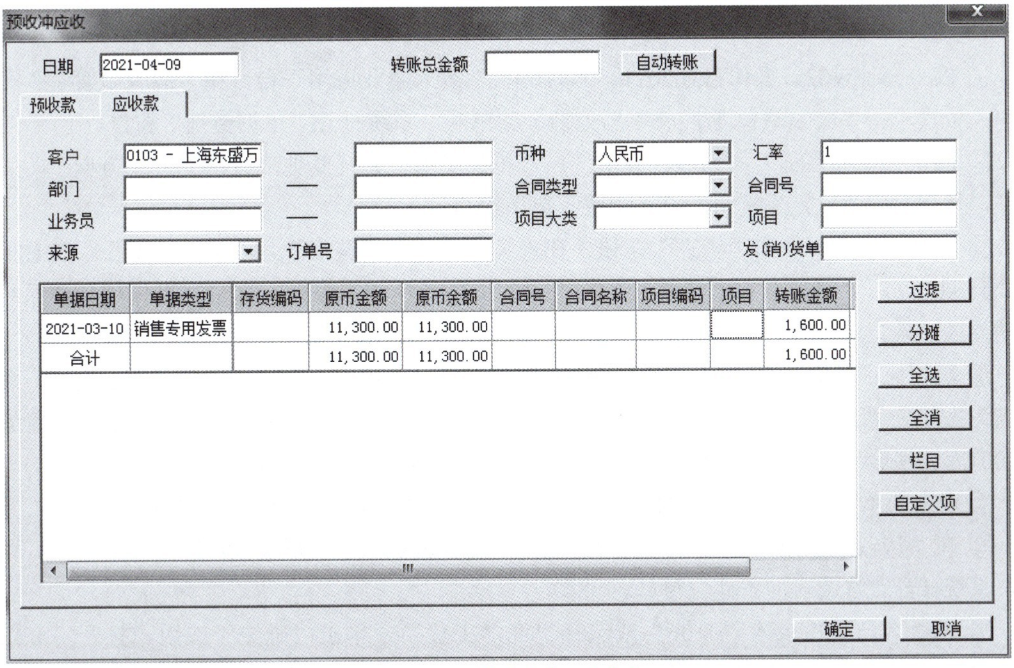

图4-60 预收冲应收—应收款

④ 填制凭证。单击"确定"按钮,系统打开"是否立即制单"窗口,单击"是"按钮,系统打开"填制凭证"窗口。单击工具栏中的"保存"按钮,结果如图4-61所示。

图 4-61 预收冲应收生成凭证

⑤ 退出。单击"填制凭证"窗口右上角的"关闭"按钮,关闭并退出该窗口。

> ❖ **特别提醒:**
> ◇ 每一笔应收款的转账金额不能大于其余额。
> ◇ 应收款的转账金额合计应等于预收款的转账金额合计。

3. 红票对冲

① 以"会计W02,操作日期2021年04月09日"登入企业应用平台。在"应收款管理"子系统中,依次单击"应收款管理/应收单据处理"菜单项,系统打开"单据类别"窗口。

② 确认"单据名称"栏为"应收单"、"单据类型"为"其他应收单"、"方向"为"负向",然后单击"确定"按钮,打开"应收单"窗口。

③ 填制应收单。单击"增加"按钮,在表头部分录入"客户"为"润泽工贸","金额"为"550.00","部门"为"销售部","业务员"为"刘东强";再单击表体部分,系统将自动生成一条记录。单击工具栏中的"保存"按钮,结果如图4-62所示。

④ 填制凭证。单击工具栏中的"审核"按钮,弹出"是否立即制单"信息提示窗口,单击"是"按钮,系统打开"填制凭证"窗口,在红字凭证的第2行"科目名称"栏录入科目编码"1001库存现金"。单击工具栏中的"保存"按钮,结果如图4-63所示。

⑤ 退出。单击"填制凭证"窗口右上角的"关闭"按钮,关闭并退出该窗口。

⑥ 在"应收款管理"子系统中,依次单击"应收款管理/转账/红票对冲/手工对冲"菜单项,系统打开"红票对冲条件"窗口。

⑦ 在"客户"栏录入"0106"或选择"润泽工贸"。单击"确定"按钮,打开"红票对冲"窗口。

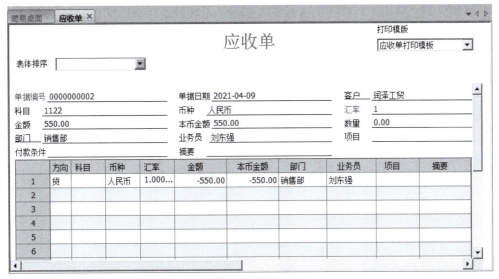

图 4-62　应收单

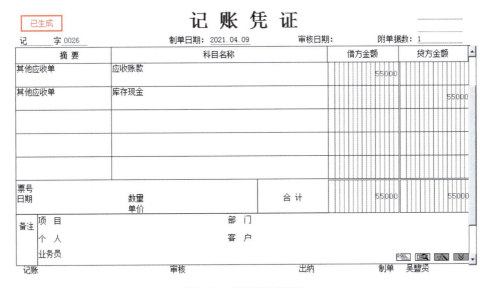

图 4-63　应收单生成凭证

⑧ 红票对冲处理。在"2021-04-05"所填制的其他应收单"对冲金额"栏中录入"550.00",如图4-64所示。

单据日期	单据类型	单据编号	客户	币种	原币金额	原币余额	对冲金额	部门	业务员	合同名称
2021-04-09	其他应收单	0000000002	润泽工贸	人民币	550.00	550.00	550.00	销售部	刘东强	
合计					550.00	550.00	550.00			

单据日期	单据类型	单据编号	客户	币种	原币金额	原币余额	对冲金额	部门	业务员	合同名称
2021-04-05	其他应收单	0000000001	润泽工贸	人民币	550.00	550.00	550.00	销售部	刘东强	
合计					550.00	550.00	550.00			

图 4-64　设置红票对冲

⑨ 填制凭证。单击工具栏中的"保存"按钮,系统打开"是否立即制单"窗口,单击"是"按钮,打开"填制凭证"窗口。单击工具栏中的"保存"按钮,结果如图4-65所示。

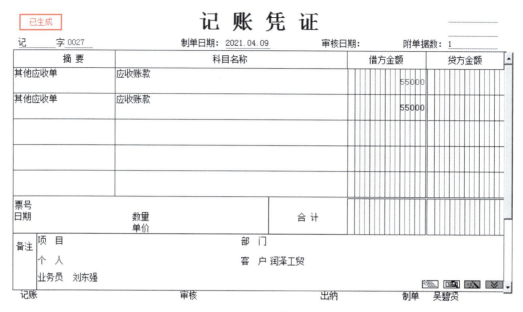

图4-65 红票对冲生成凭证

❖ **特别提醒:**

红票对冲可以实现客户的红字应收单据与其蓝字应收单据、收款单与付款单之间进行冲抵的操作,可以自动对冲或手工对冲。

◇ 自动对冲可以同时对多个客户依据对冲原则进行红票对冲,提高红票对冲的效率。
◇ 手工对冲只能对一个客户进行红票对冲,可以自行选择红票对冲的单据,提高红票对冲的灵活性。

实训五 坏账处理

实训任务

① 2021年4月9日,将向"立兴商贸"收取的期初应收账款13,560.00元转为坏账。

② 2021年4月10日,收到银行通知,收回已作为坏账处理的应向"立兴商贸"收取的应收账款13,560.00元。摘要:已做坏账处理的应收账款又收回。相应的原始单据可参见图4-66。

③ 2021年4月10日,计提坏账准备。

图 4-66　银行进账单

任务解析

1. 背景知识

"坏账"是指购货方因某种原因不能付款,造成货款不能收回的信用风险。坏账处理包括计提坏账准备、坏账发生、坏账收回、生成输出催款单等。

2. 岗位说明

由会计W02进行坏账处理。

实训指引

1. 坏账发生

① 以"会计W02,操作日期2021年04月09日"登入企业应用平台。在"应收款管理"子系统中,依次单击"应收款管理/坏账处理/坏账发生"菜单项,系统打开"坏账发生"窗口。

② 打开"发生坏账损失"窗口。选择客户"0105立兴商贸";单击"确定"按钮,打开"发生坏账损失"窗口,系统列出该客户所有未核销的应收单据。

③ 坏账发生处理。在2021-03-18日"本次发生坏账金额"处录入"13,560.00",如图4-67所示。

图 4-67　坏账发生

④ 填制凭证。单击工具栏中的"确认"按钮,系统打开"是否立即制单"窗口,单击"是"按钮,系统打开"填制凭证"窗口。单击工具栏中的"保存"按钮,结果如图4-68所示。

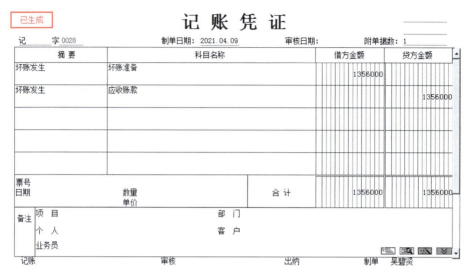

图 4-68　坏账发生生成凭证

⑤ 退出。单击"填制凭证"窗口右上角的"关闭"按钮,关闭并退出该窗口。

2. 坏账收回

① 以"出纳W03,操作日期2021年04月10日"登入企业应用平台。在"应收款管理"子系统中,依次单击"应收款管理/收款单据处理/收款单据录入"菜单项,系统打开"收付款单录入"窗口。

② 填制收款单。单击"增加"按钮,表头部分录入"客户"为"立兴商贸","结算方式"为"202转账支票","金额"为"13,560.00","票据号"为"91678980","摘要"为"已做坏账处理的应收账款又收回",其他项默认,然后单击表体部分,系统将自动生成一条记录,注意确认"款项类型"为"应收款"。单击"保存"按钮,结果如图4-69所示。

图 4-69　立兴商贸的收款单

③ 退出。单击"收付款单录入"窗口右上角的"关闭"按钮,关闭并退出该窗口。

④ 以"会计W02,操作日期2021年04月10日"登入企业应用平台。在"应收款管理"子系统中,依次单击"应收款管理/坏账处理/坏账收回"菜单项,系统打开"坏账收回"窗口。

⑤ 坏账收回信息设置。选择客户"立兴商贸";单击"结算单号"栏的参照按钮,选择相应的结算单,如图4-70所示。

图4-70 设置坏账收回信息

⑥ 填制凭证。单击工具栏中的"确定"按钮,系统打开"是否立即制单"窗口,单击"是"按钮,系统打开"填制凭证"窗口。单击工具栏中的"保存"按钮,结果如图4-71所示。

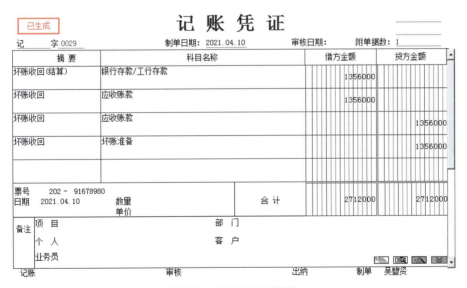

图4-71 坏账收回生成凭证

⑦ 退出。单击"填制凭证"窗口右上角的"关闭"按钮,关闭并退出该窗口。

❖ **特别提醒:**
  ◆ 在录入一笔坏账收回的款项时,应该注意不要把该客户的其他收款业务与该笔坏账收回业务录入一张收款单中。
  ◆ 坏账收回时制单不受系统选项中"方向相反分录是否合并"选项的控制。

3. 计提坏账准备

① 以"会计W02,操作日期2021年04月10日"登入企业应用平台。在"应收款管理"子系统中,依次单击"应收款管理/坏账处理/计提坏账准备"菜单项,系统打开"应收账款百分比法"窗口。系统将根据应收账款余额、坏账准备余额、坏账准备初始设置情况自动算出本次计提金额,结果如图4-72所示。

图 4-72 计提坏账准备

② 填制凭证。单击工具栏中的"确认"按钮,系统打开"是否立即制单"窗口,单击"是"按钮,系统打开"填制凭证"窗口。单击工具栏中的"保存"按钮,结果如图4-73所示。

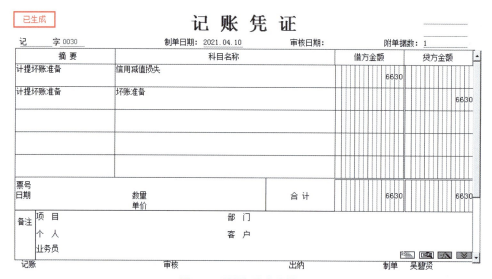

图 4-73 计提坏账生成凭证

③ 退出。单击"填制凭证"窗口右上角的"关闭"按钮,关闭并退出该窗口。

实训六　数据查询与期末处理

实训任务

① 查询业务明细表。
② 查询应收核销明细表。
③ 查询应收账龄分析表。
④ 月末结账处理。

任务解析

1. 背景知识

(1) 制单处理

应收款管理系统提供立即制单和批量制单两种方式。如果业务发生时未制单，可以在"制单处理"中选取相应的业务类型生成业务凭证。

(2) 月末结账

如果确认本月的各项业务处理已经结束，可以选择执行月末结账功能。结账后本月不能再进行单据、票据、转账等任何业务的增加、删除、修改等处理。

结账时还应注意本月的单据(发票和应收单)在结账前应该全部审核；若本月的结算单还有未核销的，不能结账。

2. 岗位说明

由会计W02完成应收期末处理。

实训指引

1. 查询业务明细表

① 以"会计W02，操作日期2021年04月10日"登入企业应用平台。在"应收款管理"子系统中，依次单击"应收款管理/账表管理/业务账表/业务明细账"菜单项，系统打开"查询条件选择"窗口。

② 单击"确定"按钮，打开"应收明细账"窗口，结果如图4-74所示。

图 4-74 "应收明细账"窗口

2. 查询应收核销明细表

① 以"会计W02,操作日期2021年04月10日"登入企业应用平台。在"应收款管理"子系统中,依次单击"应收款管理/单据查询/应收核销明细表"菜单项,系统打开"查询条件选择"窗口。

② 单击"确定"按钮,打开"应收核销明细表"窗口,结果如图4-75所示。

单据日期	客户	单据类型	单据编号	币种	汇率	应收原币金额	应收本币金额	结算原币金额	结算本币金额	原币余额	本币余额	结算方式
2021-04-05	江西玖富家电有限公司	销售专用发	19367908	人民币	00000000	45,200.00	45,200.00					
								45,200.00	45,200.00	0.00	0.00	商业承兑汇
2021-04-07	河南阳光电器城有限公司	销售普通发	19367802	人民币	00000000	13,560.00	13,560.00					
	江西玖富家电有限公司							13,560.00	13,560.00	13,560.00	13,560.00	
2021-04-06	上海东盛万达广场有限公司	销售普通发	19367801	人民币	00000000	11,300.00	11,300.00					
								11,300.00	11,300.00		0.00	转账支票
2021-04-05	北京润泽工贸有限公司	其他应收单	0000000001	人民币	00000000	550.00	550.00					
								550.00	550.00			
2021-04-05	北京润泽工贸有限公司	销售专用发	19367909	人民币	00000000	67,800.00	67,800.00					
								67,800.00	67,800.00		0.00	转账支票
2021-04-09	北京润泽工贸有限公司	其他应收单	0000000002	人民币	00000000	-550.00	-550.00					
								-550.00	-550.00		0.00	
合计						137,860.00	137,860.00	124,300.00	124,300.00	13,560.00	13,560.00	

图4-75 "应收核销明细表"窗口

3. 查询应收账龄分析表

① 以"会计W02,操作日期2021年04月10日"登入企业应用平台。在"应收款管理"子系统中,依次单击"应收款管理/账表管理/统计分析/应收账龄分析"菜单项,系统打开"查询条件选择"窗口。

② 单击"确定"按钮,打开"应收账龄分析"窗口,结果如图4-76所示。

图4-76 "应收账龄分析"窗口

4. 月末结账处理

① 以"会计W02,操作日期2021年04月10日"登入企业应用平台。在"企业运用平台"的"业务工作"页签中,依次单击"财务会计/应收款管理/期末处理/月末结账"菜单项,系统打开"月末处理"窗口,结果如图4-77所示。

② 结账。在"月末处理"窗口中,双击"四月"的"结账标志"栏,使其出现"Y"字样(结果如图4-77所示),然后单击"下一步"按钮,系统弹出如图4-78所示的窗口,单击"完成"按钮,系统弹出"4月份结账成功"信息提示框,表示系统已经自动结账完成。

项目四 应收款管理

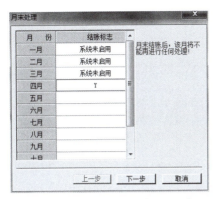

图4-77 应收款管理系统"月末处理"窗口1

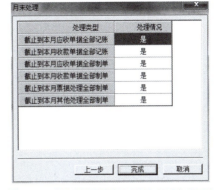

图4-78 应收款管理系统"月末处理"窗口2

③ 退出。单击提示框中的"确定"按钮,完成月末结账,系统返回企业应用平台界面。

❖ **特别提醒:**

- ◇ 只有在销售管理系统结账后,才能对应收系统进行结账处理。
- ◇ 因为本账套设置的审核日期为单据日期,所以本月的单据(发票和应收单)在结账前需要全部审核。但若设置的审核日期为业务日期,则截止到本月末还有未审核单据(发票和应收单),照样可以进行月结处理。
- ◇ 如果本月的收款单还有未审核的,则不能结账。

项目五 应付款管理

实训一 应付款管理系统初始化

实训任务

1. 应付款管理选项设置

"常规"选项卡:在该选项卡中,设置"单据审核日期依据"为"单据日期"。

"凭证"选项卡:在该选项卡中,设置"受控科目制单方式"为"明细到单据"。

2. 应付款管理系统科目设置

应付款管理系统科目设置见表5-1。

表5-1 应付款管理系统科目设置

科目类别	设置方式
基本科目设置	应付科目(人民币):2202应付账款
	预付科目(人民币):1123预付账款
	采购科目(人民币):1402在途物资
	税金科目(人民币):22210101 进项税额
结算方式科目设置	结算方式为现金;币种为人民币;科目为1001库存现金
	结算方式为现金支票;币种为人民币;科目为100201工行存款
	结算方式为转账支票;币种为人民币;科目为100201工行存款
	结算方式为银行承兑汇票;币种为人民币;科目为100201工行存款
	结算方式为商业承兑汇票;币种为人民币;科目为100201工行存款
	结算方式为电汇;币种为人民币;科目为100201工行存款
	结算方式为其他;币种为人民币;科目为100201工行存款

3. 账龄区间与逾期账龄区间设置

账龄区间与逾期账龄区间设置见表5-2。

表5-2 账龄区间与逾期账龄区间设置

账龄区间			逾期账龄区间		
序号	起止天数	总天数	序号	起止天数	总天数
01	0~30	30	01	1~30	30
02	31~60	60	02	31~60	60
03	61~90	90	03	61~90	90
04	91~120	120	04	91~120	120
05	121天以上		05	121天以上	

4. 报警级别设置

报警级别设置见表5-3。

表5-3　报警级别设置

级别	A	B	C	D	E	F
总比率(客户欠款余额占其信用额度的比例)	10%	20%	30%	40%	50%	
起止比率	0~10%	10%~20%	20%~30%	30%~40%	40%~50%	50%以上

5. 单据编号设置

将采购管理中采购专用发票、采购普通发票和采购运费发票的单据编号，设置为"可以手工改动，重号时自动重取"。

6. 期初数据录入

期初数据录入见表5-4～表5-6。

表5-4　预付账款期初余额明细

日期	客户	结算方式	金额	票据号	业务员	摘要
2021-03-02	普利电器	转账支票	10,000.00	93475214	周东瑞	预付材料款
2021-03-23	江苏盈华	转账支票	10,000.00	67890145	周东瑞	预付材料款

表5-5　应付票据期初余额明细

签发日期	票据类型	票据编号	收票单位	票据金额	到期日	业务员	科目	摘要
2021-03-05	商业承兑汇票	96738176	北京润泽	22,600.00	2021-06-04	周东瑞	2201应付票据	采购材料

表5-6　采购增值税专用发票列表

发票号	单据日期	供应商	业务员	存货	数量	原币单价	价税合计	税率
61060301	2021-03-09	翊森电器	周东瑞	普通辅材套件	160	80.00	14,464.00	13%
61260301	2021-03-16	河北华工	周东瑞	经典辅材套件	170	90.00	17,289.00	13%
61360301	2021-03-21	凯跃五金	周东瑞	智能辅材套件	180	100.00	20,340.00	13%

任务解析

1. 背景知识

应付款管理系统的期初数据包括未结算完的发票和应付单、预付款，还包括未结算完的应付票据。应付货款通过发票形式录入，预付款通过付款单形式录入，其他应付款通过其他应付单录入，以便在日常业务中对这些单据进行后续的核销、转账处理。

2. 岗位说明

以账套主管A01身份进行应付款管理系统初始化设置。

实训指引

以账套主管的身份登录企业应用平台对应付款管理系统进行初始化设置。

1. 应付款管理选项设置

① 以"账套主管A01，操作日期2021年04月11日"登入企业应用平台。在"企业应用平

台"的"业务工作"页签中,依次单击"财务会计/应付款管理/设置/选项"菜单项,系统打开"账套参数设置"窗口。

② 常规参数设置。在"常规"选项卡中,单击"编辑"按钮,使所有参数处于可修改状态,对"单据审核日期依据"选择"单据日期",其他选项按系统默认设置(其中"应付账款核算模型"默认为"详细核算"),结果如图5-1所示。

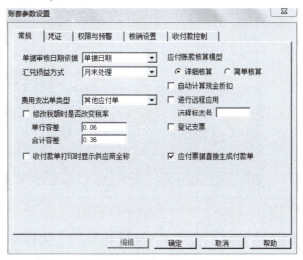

图 5-1 "账套参数设置"窗口的"常规"选项卡

③ 设置凭证参数。在"凭证"选项卡中,对"受控科目制单方式"选择"明细到单据",其他选项按系统默认设置,结果如图5-2所示。

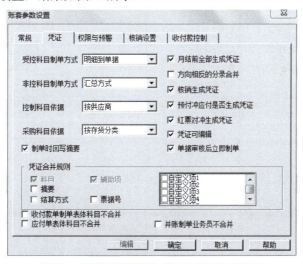

图 5-2 "账套参数设置"窗口的"凭证"选项卡

④ 确定并退出。单击"确定"按钮,保存对系统参数的设置,同时关闭"账套参数设置"窗口。

2. 设置应付款管理系统科目

① 以"账套主管A01,操作日期2021年04月11日"登入企业应用平台。在"应付款管理"子系统中,依次单击"设置/初始设置"菜单项,系统打开"初始设置"窗口。

② 设置基本科目。在左侧"设置科目"中选中"基本科目设置",单击工具栏中的"增加"按钮,然后在第1行的"基础科目种类"中选择"应付科目"、"科目"录入或参照生成"2202"、"币种"为"人民币"。依据表5-1,在"基本科目设置"的第2～4行进行设置,结果如图5-3所示。

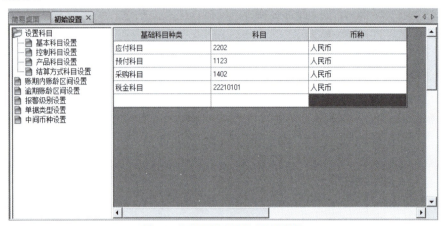

图5-3 初始设置中的基本科目设置

③ 设置结算方式科目。在左侧"设置科目"中选中"结算方式科目设置","结算方式"选择"现金","币种"选择"人民币","科目"选择"1001"(库存现金),根据表5-1中的内容,设置其他科目,结果如图5-4所示。

图5-4 设置应付款管理系统结算方式科目

④ 退出。单击"初始设置"窗口右上角的"关闭"按钮,关闭并退出该窗口。

❖ **特别提醒:**

◆ 如果需要为不同的供应商(供应商分类、地区分类)分别设置应付款核算科目和预付款核算科目,则在"控制科目设置"中设置。
◆ 应付和预付科目必须是已经在科目档案中指定为应付系统的受控科目。
◆ 结算科目不能是已经在科目档案中指定为应收系统或应付系统的受控科目,而且必须是最明细科目。

3. 设置账龄区间与逾期账龄区间

① 以"账套主管A01,操作日期2021年04月11日"登入企业应用平台。在"应付款管理"子系统中,依次单击"设置/初始设置"菜单项,系统打开"初始设置"窗口。

② 设置账期内账龄区间。单击"账期内账龄区间设置",然后根据表5-2左侧中的内容,在"总天数"栏录入相应的天数,完成对应付款管理账龄区间的设置,结果如图5-5所示。

图 5-5 设置账龄区间

③ 设置逾期账龄区间。单击"逾期账龄区间设置",然后根据表5-2右侧中的内容,在"总天数"栏录入相应的天数,完成对应付款管理逾期账龄区间的设置,结果如图5-6所示。

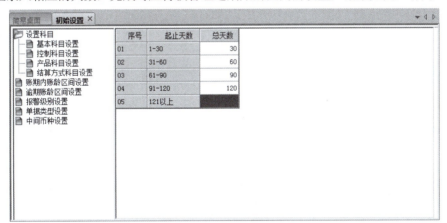

图 5-6 设置逾期账龄区间

④ 退出。单击"初始设置"窗口中的"关闭"按钮,关闭并退出该窗口。

4. 设置报警级别

① 以"账套主管A01,操作日期2021年04月11日"登入企业应用平台。在"应付款管理"子系统中,依次单击"设置/初始设置"菜单项,系统打开"初始设置"窗口。

② 设置报警级别。单击"报警级别设置",然后依据表5-3中的内容,在其右窗格第1行的"总比率"栏录入"10"、"级别名称"栏录入"A",依此方法在第2~6行中录入相应的级别,结果如图5-7所示。

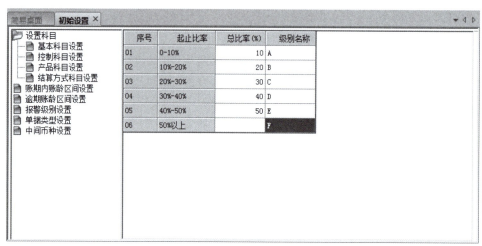

图 5-7　设置报警级别

③ 退出。单击窗口中的"关闭"按钮,关闭并退出该窗口。

5. 单据编号设置

① 以"账套主管A01,操作日期2021年04月11日"登入企业应用平台。在"企业应用平台"的"基础设置"页签中,依次单击"单据设置/单据编号设置"菜单项,系统弹出"单据编号设置"窗口。

② 在左侧的"单据类型"中,依次单击"采购管理/采购专用发票"选项,选中"采购专用发票"单据。

③ 修改"采购专用发票"单据的编号设置。单击右侧工具栏中的"修改"按钮,选中"手工改动,重号时自动重取"复选框,然后单击右侧工具栏中的"保存"按钮,设置完成,结果如图5-8所示。

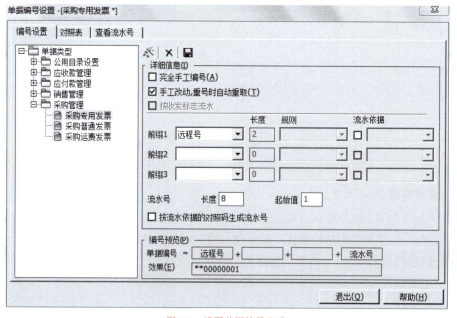

图 5-8　设置单据编号方式

④ 编辑其他单据的编号设置。重复步骤②和③,完成采购普通发票和采购运费发票的单据编号设置。

⑤ 退出。单击"退出"按钮,退出该窗口。

6. 录入期初余额(以应付账款为例)

① 以"账套主管A01,操作日期2021年04月11日"登入企业应用平台。在"应付款管理"子系统中,依次单击"设置/期初余额"菜单项,打开"期初余额—查询"窗口。

② 在"期初余额—查询"窗口中,直接单击"确定"按钮,系统打开"期初余额"窗口。

③ 单击"增加"按钮,系统弹出"单据类别"窗口,选择"单据名称"为"采购发票"、"单据类型"为"采购专用发票",单击"确定"按钮,系统打开"采购专用发票"窗口。

④ 编辑一张期初采购发票。单击"增加"按钮后,在新增的发票单据上,修改表头的"发票号"为"61060301"、"开票日期"为"2021-03-09"、"供应商"为"翊森电器"、"业务员"为"周东瑞"、"税率"为"13";在表体的第1行"存货编码"栏参照生成"0104"(普通辅材套件),在"数量"栏输入"160"、"原币单价"输入"80.00",其他栏系统自动计算填充;单击"保存"按钮,完成第1张期初采购专用发票的录入,结果如图5-9所示。

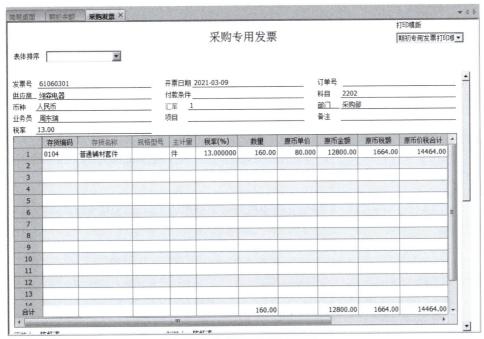

图 5-9 录入期初采购专用发票

⑤ 完成期初余额的编辑。重复步骤④,依据表5-6完成第2笔和第3笔的期初应付业务的录入。

⑥ 返回"期初余额"窗口。单击"期初采购发票"窗口中的"关闭"按钮,关闭该窗口,系统返回"期初余额"窗口,然后单击工具栏中的"刷新"按钮,系统将本操作中录入的3张发票信息列表显示在"期初余额"窗口中。

⑦ 重复步骤③~⑤,依据表5-4和表5-5完成其他期初应付业务的录入,结果如图5-10所示。

图 5-10　期初余额明细表

⑧ 对账。单击工具栏中的"对账"按钮，应收款系统与总账管理系统根据受控科目进行一一对账，然后系统打开"期初对账"窗口，此时显示"差额"为零，表示对账成功。

⑨ 退出。单击"期初对账"和"期初余额"窗口中的"关闭"按钮，关闭并退出相应的窗口。

实训二　单据处理

实训任务

① 2021年4月11日，向河北华工采购普通发热盘210件，无税单价为20.00元/件；经典发热盘220件，无税单价为40.00元/件；智能发热盘200件，无税单价为60.00元/件。相应的原始单据可参见图5-11(合同略)。

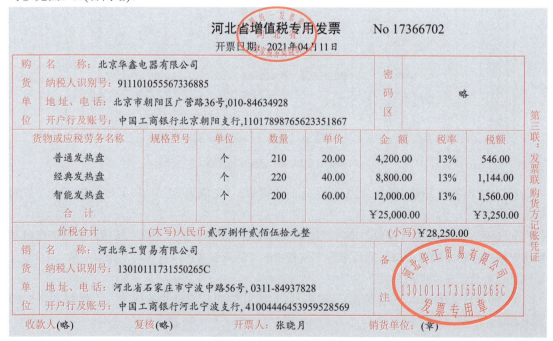

图 5-11　增值税专用发票1

② 2021年4月11日，向润泽工贸采购普通辅材套件210件，无税单价为80.00元/件；经典辅材套件220件，无税单价为90.00元/件；智能辅材套件200件，无税单价为100.00元/件；对方代垫运费1,090.00元。相应的原始单据可参见图5-12和图5-13(合同略、发票分别制单)。

北京市增值税专用发票 No 16790546
开票日期：2021年04月11日

购货单位		
名　　称：	北京华鑫电器有限公司	
纳税人识别号：	911101055567336885	
地址、电话：	北京市朝阳区广营路36号,010-84634928	
开户行及账号：	中国工商银行北京朝阳支行,11017898765623351867	

密码区：略

货物或应税劳务名称	规格型号	单位	数量	单价	金额	税率	税额
普通辅材套件		件	210	80.00	16,800.00	13%	2,184.00
经典辅材套件		件	220	90.00	19,800.00	13%	2,574.00
智能辅材套件		件	200	100.00	20,000.00	13%	2,600.00
合　计					¥56,600.00		¥7,358.00

价税合计 (大写)人民币 陆万叁仟玖佰伍拾捌元整　　(小写)¥63,958.00

销货单位		
名　　称：	北京润泽工贸有限公司	
纳税人识别号：	110109011832355564	
地址、电话：	北京市东城区建兴路5号,010-14483055	
开户行及账号：	中国工商银行北京东城支行,02010002356400254866	

收款人(略)　　复核(略)　　开票人：张晓月　　销货单位：(章)

图 5-12　增值税专用发票 2

北京市增值税专用发票 No 17306716
开票日期：2021年04月11日

购货单位		
名　　称：	北京华鑫电器有限公司	
纳税人识别号：	911101055567336885	
地址、电话：	北京市朝阳区广营路36号,010-84634928	
开户行及账号：	中国工商银行北京朝阳支行,11017898765623351867	

密码区：略

货物或应税劳务名称	规格型号	单位	数量	单价	金额	税率	税额
运输费		千米	200	5.00	1,000.00	9%	90.00
合　计					¥1,000.00		¥90.00

价税合计 (大写)人民币 壹仟零玖拾元整　　(小写)¥1,090.00

销货单位		
名　　称：	北京顺丰快递有限公司	
纳税人识别号：	113697011832396721	
地址、电话：	北京市东城区建兴路5号,010-14483069	
开户行及账号：	中国工商银行北京东城支行,11010002356400254866	

收款人(略)　　复核(略)　　开票人：张晓月　　销货单位：(章)

图 5-13　增值税专用发票 3

③ 2021年4月11日，支付3月09日向翊森电器采购商品的货税款20,000.00元，其中多余款5,536.00元作为预付款处理。相应的原始单据可参见图5-14。

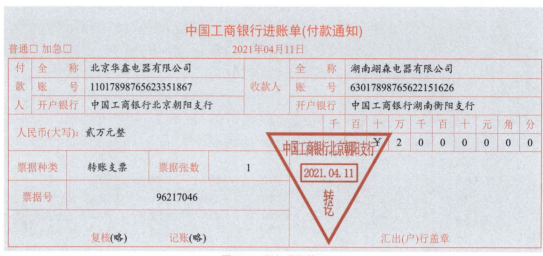

图 5-14　银行进账单 1

④ 2021年4月12日，支付4月11日向润泽工贸采购商品的货税款63,958.00元及对方代垫的运费1,090.00元。相应的原始单据可参见图5-15。

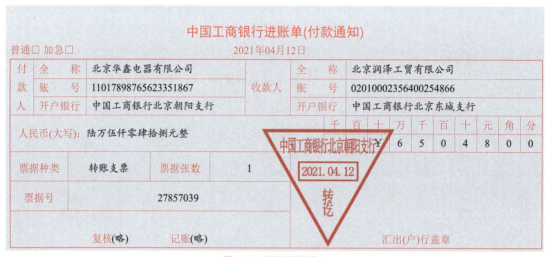

图 5-15　银行进账单 2

⑤ 2021年4月12日，向翊森电器采购普通发热盘100件，无税单价为20.00元/件；经典发热盘100件，无税单价为40.00元/件；智能发热盘100件，无税单价为60.00元/件。相应的原始单据可参见图5-16(合同略)。

湖南省增值税专用发票 No 17369672

开票日期：2021年04月12日

购货单位									
名　　称：	北京华鑫电器有限公司						密码区	略	
纳税人识别号：	911101055567336885								
地址、电话：	北京市朝阳区广营路36号,010-84634928								
开户行及账号：	中国工商银行北京朝阳支行,11017898765623351867								

货物或应税劳务名称	规格型号	单位	数量	单价	金　额	税率	税额
普通发热盘		个	100	20.00	2,000.00	13%	260.00
经典发热盘		个	100	40.00	4,000.00	13%	520.00
智能发热盘		个	100	60.00	6,000.00	13%	780.00
合　　计					￥12,000.00		￥1,560.00
价税合计	(大写)人民币壹万叁仟伍佰陆拾元整				(小写)￥13,560.00		

销货单位					
名　　称：	湖南翊森电器有限公司			备注	
纳税人识别号：	67110105556136796R				
地址、电话：	湖南省衡阳区东四中路198号,0734-84937907				
开户行及账号：	中国工商银行湖南衡阳支行,63017898765622151626				

收款人：(略)　　复核：(略)　　开票人：张晓月　　销货单位：(章)

图 5-16　增值税专用发票 4

任务解析

1. 背景知识

(1) 应付单据和付款单据

应付款系统中包括两种类型的单据：应付单据和付款单据。

应付单据是企业确认应付的依据，主要包括采购发票和应付单。采购发票是企业采购货物的证明，其他应付单是记录除采购货物之外的其他应付款项。

付款单据是确认付款的依据。按照款项性质，分为应付和预付。

(2) 核销

单据核销是对客户往来已达账做删除处理的过程，表示本笔业务已经结清，即确定付款单与原始发票之间的对应关系后，进行机内自动冲销的过程。单据核销的作用是解决付回客商款项并核销该客商应付款的处理，建立付款与应付款的核销记录，监督应付款及时核销，加强往来款项的管理。明确核销关系后，可以进行精确的账龄分析，更好地管理应付账款。

2. 岗位说明

由会计W02填制采购专用/普通发票。

由出纳W03填制付款单和票据管理。

由会计W02审核应付单和付款单。

由会计W02进行核销处理。

实训指引

1. 填制增值税专用发票

① 以"会计W02,操作日期2021年04月11日"登入企业应用平台。在"应付款管理"子系统中,依次单击"应付款管理/应付单据处理/应付单据录入"菜单项,系统打开"单据类别"窗口。

② 确认"单据名称"栏为"采购发票"、"单据类型"为"采购专用发票"、"方向"为"正向",单击"确定"按钮,打开"采购发票"窗口。

③ 编辑采购类型。单击"增加"按钮,在"采购发票"窗口中,单击采购类型参照按钮,打开"采购类型基本参照"窗口。单击"编辑"按钮,进入"采购类型"窗口。单击"增加"按钮,参照表5-7,录入"采购类型编码"为"01"、"采购类型名称"为"普通采购"。单击入库类别参照按钮,打开"收发类别档案基本参照"窗口。单击"编辑"按钮,打开"收发类别"窗口。选择收发类别编码为"11"、收发类别名称为"采购入库"的收发类别,结果如图5-17所示。

表5-7 采购类型

采购类型编码	采购类型名称	出库类别	是否默认值
01	普通采购	采购入库	是

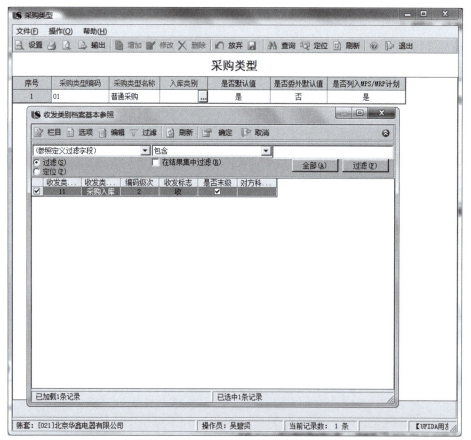

图5-17 "收发类别档案基本参照"窗口

④ 填制采购发票。单击“增加”按钮，在“采购发票”窗口中，编辑表头的“发票号”为“17366702”、“采购类型”为“普通采购”、“税率”为“13”、“供应商”为“河北华工”、“部门名称”为“采购部”、“业务员”为“周东瑞”；在表体部分第1行，参照生成“存货编码”为“0101(普通发热盘)”、“数量”编辑为“210”、“原币单价”为“20.00”，其他项默认；在表体部分第2行，参照生成“存货编码”为“0102(经典发热盘)”、“数量”编辑为“220”、“原币单价”为“40.00”，其他项默认；在表体部分第3行，参照生成“存货编码”为“0103(智能发热盘)”、“数量”编辑为“200”、“原币单价”为“60.00”，其他项默认。单击工具栏中的“保存”按钮，结果如图5-18所示。

简易桌面 采购发票

专用发票

显示模版 专用发票显示模版

表体排序

业务类型 | 发票类型 专用发票 | 发票号 17366702
开票日期 2021-04-11 | 供应商 河北华工 | 代垫单位 河北华工
采购类型 普通采购 | 税率 13.00 | 部门名称 采购部
业务员 周东瑞 | 币种 人民币 | 汇率 1.00
发票日期 | 付款条件 | 备注

	存货编码	存货名称	规格型号	主计量	数量	原币单价	原币金额	原币税额	原币价税合计
1	0101	普通发热盘		个	210.00	20.00	4200.00	546.00	4746.00
2	0102	经典发热盘		个	220.00	40.00	8800.00	1144.00	9944.00
3	0103	智能发热盘		个	200.00	60.00	12000.00	1560.00	13560.00
4									
5									

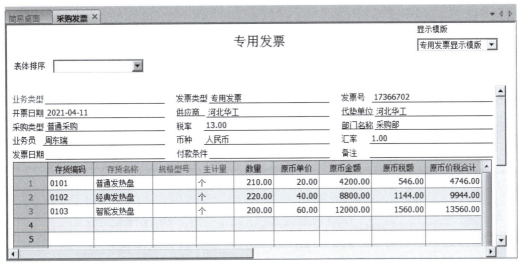

图 5-18 采购专用发票

⑤ 填制凭证。单击工具栏中的“审核”按钮，系统打开“是否立即制单”窗口，单击“是”按钮，打开“填制凭证”窗口。单击工具栏中的“保存”按钮，结果如图5-19所示。

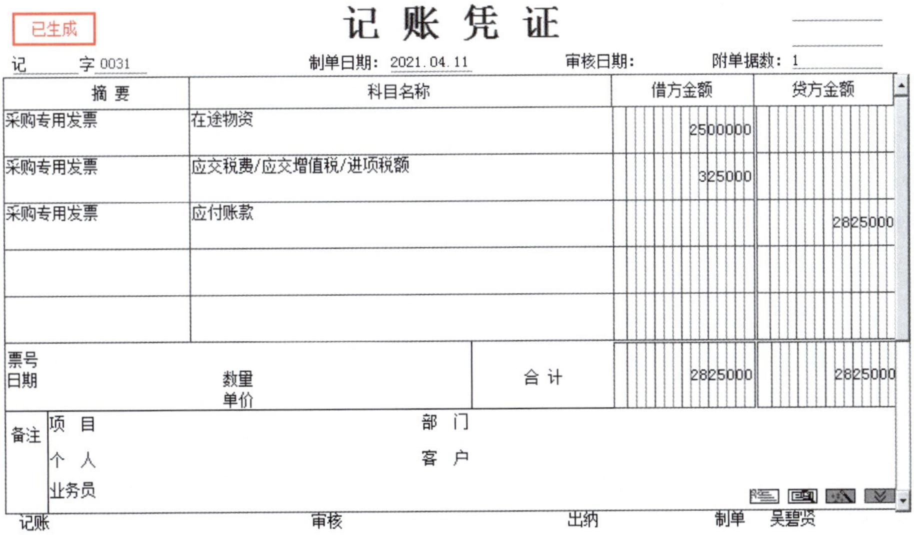
已生成

记 账 凭 证

记 字 0031 制单日期：2021.04.11 审核日期： 附单据数：1

摘要	科目名称	借方金额	贷方金额
采购专用发票	在途物资	2500000	
采购专用发票	应交税费/应交增值税/进项税额	325000	
采购专用发票	应付账款		2825000
票号 日期 数量 单价	合计	2825000	2825000

备注 项目 部门
个人 客户
业务员

记账 审核 出纳 制单 吴碧贤

图 5-19 采购专用发票生成凭证

⑥ 退出。单击“填制凭证”窗口右上角的“关闭”按钮，关闭并退出该窗口。

2. 填制增值税专用发票

① 以"会计W02,操作日期2021年04月11日"登入企业应用平台。在"应付款管理"子系统中,依次单击"应付款管理/应付单据处理"菜单项,系统打开"单据类别"窗口。

② 确认"单据名称"栏为"采购发票"、"单据类型"为"采购专用发票"、"方向"为"正向"后,单击"确定"按钮,打开"采购发票"窗口。

③ 填制采购发票。单击"增加"按钮,在"采购发票"窗口中,编辑表头的"发票号"为"16790546"、"采购类型"为"普通采购"、"税率"为"13"、"供应商"为"北京润泽"、"部门名称"为"采购部"、"业务员"为"周东瑞";在表体部分第1行,参照生成"存货编码"为"0104(普通辅材套件)"、"数量"为"210"、"原币单价"为"80.00",其他项默认;在表体部分第2行,参照生成"存货编码"为"0105(经典辅材套件)"、"数量"为"220"、"原币单价"为"90.00",其他项默认;在表体部分第3行,参照生成"存货编码"为"0106(智能辅材套件)"、"数量"编辑为"200"、"原币单价"为"100.00",其他项默认。单击工具栏中的"保存"按钮,结果如图5-20所示。

图5-20 采购专用发票

④ 填制凭证。单击工具栏中的"审核"按钮,打开"是否立即制单"窗口,单击"是"按钮,系统打开"填制凭证"窗口。单击工具栏中的"保存"按钮,结果如图5-21所示。

⑤ 退出。单击"填制凭证"窗口右上角的"关闭"按钮,关闭并退出该窗口。

⑥ 确认"单据名称"栏为"采购发票"、"单据类型"为"采购专用发票"、"方向"为"正向"后,单击"确定"按钮,打开"采购发票"窗口。

⑦ 填制运费采购发票。单击"增加"按钮,在"采购发票"窗口中,编辑表头的"发票号"为"17306716"、"采购类型"为"普通采购"、"税率"为"9"、"供应商"为"顺丰快递"、"代垫单位"为"北京润泽"、"部门名称"为"采购部"、"业务员"为"周东瑞";在表体部分第1行,参照生成"存货编码"为"0301(运输费)"、"数量"为"200"、"原币单价"为"5.00",其他项默认。单击工具栏中的"保存"按钮,结果如图5-22所示。

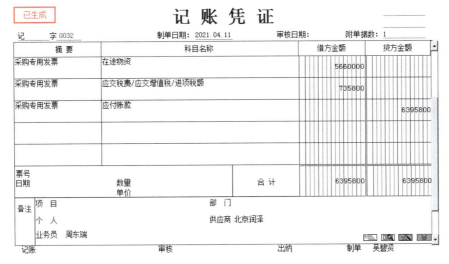

图 5-21 采购专用发票生成凭证

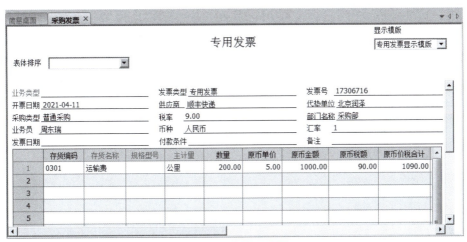

图 5-22 采购专用发票

⑧ 填制凭证。单击工具栏中的"审核"按钮，弹出"是否立即制单"信息提示窗口，单击"是"按钮，系统打开"填制凭证"窗口。单击工具栏中的"保存"按钮，结果如图5-23所示。

⑨ 退出。单击"填制凭证"窗口右上角的"关闭"按钮，关闭并退出该窗口。

3. 填制预付款单

① 以"出纳W03，操作日期2021年04月11日"登入企业应用平台。在"应付款管理"子系统中，依次单击"应付款管理/付款单据处理/付款单据录入"菜单项，系统打开"收付款单录入"窗口。

② 填制付款单。单击"增加"按钮，录入"供应商"为"翊森电器"、"结算方式"为"202转账支票"、"金额"为"20,000.00"、"票据号"为"96217046"，其他项默认；单击表体部分，系统将自动生成一条记录，注意确认"款项类型"为"应付款"、"金额"为"14,464.00"；单击表体部分第2行，修改"款项类型"为"预付款"、"金额"为"5,536.00"。单击"保存"按钮，结果如图5-24所示。

图 5-23 采购专用发票生成凭证

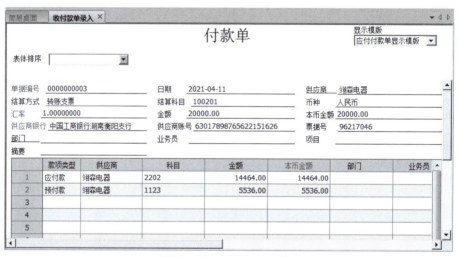

图 5-24 翊森电器公司的付款单

③ 退出。单击"收付款单录入"窗口右上角的"关闭"按钮,关闭并退出该窗口。

④ 以"会计W02,操作日期2021年04月11日"登入企业应用平台。在"应付款管理"子系统中,依次单击"应付款管理/付款单据处理/付款单据审核"菜单项,系统打开"付款单查询条件"窗口。

⑤ 审核付款单。单击"确定"按钮,进入"单据处理"窗口。单击工具栏中的"全选"按钮,再单击"审核"按钮,系统弹出"本次审核成功单据1张"信息提示窗口。

⑥ 退出。单击"确定"按钮,再单击"单据处理"窗口右上角的"关闭"按钮,关闭并退出该窗口。

⑦ 保存并退出单据核销。在"应付款管理"子系统中,依次单击"应付款管理/核销处理/手工核销"菜单项,选择供应商"翊森电器",单击"确定"按钮,系统打开"单据核销"窗口。将窗口上方款项类型为"应付款"的付款单中的"本次结算金额"栏的数据修改为"14,464.00",在窗口下方找到翊森电器3月9日的采购数据,在其"本次结算"栏录入

"14,464.00",结果如图5-25所示。单击"保存"按钮,再单击"单据核销"窗口右上角的"关闭"按钮,关闭并退出该窗口。

图5-25 付款单核销应付款

⑧ 在"应付款管理"子系统中,依次单击"应付款管理/制单处理"菜单项,打开"制单查询"窗口;在"制单查询"窗口,选中"收付款单制单""核销制单"选项,单击"确定"按钮,进入"制单"窗口,结果如图5-26所示。

图5-26 付款单"制单"窗口

⑨ 单击"合并"按钮,再单击"制单"按钮,生成记账凭证。单击"保存"按钮,结果如图5-27所示。

图5-27 付款单生成凭证

⑩ 退出。单击"确定"按钮，再单击"填制凭证"窗口右上角的"关闭"按钮，关闭并退出该窗口。

4. 填制付款单

① 以"出纳W03，操作日期2021年04月12日"登入企业应用平台。在"应付款管理"子系统中，依次单击"应付款管理/付款单据处理/付款单据录入"菜单项，系统打开"收付款单录入"窗口。

② 填制付款单。单击"增加"按钮，表头部分录入"供应商"为"北京润泽"，"结算方式"为"转账支票"，"金额"为"65,048.00"，"票据号"为"27857039"，其他项默认，然后单击表体部分，系统将自动生成一条记录，注意确认"款项类型"为"应付款"。单击"保存"按钮，结果如图5-28所示。

③ 退出。单击"收付款单录入"窗口右上角的"关闭"按钮，关闭并退出该窗口。

图 5-28　润泽工贸的付款单

④ 以"会计W02，操作日期2021年04月12日"登入企业应用平台。在"应付款管理"子系统中，依次单击"应付款管理/付款单据处理/付款单据审核"菜单项，系统打开"付款单查询条件"窗口。

⑤ 审核付款单。单击"确定"按钮，进入"收付款单列表"窗口。单击工具栏中的"全选"按钮，再单击"审核"按钮，系统弹出"本次审核成功单据1张"信息提示窗口。

⑥ 退出。单击"确定"按钮，再单击"收付款单列表"窗口右上角的"关闭"按钮，关闭并退出该窗口。

⑦ 保存并退出单据核销。在"应付款管理"子系统中，依次单击"应付款管理/核销处理/手工核销"菜单项，选择客户"润泽工贸"，单击"确定"按钮，系统打开"单据核销"窗口。将窗口上方款项类型为"应付款"的付款单中的"本次结算金额"栏的数据修改为"65,048.00"，在窗口下方找到北京润泽4月11日的采购数据(采购发票和运费发票)，在其"本次结算"栏录入"63,958.00"和"1,090.00"，结果如图5-29所示。单击"保存"按钮，再单击"单据核销"窗口右上角的"关闭"按钮，关闭并退出该窗口。

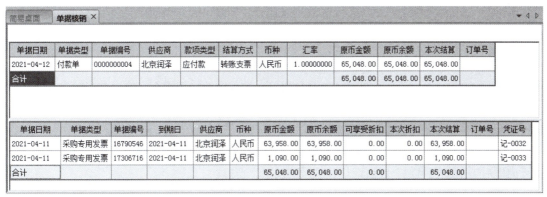

图 5-29 付款单核销应付款

⑧ 打开"制单"窗口。在"应付款管理"子系统中，依次单击"应付款管理/制单处理"菜单项，打开"制单查询"窗口；在"制单查询"窗口中，选中"收付款单制单""核销制单"选项，单击"确定"按钮，进入"制单"窗口，结果如图5-30所示。

图 5-30 付款单"制单"窗口

⑨ 保存记账凭证。单击工具栏中的"合并"按钮，再单击"制单"按钮，生成记账凭证。单击"保存"按钮，结果如图5-31所示。

摘要	科目名称	借方金额	贷方金额
采购专用发票	应付账款	6395800	
采购专用发票	应付账款	109000	
付款单	银行存款/工行存款		6504800
	合 计	6504800	6504800

记字 0035　制单日期：2021.04.12　审核日期：　附单据数：2

票号 日期 2021.04.11　数量　单价

备注　项目　部门　　个人　供应商 北京润泽　　业务员 周东瑞

记账　　审核　　出纳　　制单 吴碧贤

图 5-31 付款单生成凭证

⑩ 退出。单击"确定"按钮,再单击"填制凭证"窗口右上角的"关闭"按钮,关闭并退出该窗口。

5. 填制增值税专用发票

① 以"会计W02,操作日期2021年04月12日"登入企业应用平台。在"应付款管理"子系统中,依次单击"应付款管理/应付单据处理/应付单据录入"菜单项,系统打开"单据类别"窗口。

② 确认"单据名称"栏为"采购发票"、"单据类型"为"采购专用发票"、"方向"为"正向"后,单击"确定"按钮,打开"采购发票"窗口。

③ 填制采购发票。单击"增加"按钮,在"采购发票"窗口中,编辑表头的"发票号"为"17369672"、"采购类型"为"普通采购"、"税率"为"13"、"供应商"为"翙森电器"、"采购部门"为"采购部"、"业务员"为"周东瑞";在表体部分第1行,参照生成"存货编码"为"0101(普通发热盘)"、"数量"为"100"、"原币单价"为"20.00",其他项默认;在表体部分第2行,参照生成"存货编码"为"0102(经典发热盘)"、"数量"为"100"、"原币单价"为"40.00",其他项默认;在表体部分第3行,参照生成"存货编码"为"0103(智能发热盘)"、"数量"为"100"、"原币单价"为"60.00",其他项默认。单击工具栏中的"保存"按钮,结果如图5-32所示。

图 5-32 采购专用发票

④ 填制凭证。单击工具栏中的"审核"按钮,系统打开"是否立即制单"窗口,单击"是"按钮,系统打开"填制凭证"窗口。单击工具栏中的"保存"按钮,结果如图5-33所示。

⑤ 退出。单击"填制凭证"窗口右上角的"关闭"按钮,关闭并退出该窗口。

图 5-33 采购专用发票生成凭证

实训三 票据处理

实训任务

① 2021年4月12日,开出商业承兑汇票支付上月21日向凯跃五金采购的商品价税款共20,340.00元。相应的原始单据可参见图5-34。

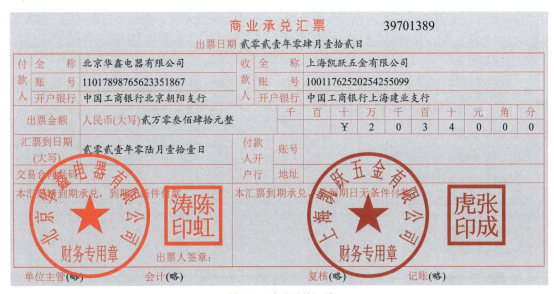

图 5-34 商业承兑汇票

② 2021年4月13日,对3月5日开具给北京润泽的商业承兑汇票进行结算处理。
③ 2021年4月13日,开出银行承兑汇票支付本月12日向翊森电器采购存货的价税款

13,560.00元。相应的原始单据可参见图5-35。

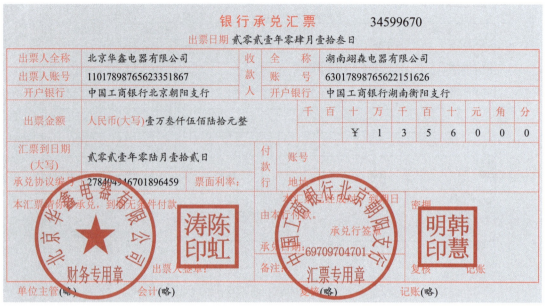

图5-35 银行承兑汇票

任务解析

1. 背景知识

(1) 商业汇票

商业汇票是出票人签发的，委托付款人在指定日期无条件支付确定的金额给收款人或持票人的票据。商业汇票分为商业承兑汇票和银行承兑汇票。商业承兑汇票由银行以外的付款人承兑(付款人为承兑人)，银行承兑汇票由银行承兑。

(2) 票据管理

U8票据管理中提供了对票据的记录、计息、贴现、转出、结算、背书等处理。新增票据保存后系统会自动根据票据生成一张付款单，可以用于核销供应商应付款。

2. 岗位说明

由出纳W03填制票据管理。
由会计W02审核收款单。
由会计W02进行核销处理。

实训指引

1. 填制商业承兑汇票

① 以"出纳W03，操作日期2021年04月12日"登入企业应用平台。在"应付款管理"子系统中，依次单击"应付款管理/票据管理"菜单项，系统打开"票据管理"窗口。

② 填制商业承兑汇票。单击"增加"按钮。录入"票据类型"为"商业承兑汇票","结算方式"为"商业承兑汇票","票据编号"为"39701389","出票日期"为"2021-04-12","到期日"为"2021-06-11","出票人账号"为"11017898765623351867","收款人"为"上海凯跃五金有限公司","金额"为"20,340.00",其他项默认。单击"保存"按钮,结果如图5-36所示。

③ 退出。单击"票据管理"窗口右上角的"关闭"按钮,关闭并退出该窗口。

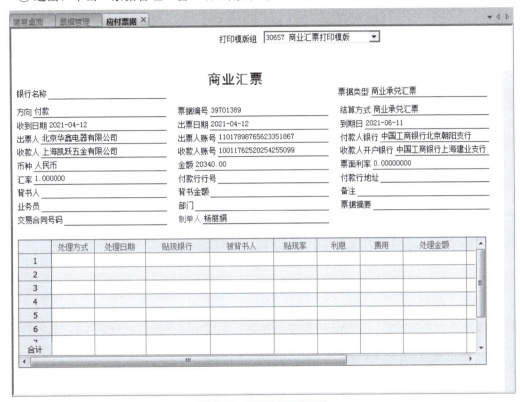

图5-36 填制商业承兑汇票

④ 以"会计W02,操作日期2021年04月12日"登入企业应用平台。在"应付款管理"子系统中,依次单击"应付款管理/付款单据处理/付款单据审核"菜单项,系统打开"付款单查询条件"窗口。

⑤ 审核付款单。单击"确定"按钮,进入"单据处理"窗口。单击工具栏中的"全选"按钮,再单击"审核"按钮,系统弹出"本次审核成功单据1张"信息提示窗口。

⑥ 退出。单击"确定"按钮,再单击"单据处理"窗口右上角的"关闭"按钮,关闭并退出该窗口。

⑦ 保存并退出单据核销。在"应付款管理"子系统中,依次单击"应付款管理/核销处理/手工核销"菜单项,选择供应商"凯跃五金",单击"确定"按钮,系统打开"单据核销"窗口。将窗口上方款项类型为"应付款"的付款单中的"本次结算金额"栏的数据修改为"20,340.00",在窗口下方找到凯跃五金3月21日的采购数据,在其"本次结算"栏录入"20,340.00",结果如图5-37所示。单击"保存"按钮,再单击"单据核销"窗口右上角的"关闭"按钮,关闭并退出该窗口。

单据日期	单据类型	单据编号	供应商	款项类型	结算方式	币种	汇率	原币金额	原币余额	本次结算	订单号
2021-04-12	付款单	0000000005	凯跃五金	应付款	商业承...	人民币	1.00000000	20,340.00	20,340.00	20,340.00	
合计								20,340.00	20,340.00	20,340.00	

单据日期	单据类型	单据编号	到期日	供应商	币种	原币金额	原币余额	可享受折扣	本次折扣	本次结算	订单号	凭证号
2021-03-21	采购专用发票	61360301	2021-03-21	凯跃五金	人民币	20,340.00	20,340.00	0.00	0.00	20,340.00		
合计						20,340.00	20,340.00	0.00		20,340.00		

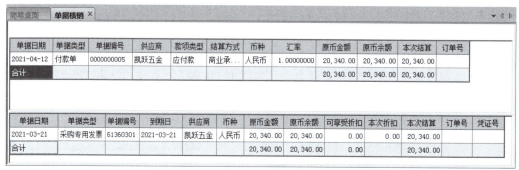

图 5-37　付款单核销应付款

⑧ 打开“制单”窗口。在“应付款管理”子系统中，依次单击“应付款管理/制单处理”菜单项，系统打开“制单查询”窗口；在“制单查询”窗口，选中“收付款单制单”“核销制单”选项，单击“确定”按钮，进入“制单”窗口，结果如图5-38所示。

选择标志	凭证类别	单据类型	单据号	日期	供应商编码	供应商名称	部门	业务员	金额
	记账凭证	付款单	0000000005	2021-04-12	0104	上海凯...			20,340.00
	记账凭证	核销	0000000005	2021-04-12	0104	上海凯...	采购部	周东瑞	20,340.00

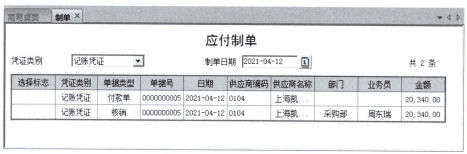

图 5-38　付款单“制单”窗口

⑨ 单击“合并”按钮，再单击“制单”按钮，生成记账凭证，在凭证第2行的“科目名称”栏输入“应付票据”，确认辅助项“供应商”为“凯跃五金”，单击“确认”按钮，再单击“保存”按钮，结果如图5-39所示。

摘要	科目名称	借方金额	贷方金额
核销	应付账款	2034000	
付款单	应付票据		2034000
合计		2034000	2034000

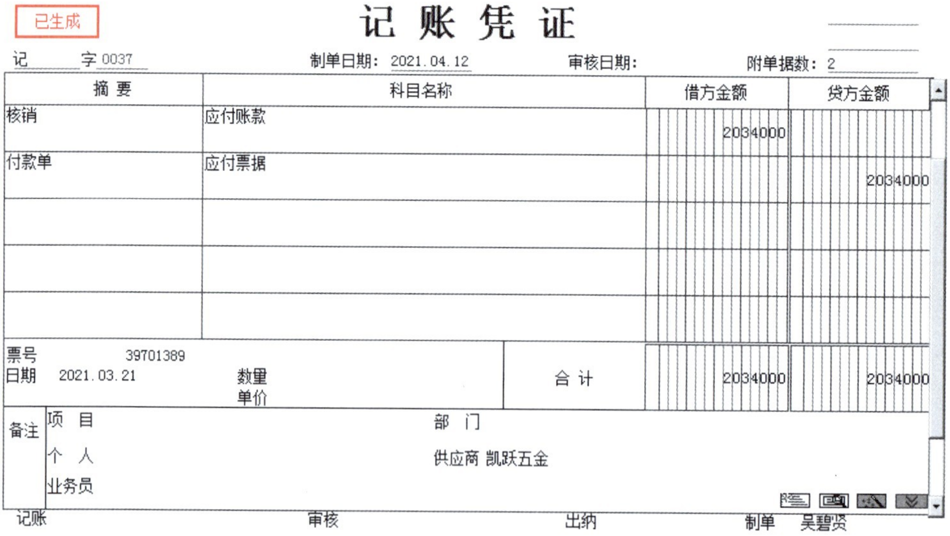

图 5-39　付款单生成凭证

⑩ 退出。单击"确定"按钮,再单击"填制凭证"窗口右上角的"关闭"按钮,关闭并退出该窗口。

2. 票据结算

① 以"出纳W03,操作日期2021年04月13日"登入企业应用平台。在"应付款管理"子系统中,依次单击"应付款管理/票据管理"菜单项,系统打开"票据管理"窗口。

② 选中2021年03月05日开出的银行承兑汇票,单击工具栏中的"结算"按钮,打开"票据结算"窗口。确认"结算日期"为"2021-04-13",确认"结算金额"为"22,600.00";在"结算科目"栏录入"100201",结果如图5-40所示。

图 5-40 "票据结算"窗口

③ 退出。单击"确定"按钮,系统弹出"是否立即制单"信息提示框,单击"否"按钮。单击"票据管理"窗口右上角的"关闭"按钮,关闭并退出该窗口。

④ 打开"制单"窗口。以"会计W02,操作日期2021年04月13日"登入企业应用平台。在"应付款管理"子系统中,依次单击"应付款管理/制单处理"菜单项,系统打开"制单查询"窗口;在"制单查询"窗口,选中"票据处理制单"选项,单击"确定"按钮,进入"制单"窗口,结果如图5-41所示。

图 5-41 票据处理"制单"窗口

⑤ 单击"全选"按钮,再单击"制单"按钮,生成记账凭证,在凭证第2行的"科目名称"栏输入"应付票据",确认辅助项"供应商"为"北京润泽",单击"确认"按钮,再单击"保存"按钮,结果如图5-42所示。

⑥ 退出。单击"确定"按钮,再单击"填制凭证"窗口右上角的"关闭"按钮,关闭并退出该窗口。

```
                           记 账 凭 证
  已生成
  记    字 0038        制单日期: 2021.04.13      审核日期:        附单据数: 1
  ┌─────────┬──────────────┬──────────┬──────────┐
  │  摘 要  │   科目名称    │ 借方金额  │ 贷方金额  │
  ├─────────┼──────────────┼──────────┼──────────┤
  │ 票据结算 │  应付票据     │ 2260000  │          │
  ├─────────┼──────────────┼──────────┼──────────┤
  │ 票据结算 │ 银行存款/工行存款│          │ 2260000  │
  └─────────┴──────────────┴──────────┴──────────┘
  票号   96738176
  日期   2021.04.13    数量
                      单价           合 计   2260000   2260000
        项 目                  部 门
  备注  个 人                  供应商 北京润泽
        业务员  周东瑞
  记账              审核              出纳           制单  吴碧贤
```

图 5-42　票据结算生成凭证

> ❖ **特别提醒:**
> ◇ 当票据到期持票付款时,执行票据结算处理。
> ◇ 进行票据结算时,结算金额应是通过结算实际收到的金额。
> ◇ 结算金额减去利息加上费用的金额要小于等于票据余额。
> ◇ 票据结算后,不能再进行其他与票据相关的处理。

3. 填制银行承兑汇票

① 以"出纳W03,操作日期2021年04月13日"登入企业应用平台。在"应付款管理"子系统中,依次单击"应付款管理/票据管理"菜单项,系统打开"票据管理"窗口。

② 填制银行承兑汇票。单击"增加"按钮,录入"票据类型"为"银行承兑汇票"、"结算方式"为"银行承兑汇票"、"票据编号"为"34599670"、"出票人账号"为"11017898765623351867"、"出票日期"为"2021-04-13"、"到期日"为"2021-06-12"、"收款人"为"湖南翊森电器有限公司"、"金额"为"13,560.00",其他项默认。单击"保存"按钮,结果如图5-43所示。

③ 退出。单击"票据管理"窗口右上角的"关闭"按钮,关闭并退出该窗口。

④ 以"会计W02,操作日期2021年04月13日"登入企业应用平台。在"应付款管理"子系统中,依次单击"应付款管理/付款单据处理/付款单据审核"菜单项,系统打开"付款单查询条件"窗口。

⑤ 审核付款单。单击"确定"按钮,进入"单据处理"窗口。单击工具栏中的"全选"按钮,再单击"审核"按钮,系统弹出"本次审核成功单据1张"信息提示窗口。

⑥ 退出。单击"确定"按钮,再单击"单据处理"窗口右上角的"关闭"按钮,关闭并退出该窗口。

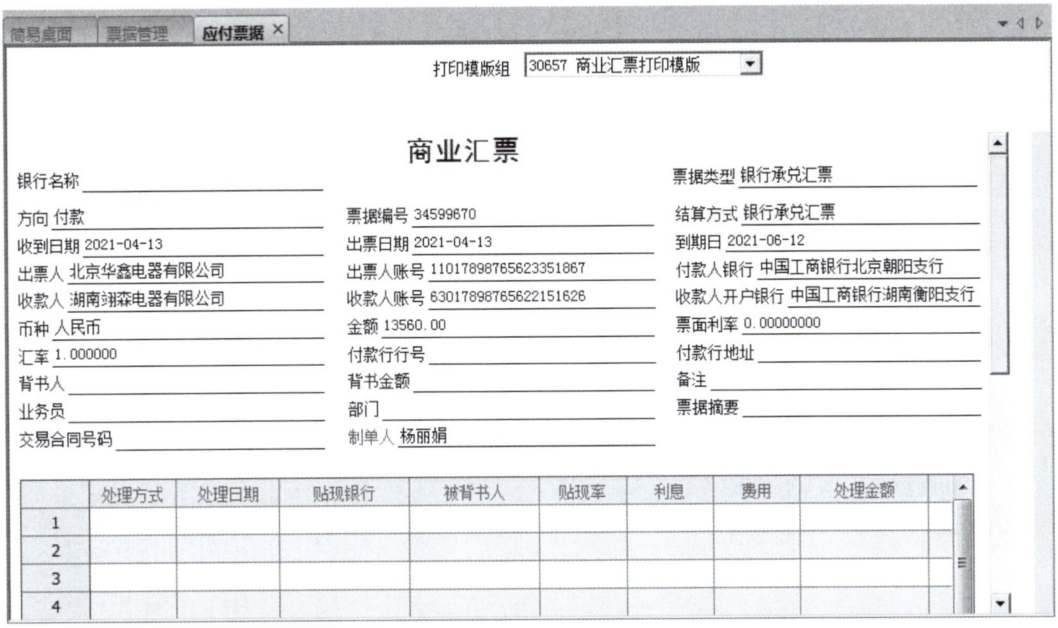

简易桌面 票据管理 应付票据

打印模版组 30657 商业汇票打印模版

商业汇票

银行名称
票据类型 银行承兑汇票
方向 付款
票据编号 34599670
结算方式 银行承兑汇票
收到日期 2021-04-13
出票日期 2021-04-13
到期日 2021-06-12
出票人 北京华鑫电器有限公司
出票人账号 1101789876562335186 7
付款人银行 中国工商银行北京朝阳支行
收款人 湖南翊森电器有限公司
收款人账号 6301789876562215162 6
收款人开户银行 中国工商银行湖南衡阳支行
币种 人民币
金额 13560.00
票面利率 0.00000000
汇率 1.000000
付款行行号
付款行地址
背书人
背书金额
备注
业务员
部门
票据摘要
交易合同号码
制单人 杨丽娟

	处理方式	处理日期	贴现银行	被背书人	贴现率	利息	费用	处理金额
1								
2								
3								
4								

图 5-43 填制银行承兑汇票

⑦ 保存并退出单据核销。在“应付款管理”子系统中，依次单击“应付款管理/核销处理/手工核销”菜单项，选择供应商“翊森电器”，单击“确定”按钮，系统打开“单据核销”窗口。将窗口上方款项类型为“应付款”的付款单中的“本次结算金额”栏的数据修改为“13,560.00”，在窗口下方找到翊森电器4月12日的采购数据，在其“本次结算”栏录入“13,560.00”，结果如图5-44所示。单击“保存”按钮，再单击“单据核销”窗口右上角的“关闭”按钮，关闭并退出该窗口。

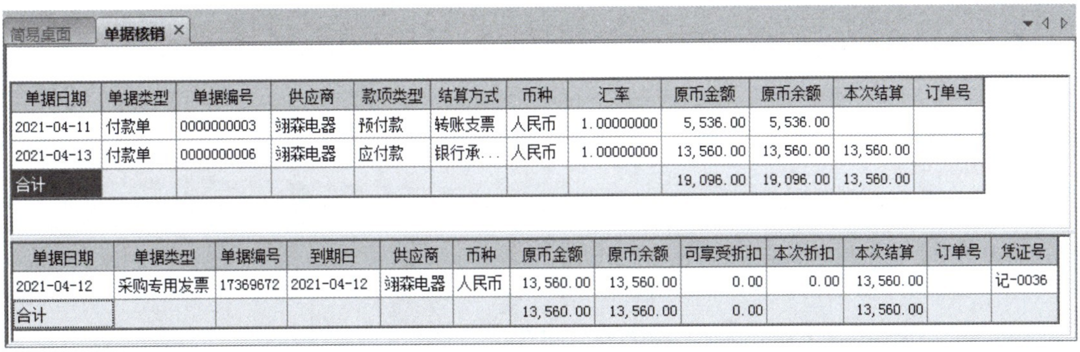

简易桌面 单据核销

单据日期	单据类型	单据编号	供应商	款项类型	结算方式	币种	汇率	原币金额	原币余额	本次结算	订单号
2021-04-11	付款单	0000000003	翊森电器	预付款	转账支票	人民币	1.00000000	5,536.00	5,536.00		
2021-04-13	付款单	0000000006	翊森电器	应付款	银行承...	人民币	1.00000000	13,560.00	13,560.00	13,560.00	
合计								19,096.00	19,096.00	13,560.00	

单据日期	单据类型	单据编号	到期日	供应商	币种	原币金额	原币余额	可享受折扣	本次折扣	本次结算	订单号	凭证号
2021-04-12	采购专用发票	17369672	2021-04-12	翊森电器	人民币	13,560.00	13,560.00	0.00	0.00	13,560.00		记-0036
合计						13,560.00	13,560.00	0.00		13,560.00		

图 5-44 付款单核销应付款

⑧ 打开“制单”窗口。在“应付款管理”子系统中，依次单击“应付款管理/制单处理”菜单项，系统打开“制单查询”窗口；在“制单查询”窗口，选中“收付款单制单”“核销制单”选项，单击“确定”按钮，进入“制单”窗口，结果如图5-45所示。

⑨ 单击“合并”按钮，再单击“制单”按钮，生成记账凭证，在凭证第3行的“科目名称”栏输入“应付票据”，确认辅助项“供应商”为“翊森电器”，单击“确认”按钮，再单击“保存”按钮，结果如图5-46所示。

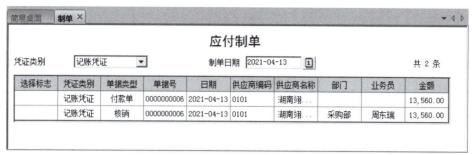

图 5-45 付款单"制单"窗口

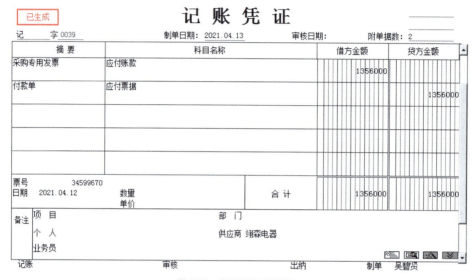

图 5-46 付款单生成凭证

⑩ 退出。单击"确定"按钮，再单击"填制凭证"窗口右上角的"关闭"按钮，关闭并退出该窗口。

> ❖ **特别提醒：**
> ◇ 保存一张商业票据之后，系统会自动生成一张付款单。付款单经过审核后才能生成记账凭证。
> ◇ 由票据生成的付款单不能修改。
> ◇ 商业承兑汇票不能有承兑银行，银行承兑汇票必须有承兑银行。

实训四 转账处理

实训任务

① 应付冲应付。2021年4月15日，经三方同意将"河北华工"上月16日采购的17,289.00元货款转为向"江西普利"的应付账款。

② 预付冲应付。2021年4月15日，经双方同意，将上月31日预付"江西普利"的10,000.00元的货款冲抵转入"江西普利"的部分应付款。

任务解析

1. 背景知识

(1) 应付冲应收

应付冲应收是指用某供应商的应付账款冲抵客户的应收款项。系统通过应付冲应收功能将应付款业务在供应商和客户之间进行转账，实现应付业务的调整，解决应付债务与应收债权的冲抵。

(2) 应付冲应付

应付冲应付是指将一家供应商的应付款转到另一家供应商。通过应付冲应付功能可将应付款业务在供应商、部门、业务员、项目和合同之间进行转入、转出，实现应付业务的调整，解决应付款业务在不同供应商、部门、业务员、项目和合同间入错户或合并户等问题。

(3) 预付冲应付

预付冲应付是指处理对供应商的预付款和该供应商应付欠款的转账核销业务。

(4) 红票对冲

红票对冲可实现某供应商的红字应付单与蓝字应付单、付款单与收款单之间进行冲抵。例如，当发生退票时，用红字发票对冲蓝字发票。红票对冲通常可以分为系统自动冲销和手工冲销两种处理方式。自动冲销可同时对多个供应商依据红票对冲规则进行红票对冲，提高红票对冲的效率。手工冲销对供应商进行红票对冲时，可自行选择红票对冲的单据，提高红票对冲的灵活性。

2. 岗位说明

由会计W02进行应付冲应付、预付冲应付。

实训指引

1. 应付冲应付

① 以"会计W02，操作日期2021年04月15日"登入企业应用平台。在"应付款管理"子系统中，依次单击"应付款管理/转账/应付冲应付"菜单项，系统打开"应付冲应付"窗口。

② 应付冲应付查询。选择转出"供应商"为"河北华工"，转入"供应商"为"江西普利"，单击工具栏中的"查询"按钮，系统列出转出户"河北华工"未核销的应付款。

③ 应付冲应付处理。在"单据日期"为"2021-3-16"的采购专用发票的"并账金额"处输入"17,289.00"，如图5-47所示。

④ 填制凭证。单击工具栏中的"保存"按钮，系统弹出"是否立即制单"信息提示窗口，单击"是"按钮，系统打开"填制凭证"窗口。单击工具栏中的"保存"按钮，结果如图5-48所示。

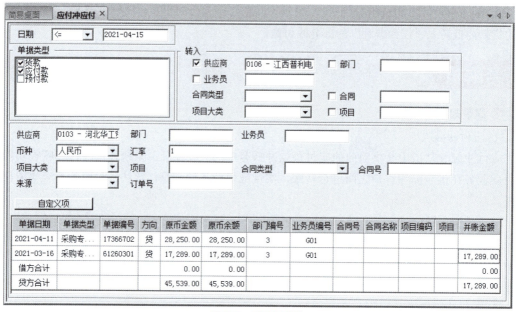

图 5-47 应付冲应付

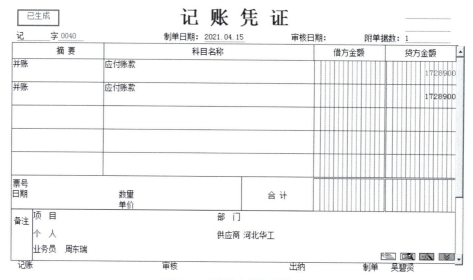

图 5-48 应付冲应付生成凭证

⑤ 退出。单击"填制凭证"窗口右上角的"关闭"按钮,关闭并退出该窗口。

2. 预付冲应付

① 以"会计W02,操作日期2021年04月15日"登入企业应用平台。在"应付款管理"子系统中,依次单击"应付款管理/转账/预付冲应付"菜单项,系统打开"预付冲应付"窗口。

② 预付款录入。单击"预付款"选项卡;选择供应商"江西普利",单击"过滤"按钮,系统列出客户"江西普利"的预付款,录入转账金额为"10,000.00",结果如图5-49所示。

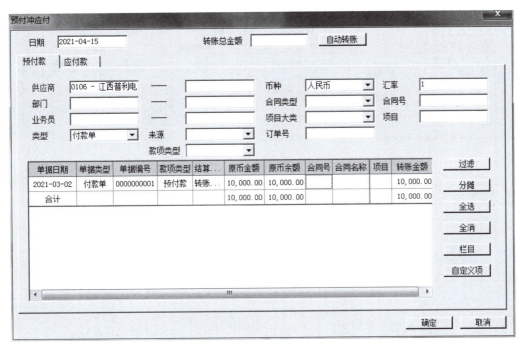

图 5-49　预付冲应付—预付款

③ 应付款录入。单击"应付款"选项卡,选择客户"江西普利",单击"过滤"按钮,系统列出客户"江西普利"的应付款,录入转账金额为"10,000.00",结果如图5-50所示。

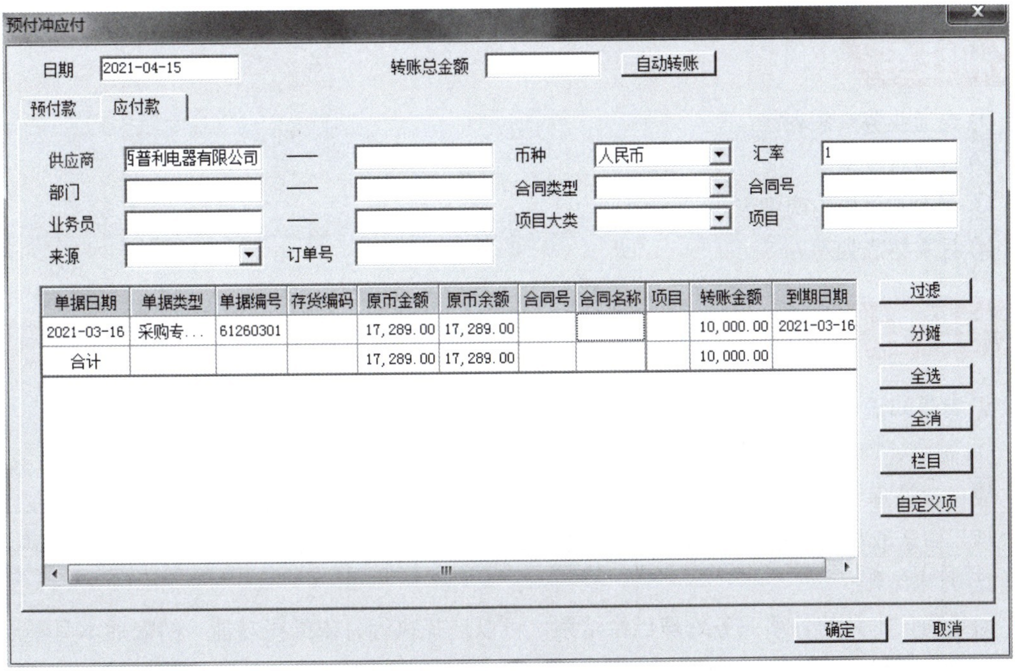

图 5-50　预付冲应付—应付款

④ 填制凭证。单击"确定"按钮,系统弹出"是否立即制单"信息提示窗口,单击"是"按钮,打开"填制凭证"窗口。单击工具栏中的"保存"按钮,结果如图5-51所示。

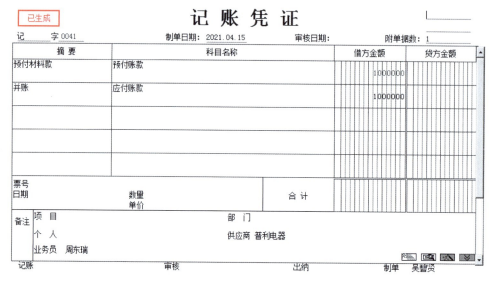

图 5-51 预付冲应付生成凭证

⑤ 退出。单击"填制凭证"窗口右上角的"关闭"按钮,关闭并退出该窗口。

实训五 数据查询与期末处理

实训任务

① 查询业务余额表。
② 查询对账单。
③ 查询应付核销明细表。
④ 月末结账处理。

任务解析

1. 背景知识

(1) 制单处理

应付款管理系统提供立即制单和批量制单两种方式。如果业务发生时未制单,可以在"制单处理"中选取相应的业务类型生成业务凭证。

(2) 月末结账

如果确认本月的各项业务处理已经结束,可以选择执行月末结账功能。结账后本月不能再进行单据、票据、转账等任何业务的增加、删除、修改等处理。

结账时还应注意本月的单据(发票和应付单)在结账前应全部审核;若本月的结算单还有未核销的,不能结账。

2. 岗位说明

由会计W02完成应付期末处理。

项目五 应付款管理

实训指引

1. 查询业务余额表

① 以"会计W02,操作日期2021年04月15日"登入企业应用平台。在"应付款管理"子系统中,依次单击"应付款管理/账表管理/业务账表/业务余额表"菜单项,系统打开"查询条件选择—应付余额表"窗口。

② 单击"确定"按钮,打开"应付余额表"窗口,结果如图5-52所示。

供应商编码	供应商名称	期初 本币	本期应付 本币	本期付款 本币	余额 本币	周转率 本币	周转天数 本币
0101	湖南翎森电器有限…	14,464.00	13,560.00	33,560.00	-5,536.00	3.04	9.54
(小计)…		14,464.00	13,560.00	33,560.00	-5,536.00		
0102	江苏盈华电器有限…	-10,000.00	0.00	0.00	-10,000.00	0.00	0.00
(小计)…		-10,000.00	0.00	0.00	-10,000.00		
0103	河北华工贸易有限…	17,289.00	10,961.00	0.00	28,250.00	0.48	60.42
(小计)…		17,289.00	10,961.00	0.00	28,250.00		
0104	上海凯跃五金有限…	20,340.00	0.00	20,340.00	0.00	0.00	0.00
(小计)…		20,340.00	0.00	20,340.00	0.00		
0105	北京润泽工贸有限…	0.00	65,048.00	65,048.00	0.00	0.00	0.00
(小计)…		0.00	65,048.00	65,048.00	0.00		
0106	江西普利电器有限…	-10,000.00	17,289.00	0.00	7,289.00	-12.75	-2.27
(小计)…		-10,000.00	17,289.00	0.00	7,289.00		
总计		32,093.00	106,858.00	118,948.00	20,003.00		

图 5-52 应付余额表

2. 查询对账单

① 以"会计W02,操作日期2021年04月15日"登入企业应用平台。在"应付款管理"子系统中,依次单击"应付款管理/账表管理/业务账表/对账单"菜单项,系统打开"查询条件选择—应付对账单"窗口。

② 单击"确定"按钮,打开"应付对账单"窗口,结果如图5-53所示。

3. 查询应付核销明细表

① 以"会计W02,操作日期2021年04月15日"登入企业应用平台。在"应付款管理"子系统中,依次单击"应付款管理/单据查询/应付核销明细表"菜单项,打开"查询条件选择—应付核销明细表"窗口。

② 单击"确定"按钮,打开"应付核销明细表"窗口,结果如图5-54所示。

图 5-53　应付对账单

图 5-54　应付核销明细表

4. 月末结账处理

① 以"会计W02，操作日期2021年04月30日"登入企业应用平台。在"企业运用平台"的"业务工作"页签中，依次单击"财务会计/应付款管理/期末处理/月末结账"菜单项，系统打开"月末处理"窗口，结果如图5-55所示。

图 5-55　应付款管理系统月末处理窗口 1

② 结账。在"月末处理"窗口中，双击"四月"的"结账标志"栏，使其出现"Y"字样(结果如图5-55所示)，单击"下一步"按钮，系统弹出如图5-56所示的窗口，单击"完成"按钮，系统弹出"4月份结账成功"信息提示框，表示系统已经自动结账完成。

图5-56　应付款管理系统月末处理窗口2

③ 退出。单击提示框中的"确定"按钮，完成月末结账，系统返回企业应用平台界面。

❖ **特别提醒：**

- ◇ 只有在采购管理系统结账后，才能对应付系统进行结账处理。
- ◇ 因为本账套设置的审核日期为单据日期，所以本月的单据(发票和应付单)在结账前需要全部审核。但若设置的审核日期为业务日期，则截止到本月末还有未审核单据(发票和应付单)的，照样可以进行月结处理。
- ◇ 如果本月的付款单还有未审核的，不能结账。

项目六 固定资产

实训一 固定资产系统初始化

实训任务

1. 固定资产账套参数设置

固定资产账套参数表见表6-1。

表6-1 固定资产账套参数表

建账向导	参数设置
约定及说明	我同意
启用月份	2021年4月
折旧信息	本账套计提折旧 折旧方法：平均年限法(一) 折旧汇总分配周期：1个月 当"月初已计提月份=可使用月份-1"时，将剩余折旧全部提足(工作量法)
编码方式	资产类别编码方式为：2 1 1 2 固定资产编码方式按"类别编号+序号"采用自动输入方法，序号长度为5位
账务接口	固定资产系统与账务系统进行对账； 固定资产对账科目为"1601固定资产"，累计折旧对账科目为"1602累计折旧"； 在对账不平的情况下允许固定资产系统月末结账； 固定资产缺省入账科目为"1601固定资产"，累计折旧缺省入账科目为"1602累计折旧"，减值准备缺省入账科目为"1603固定资产减值准备"，增值税进项税额缺省入账科目为"22210101进项税额"，固定资产清理缺省入账科目为"1606固定资产清理"

2. 部门对应折旧科目

部门对应折旧科目见表6-2。

表6-2 部门对应折旧科目

部门名称	对应折旧科目
总经理办公室	管理费用(6602)
财务部	管理费用(6602)
采购部	管理费用(6602)
销售部	销售费用(6601)
仓管部	管理费用(6602)
生产部	制造费用/折旧费(510102)
车间管理部	制造费用/折旧费(510102)
车间生产部	制造费用/折旧费(510102)

3. 固定资产类别与折旧方法

固定资产类别与折旧方法见表6-3。

表6-3　固定资产类别与折旧方法

编码	类别名称	使用年限(月)	净残值率	计提属性	折旧方法	卡片样式
01	房屋及建筑物	240	5%	正常计提	平均年限法(一)	通用样式(二)
02	办公设备	36	5%	正常计提	平均年限法(一)	含税卡片样式
03	运输工具	48	5%	正常计提	平均年限法(一)	通用样式(二)
04	生产设备	120	5%	正常计提	平均年限法(一)	通用样式(二)

4. 增减方式的对应入账科目

固定资产增减方式见表6-4。

表6-4　固定资产增减方式

增加方式	对应入账科目	减少方式	对应入账科目
直接购入	银行存款/工行存款(100201)	出售	固定资产清理(1606)
投资者投入	实收资本(4001)	盘亏	待处理财产损溢/待处理非流动资产损溢(190102)
捐赠	营业外收入(6301)	投资转出	长期股权投资(1511)
盘盈	以前年度损益调整(6901)	捐赠转出	固定资产清理(1606)
在建工程转入	在建工程(1604)	报废	固定资产清理(1606)
融资租入	长期应付款(2701)	毁损	固定资产清理(1606)
		融资租出	长期应收款(1531)
		拆分减少	固定资产清理(1606)

5. 固定资产原始卡片

固定资产原始卡片见表6-5。

表6-5　固定资产原始卡片

卡片编号	00001	00002	00003	00004	00005	00006
固定资产编号	0100001	0200001	0200002	0300001	0300002	0400001
固定资产名称	厂房	打印复印一体机	笔记本电脑	江铃轿车	奔驰轿车	生产线
类别编号	01	02	02	03	03	04
类别名称	房屋及建筑物	办公设备	办公设备	运输工具	运输工具	生产设备
使用部门	车间生产部	财务部	总经理办公室	销售部	总经理办公室	车间生产部
增加方式	在建工程转入	直接购入	直接购入	直接购入	直接购入	直接购入
使用状况	在用	在用	在用	在用	在用	在用
使用年限(月)	240	36	36	48	48	120
折旧方法	平均年限法(一)	平均年限法(一)	平均年限法(一)	平均年限法(一)	平均年限法(一)	平均年限法(一)
开始使用日期	2018-12-01	2019-12-01	2019-12-01	2018-12-01	2019-12-01	2018-12-01
币种	人民币	人民币	人民币	人民币	人民币	人民币
原值	450,000.00	12,000.00	8,000.00	31,500.00	180,000.00	26,000.00
净残值率	5%	5%	5%	5%	5%	5%
净残值	22,500.00	600.00	400.00	1,575.00	9,000.00	1,300.00
累计折旧	48,600.00	4,752.00	3,168.00	16,839.90	53,460.00	5,545.80
月折旧率	0.004	0.0264	0.0264	0.0198	0.0198	0.0079
月折旧额	1,800	316.80	211.20	623.70	3,564.00	205.40
净值	401,400.00	7,248.00	4,832.00	14,660.10	126,540.00	20,454.20
对应折旧科目	制造费用/折旧费	管理费用	管理费用	销售费用	管理费用	制造费用/折旧费

任务解析

1. 背景知识

(1) 固定资产账套及参数设置

建立固定资产账套是根据企业的自身情况,在已经建立的企业会计核算账套的基础上,设置企业进行固定资产核算的必要参数。例如,与固定资产折旧计算有关的折旧方法选择、折旧汇总分配周期的确定、与总账系统的对账科目、生成固定资产业务凭证要使用的相关科目等。

(2) 部门对应折旧科目

固定资产计提折旧后必须把折旧归入成本或费用,可以视具体情况按部门或按类别归集。当按部门归集折旧费用时,某一部门所属的固定资产折旧费用将归集到一个比较固定的科目,所以部门对应折旧科目设置就是给部门选择一个折旧科目,新增固定资产录入卡片时,该科目将根据选定的固定资产使用部门自动确认,不必再行输入,可提高工作效率。计提折旧生成凭证时借记该科目。

(3) 增减方式的对应入账科目

增减方式包括增加方式和减少方式两类。增加的方式主要有:直接购入、投资者投入、捐赠、盘盈、在建工程转入、融资租入。减少的方式主要有:出售、盘亏、投资转出、捐赠转出、报废、毁损、融资租出、拆分减少等。如果用户觉得系统提供的增减方式不能满足本企业的需要,可自定义增减方式。新增固定资产时需要选择增加方式,生成业务凭证时系统自动取增减方式对应的入账科目作为贷方科目。

例如,直接购入增加固定资产生成如下凭证。

借:固定资产(取选项设置时指定的固定资产缺省入账科目)
　　应交税费/应交增值税/进项税额(取选项设置时指定的进项税额缺省入账科目)
　贷:银行存款(取直接购入增减方式对应的入账科目)

(4) 固定资产原始卡片

原始卡片是指卡片记录的资产开始使用日期的月份先于固定资产系统启用月份,即已使用过并已计提折旧的固定资产卡片。在使用固定资产系统进行核算前,必须将原始卡片资料录入系统,保持历史资料的连续性。原始卡片的录入不限制必须在第一个期间结账前,任何时候都可以录入原始卡片。

2. 岗位说明

以账套主管A01身份进行固定资产系统初始化设置。

实训指引

以账套主管的身份登录企业应用平台对固定资产系统初始化进行设置

1. 账套初始化

① 以"账套主管A01身份,操作日期2021年04月16日"登入企业应用平台。在"企业应用平台"的"业务工作"页签中,依次单击"财务会计/固定资产",系统弹出"这是第一次打开此账套,还未进行过初始化,是否进行初始化?"信息提示框。

② 单击"是"按钮,打开固定资产"初始化账套向导—1.约定及说明"窗口,选择"我同

意";单击"下一步",打开固定资产"初始化账套向导—2.启用月份"窗口,选择为当前日期;单击"下一步"按钮,打开固定资产"初始化账套向导—3.折旧信息"窗口,选择主要折旧方法为"平均年限法(一)",确认选择折旧汇总分配周期为"1个月",选中"当(月初已计提月份=可使用月份-1)时将剩余折旧全部提足(工作量法除外)"复选框,结果如图6-1所示。

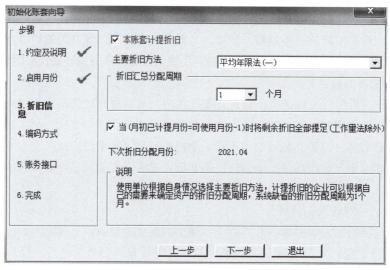

图 6-1　固定资产初始化—折旧信息

③ 单击"下一步"按钮,打开固定资产"初始化账套向导—4.编码方式"窗口,设置资产类别编码方式为"2112",选择固定资产编码方式按"自动编码"和"类别编号+序号",序号长度为"5",结果如图6-2所示。

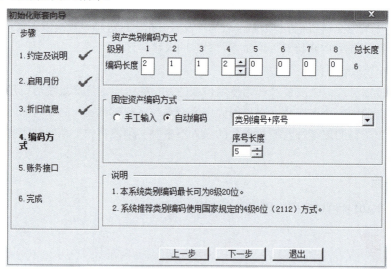

图 6-2　固定资产初始化—编码方式

④ 单击"下一步"按钮,打开固定资产"初始化账套向导—5.账务接口"窗口,勾选"与账务系统进行对账"复选框,参照生成"固定资产对账科目"为"1601"(固定资产)、"累计折旧对账科目"为"1602"(累计折旧),勾选"在对账不平情况下允许固定资产系统月末结账"复选框,结果如图6-3所示。

项目六 固定资产

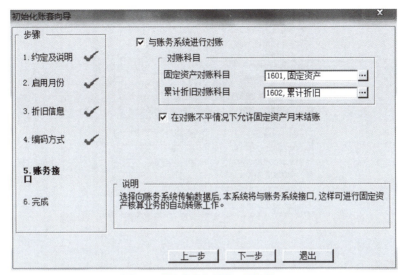

图6-3 固定资产初始化—账务接口

⑤ 单击"下一步"按钮，打开固定资产"初始化账套向导—6.完成"窗口，结果如图6-4所示，确认信息无误后，单击"完成"按钮，系统弹出"已经完成了新账套的所有设置工作，是否确定所设置的信息完全正确并保存对新账套的所有设置？"信息提示框，单击"是"按钮，系统提示"已经成功初始化本固定资产账套！"，单击"确定"按钮，固定资产建账完成。

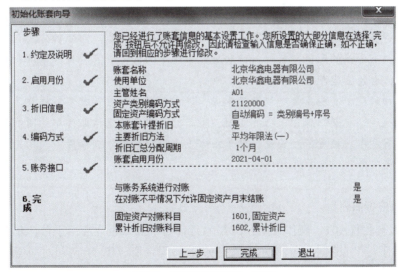

图6-4 固定资产初始化—完成

⑥ 在"企业应用平台"的"业务工作"页签中，依次单击"财务会计/固定资产/设置/选项"菜单项，系统打开"选项"窗口。

⑦ 设置与账务系统接口的参数。在"与账务系统接口"选项卡中，单击"编辑"按钮，使所有参数处于可修改状态，设置"[固定资产]缺省入账科目"为"1601"；"[累计折旧]缺省入账科目"为"1602"；"[减值准备]缺省入账科目"为"1603"；"[增值税进项税额]缺省入账科目"为"22210101"；"[固定资产清理]缺省入账科目"为"1606"，结果如图6-5所示。

175

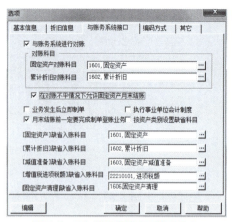

图 6-5 "与账务系统接口"选项卡

> ❖ **特别提醒：**
>
> ◇ 在用友U8中，固定资产账套与企业账套是不同的概念。企业账套是在系统管理中建立的，是针对整个企业的；而固定资产账套是在固定资产管理系统中创建的，是企业账套的组成部分。
>
> ◇ 资产类别编码方式设定以后，如果某一级资产设置了类别，则该级的长度不能被修改，没有使用过的各级的长度可修改；每一个账套中资产的自动编码方式只能有一种，一经设定，该自动编码方式不得修改。
>
> ◇ 只有存在对应总账系统的情况下才需要与账务系统对账。对账的含义是将固定资产系统内所有资产的原值、累计折旧和总账系统中的固定资产科目和累计折旧科目的余额核对，看数值是否相等。
>
> ◇ 系统初始化中有些参数一旦设置完成，退出初始化向导后就不能修改了。如果要改，只能通过"重新初始化"功能实现，重新初始化将清空该账套中的所有数据。因此，如果有些参数设置不能确定，可单击"上一步"按钮重新设置。确认无误后，再单击"完成"按钮保存退出。

2. 部门对应折旧科目

① 以"账套主管A01，操作日期2021年04月16日"登入企业应用平台。在"企业应用平台"的"业务工作"页签中，依次单击"财务会计/固定资产/设置/部门对应折旧科目"菜单项，进入"部门对应折旧科目"窗口。

② 打开"部门对应折旧科目—单张视图"窗口。在左窗格单击"总经理办公室"所在行，右窗格中将仅显示"总经理办公室"，此时单击"修改"按钮，系统将打开"部门对应折旧科目—单张视图"窗口。

③ 编辑某部门的对应折旧科目。在"折旧科目"栏录入或参照生成"6602"，单击"保存"按钮，若有下级部门，则系统弹出"是否将[总经理办公室]部门的所有下级部门的折旧科目替换为[折旧费]？"，单击"是"按钮，系统返回"部门对应折旧科目—单张视图"窗口。

④ 编辑所有部门的对应折旧科目。重复步骤②和③，完成表6-2中其他部门对应的折旧科目设置。

⑤ 显示。单击左窗格的"固定资产部门编码目录"菜单项,"部门对应折旧科目—列表视图"窗口中将显示所有的部门及相应的折旧科目,结果如图6-6所示。

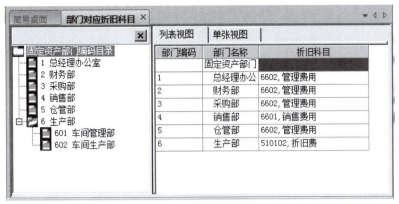

图6-6 部门对应折旧科目

⑥ 退出。单击"部门对应折旧科目"窗口中的"关闭"按钮,关闭并退出该窗口。

3. 固定资产类别与折旧方法

① 以"账套主管A01,操作日期2021年04月16日"登入企业应用平台。在"企业应用平台"的"业务工作"页签中,依次单击"财务会计/固定资产/设置/资产类别"菜单项,进入"资产类别"窗口。

② 增加一个一级类别。单击"增加"按钮,打开"资产类别—单张视图"窗口,然后在"类别名称"栏录入"房屋及建筑物",设置"使用年限(月)"为"240"、"净残值率"为"5"、"计提属性"为"正常计提"、"折旧方法"为"平均年限法(一)"、"卡片样式"为"通用样式(二)",单击"保存"按钮。

③ 编辑所有一级类别。重复步骤②,根据表6-3中的相关信息,继续录入和保存02号"办公设备"、03号"运输工具"和04号"生产设备",结果如图6-7所示。

图6-7 增加资产类别

④ 退出。单击"资产类别"窗口中的"关闭"按钮,关闭并退出该窗口。

❖ **特别提醒:**

◇ 应先建立上级固定资产类别后再建立下级类别,且下级类别继承上级类别的使用年限、净残值率,可修改。

◇ 使用过的类别的计提属性不能被修改。

◇ 未使用过的明细级类别编码修改时只能修改本级的编码。

◇ 非明细级方式不能被删除。

4. 增减方式的对应入账科目

① 以"账套主管A01,操作日期2021年04月16日"登入企业应用平台。在"企业应用平台"的"业务工作"页签中,依次单击"财务会计/固定资产/设置/增减方式"菜单项,进入"增减方式"窗口。

② 修改"直接购入"方式的对应入账科目。单击选中左窗格的"1 增加方式"下的"直接购入",再单击"修改"按钮,打开"单张视图"选项卡,然后在"对应入账科目"栏录入或参照生成"100201",最后单击"保存"按钮。

③ 修改其他增减方式的对应入账科目。重复步骤②,录入表6-4中其他增减方式对应的入账科目,结果如图6-8所示。

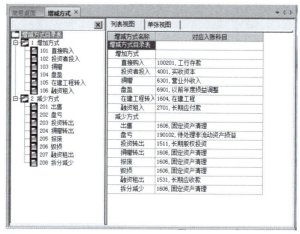

图6-8 增减方式的对应入账科目

④ 退出。单击"增减方式"窗口中的"关闭"按钮,关闭并退出该窗口。

> ❖ **特别提醒:**
> ◇ 在固定资产增减方式中设置的对应入账科目是系统生成凭证时的默认科目。
> ◇ 已使用(卡片已选用过)的方式不能被删除。
> ◇ 非明细级方式不能被删除。
> ◇ 系统缺省的增减方式"盘盈""盘亏"和"毁损"不能被删除。

5. 固定资产原始卡片

① 以"账套主管A01,操作日期2021年04月16日"登入企业应用平台。在"企业应用平台"的"业务工作"页签中,依次单击"财务会计/固定资产/卡片/录入原始卡片"菜单项,系统打开"固定资产类别档案"窗口。

② 打开"固定资产卡片"窗口。单击"01房屋及建筑物"所在行,进入"固定资产卡片"窗口,"卡片编号"默认为"00001"。

③ 在"固定资产名称"栏录入"厂房",单击"使用部门"栏,此时出现"使用部门"按钮,单击该按钮,系统打开"固定资产—本资产部门使用方式"窗口,默认选定"单部门使用"。

④ 单击"确定"按钮,在系统打开的"部门基本参照"窗口中,双击"生产部"所在行,

以选择"生产部",并返回"固定资产卡片"窗口。

⑤ 单击"增加方式"栏,此时出现"增加方式"按钮,单击该按钮,系统打开"固定资产增减方式"窗口,双击"在建工程转入"所在行,返回"固定资产卡片"窗口。

⑥ 单击"使用状况"栏,此时出现"使用状况"按钮,单击该按钮,系统打开"使用状况参照"窗口,双击"在用"所在行,返回"固定资产卡片"窗口。

⑦ 在"开始使用日期"栏录入"2018-12-01",在"原值"栏录入"450,000.00",在"累计折旧"栏录入"48,600.00",单击"保存"按钮,系统提示"数据成功保存!",单击"确定"按钮,返回"固定资产卡片"窗口。

⑧ 重复步骤②~⑦,完成表6-5中其他原始卡片的信息录入工作,结果如图6-9所示。

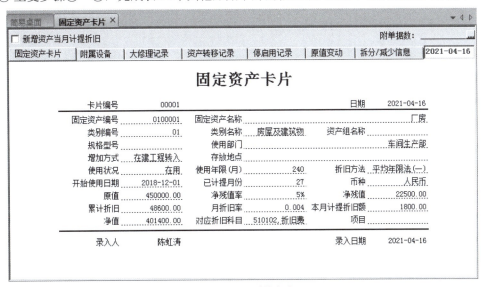

图6-9 录入原始卡片

⑨ 单击"关闭"按钮,关闭该窗口。

> ❖ **特别提醒：**
> ◆ 在"固定资产卡片"窗口中,除了主卡片外,还有若干的附属选项卡。在录入主卡片信息后,可编辑附属设备和录入以前卡片发生的各种变动。但附属选项卡上的信息只供参考,不参与计算。
> ◆ 可以为一个资产选择多个"使用部门",并且当资产为多部门使用时,累计折旧采用与资产使用比例相同的比例在多部门间分摊。

实训二　固定资产日常业务处理

实训任务

① 2021年4月16日,向河北华工采购笔记本电脑一台。相应的原始单据可参见图6-10、图6-11和图6-12(合同略)。

图 6-10 增值税专用发票 1

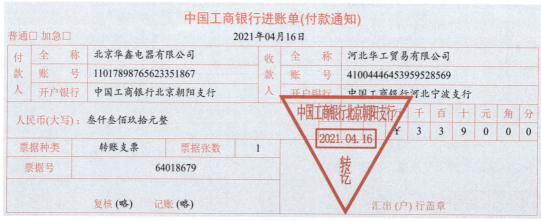

图 6-11 银行进账单 1

固定资产卡片

卡片编号：
固定资产编号：　　　　　　　　　日期：2021年04月16日
　　　　　　　　　　　　　　　　固定资产名称：笔记本电脑
类别编号：　　　　　　　　　　　类别名称：
规格型号：　　　　　　　　　　　增加方式：直接采购　　　　　　存放地点：采购部
使用部门：采购部　　　　　　　　使用年限：3　　　　　　　　　折旧方法：平均年限法(一)
使用状况：在用　　　　　　　　　累计工作量：　　　　　　　　　工作量单位：
开始使用日期：　　　　　　　　　已提月份：　　　　　　　　　　币种：人民币
原值：3,000.00　　　　　　　　　净残值率：5%　　　　　　　　　净残值：
累计折旧：　　　　　　　　　　　月折旧率：　　　　　　　　　　月折旧额：
净值：　　　　　　　　　　　　　对应折旧科目：　　　　　　　　项目：
增值税：390.00　　　　　　　　　价税合计：3,390.00

图 6-12 固定资产卡片

② 4月16日，公司领导陈虹涛批复将总经理办公室"卡片编号"为"00003"的笔记本电脑转给采购部使用，变动原因是公司统一调配资源。

③ 4月17日，会计对各部门的固定资产计提本月折旧。

④ 4月18日，对总经理办公室使用的奔驰轿车进行报废(遭受自然灾害报废)处理。相应单据可参见图6-13和图6-14。

图 6-13 增值税专用发票 2

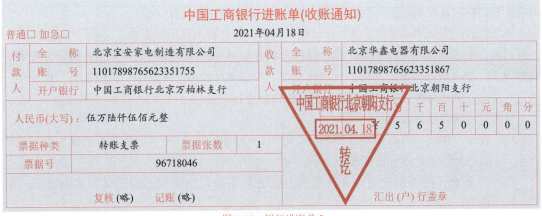

图 6-14 银行进账单 2

任务解析

1. 背景知识

(1) 固定资产增加

企业通过购买或其他方式取得固定资产时要进行固定资产增加的处理。新增固定资产时需要填制新的固定资产卡片，保存卡片时，将借记固定资产缺省入账科目、应交进项税缺省入账科目，贷记固定资产增加方式指定的对应科目。

(2) 固定资产减少

固定资产减少是指资产在使用过程中，由于毁损、出售、盘亏等各种原因而被淘汰。此时需进行固定资产减少的处理。固定资产减少时需要选择减少方式，系统根据减少方式确定入账科目。

只有当账套开始计提折旧后，才可以使用资产减少功能，否则，资产减少只能通过删除卡片来完成。

对于误减少的资产，可以使用系统提供的纠错功能来恢复。只有当月减少的资产才可以恢复。如果资产减少操作已制作凭证，则必须删除凭证后才能恢复。

(3) 固定资产变动

资产的变动在原值变动、部门转移、使用状况变动、使用年限调整、折旧方法调整、净残值(率)调整、工作总量调整、累计折旧调整、资产类别调整等情况时，需通过变动单进行管理。其他项目的修改，如名称、编号、自定义项目等的变动可直接在卡片上进行。

资产变动要求输入相应的"变动单"来记录资产调整的结果。变动单是指资产在使用过程中由于固定资产卡片上某些项目的调整而编制的原始凭证。保存变动单后变动内容将自动回写到固定资产卡片，涉及价值变动的可以自动生成财务核算凭证。

(4) 计提折旧

自动计提折旧是固定资产管理系统的主要功能之一。用户可以根据录入系统的资料，利用系统提供的"折旧计提"功能，对各项资产每期计提一次折旧，并自动生成折旧分配表，然后制作记账凭证，将本期的折旧费用自动登账。

当开始计提折旧时，系统将自动计提所有资产当期折旧额，并将当期的折旧额自动累加到累计折旧项目中。计提工作完成后，需要进行折旧分配，形成折旧费用，系统除了自动生成折旧清单外，同时还生成折旧分配表，从而完成本期折旧费用的登账工作。

系统提供的折旧清单显示了所有应计提折旧资产所计提的折旧数据额。

折旧分配表是制作记账凭证，把计提折旧额分配到有关成本和费用的依据，折旧分配表有两种类型：类别折旧分配表和部门折旧分配表。生成哪种折旧分配表由"折旧汇总分配周期"决定，因此，制作记账凭证要在生成折旧分配表后进行。

计提折旧遵循以下原则。

- 在一个期间内可以多次计提折旧，每次计提折旧后，只是将计提的折旧累加到月初的累计折旧上，不会重复累计。
- 若上次计提折旧已制单并传递到总账管理系统，则必须删除该凭证才能重新计提折旧。
- 计提折旧后，又对账套进行了影响折旧计算或分配的操作，必须重新计提折旧，否则系统不允许结账。
- 若自定义的折旧方法月折旧率或月折旧额出现负数，则系统自动中止计提。

(5) 盘点资产

企业要定期对固定资产进行清查，至少每年清查一次，清查通过盘点实现。

U8固定资产系统中的资产盘点，是在对固定资产进行实地清查后，将清查的实物数据录入固定资产系统与账面数据进行对比，由系统自动生成盘点结果清单。

(6) 计提减值准备

企业应当在期末或至少在每年年度终止时，对固定资产逐项进行检查，如果由于市价持续下跌，或者技术陈旧等原因导致其可回收金额低于账面价值的，应当将可回收金额低于账面价值的差额作为固定资产减值准备，固定资产减值准备必须按单项资产计提。

2. 岗位说明

由财务会计W02身份进行固定资产日常业务处理。

实训指引

1. 采购固定资产

① 以"会计W02，操作日期2021年04月16日"登入企业应用平台。在"企业应用平台"的"业务工作"页签中，依次单击"财务会计/固定资产/卡片/资产增加"菜单项，系统打开"资产类别参照"窗口。

② 编辑固定资产卡片。单击"02办公设备"，进入"固定资产卡片"窗口。在"固定资产名称"栏录入"笔记本电脑"；选择"使用部门"为"采购部"；"增加方式"为"直接购入"、"使用状况"为"在用"；选择"折旧方法"为"平均年限法(一)"；输入"原值"为"3000.00"；"增值税"为"390.00"；"使用年限"为"36"月；"开始使用日期"为"2021-04-16"。单击工具栏中的"保存"按钮，结果如图6-15所示。

图6-15　固定资产卡片

③ 在"企业应用平台"的"业务工作"页签中，依次单击"财务会计/固定资产/处理/批量制单"菜单项，系统打开"查询条件选择—批量制单"窗口。

④ 填制凭证。单击"确定"按钮，系统退出该窗口并打开"批量制单"窗口，双击要选择的单据所对应的"选择"栏目(即上一步骤完成的资产增加)，使其出现"Y"字样，表明选中了要制单的业务；然后单击"批量制单"界面左上角的"制单设置"按钮，接下来单击工具栏

中的"凭证"按钮,系统打开"填制凭证"窗口,输入银行存款科目的辅助项,设置"结算方式"为"202转账支票","票据号"为"64018679",单击"确定"按钮。单击工具栏中的"保存"按钮,生成购入固定资产的凭证,结果如图6-16所示。

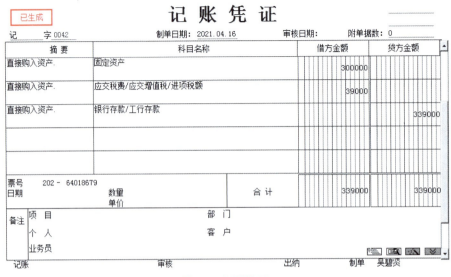

图6-16 记账凭证

2. 固定资产变动

① 以"会计W02,操作日期2021年04月16日"登入企业应用平台。在"企业应用平台"的"业务工作"页签中,依次单击"财务会计/固定资产/卡片/变动单/部门转移"菜单项,系统打开"固定资产变动单"窗口。

② 编辑变动单。在"固定资产变动单"窗口中,参照生成或直接录入"卡片编号"为00003(笔记本电脑),"变动后部门"为"单部门使用"下的"采购部",在"变动原因"栏输入"公司统一调配资源",其他项默认。

③ 保存。单击工具栏中的"保存"按钮,系统弹出"数据成功保存!部门已改变,请检查资产对应折旧科目是否正确!"信息提示框,直接单击"确定"按钮,返回"固定资产变动单"窗口,结果如图6-17所示。

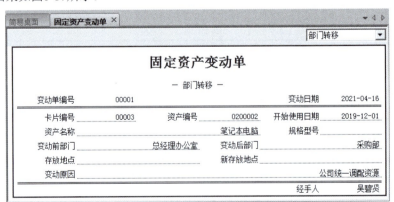

图6-17 固定资产变动单的编辑结果

④ 退出。单击"固定资产变动单"窗口中的"关闭"按钮,关闭并退出该窗口。

3. 计提固定资产本月折旧

① 打开“折旧清单”窗口。以“会计W02，操作日期2021年04月17日”登入企业应用平台。在“企业应用平台”的“业务工作”页签中，依次单击“财务会计/固定资产/处理/计提本月折旧”菜单项，系统弹出“是否要查看折旧清单？”信息提示框；单击“是”按钮，系统提示“本操作将计提本月折旧，并花费一定时间，是否继续？”，单击“是”按钮，打开“折旧清单”窗口，结果如图6-18所示。

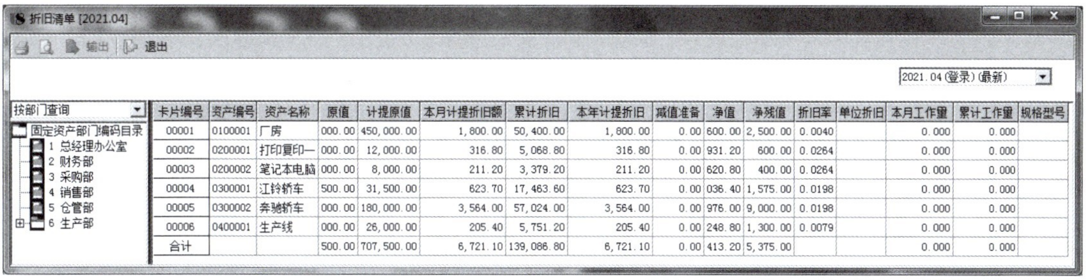

卡片编号	资产编号	资产名称	原值	计提原值	本月计提折旧额	累计折旧	本年计提折旧	减值准备	净值	净残值	折旧率	单位折旧	本月工作量	累计工作量	规格型号
00001	0100001	厂房	000.00	450,000.00	1,800.00	50,400.00	1,800.00	0.00	600.00	2,500.00	0.0040		0.000	0.000	
00002	0200001	打印复印一	000.00	12,000.00	316.80	5,068.80	316.80	0.00	931.20	600.00	0.0264		0.000	0.000	
00003	0200002	笔记本电脑	000.00	8,000.00	211.20	3,379.20	211.20	0.00	620.80	400.00	0.0264		0.000	0.000	
00004	0300001	江铃轿车	500.00	31,500.00	623.70	17,463.60	623.70	0.00	036.40	1,575.00	0.0198		0.000	0.000	
00005	0300002	奔驰轿车	000.00	180,000.00	3,564.00	57,024.00	3,564.00	0.00	976.00	9,000.00	0.0198		0.000	0.000	
00006	0400001	生产线	000.00	26,000.00	205.40	5,751.20	205.40	0.00	248.80	1,300.00	0.0079		0.000	0.000	
合计			500.00	707,500.00	6,721.10	139,086.80	6,721.10	0.00	413.20	5,375.00			0.000	0.000	

图 6-18　4 月份固定资产折旧清单

② 打开“折旧分配表”窗口。单击“折旧清单”窗口中的“退出”按钮，系统提示计提折旧完成，单击信息提示框中的“确定”按钮，打开“折旧分配表”窗口，结果如图6-19所示。

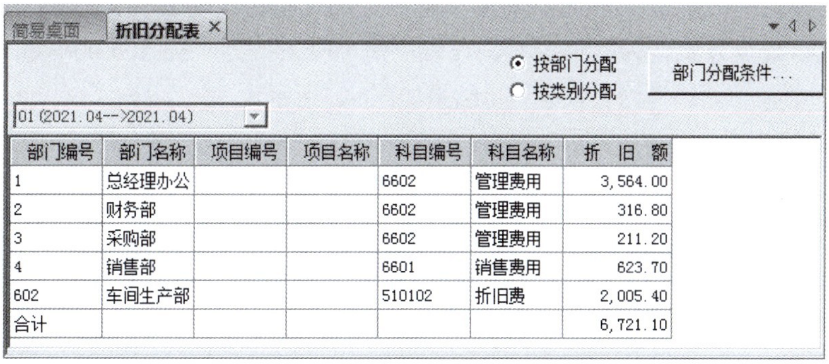

部门编号	部门名称	项目编号	项目名称	科目编号	科目名称	折旧额
1	总经理办公			6602	管理费用	3,564.00
2	财务部			6602	管理费用	316.80
3	采购部			6602	管理费用	211.20
4	销售部			6601	销售费用	623.70
602	车间生产部			510102	折旧费	2,005.40
合计						6,721.10

图 6-19　4 月份固定资产部门折旧分配表

③ 退出。单击“折旧分配表”窗口中的“关闭”按钮，关闭并退出该窗口。

④ 折旧制单。在“企业应用平台”的“业务工作”页签中，依次单击“财务会计/固定资产/处理/批量制单”菜单项，系统弹出“查询条件选择—批量制单”窗口，直接单击该窗口中的“确定”按钮，系统退出该窗口，并打开“批量制单”窗口。双击要选择的单据所对应的“选择”栏目(即上一步骤完成采购折旧计提)，使其出现“Y”字样，表明选中了要制单的业务；然后单击“批量制单”界面左上角的“制单设置”按钮，接下来单击工具栏中的“凭证”按钮，系统打开“填制凭证”窗口，单击工具栏中的“保存”按钮，保存该凭证，结果如图6-20所示。

⑤ 退出。单击“填制凭证”和“折旧分配表”窗口中的“关闭”按钮，关闭并退出窗口。

4. 报废清理处理

① 以“会计W02，操作日期2021年04月18日”登入企业应用平台。在“企业应用平台”的“业务工作”页签中，依次单击“财务会计/固定资产/卡片/资产减少”菜单项，系统打开“资产减少”窗口。

图6-20 4月份计提固定资产折旧的记账凭证

② 编辑资产减少单。在"资产减少"窗口中,首先录入或参照生成其表头的"卡片编号"为00005(奔驰轿车),然后单击其右上角的"增加"按钮,使其表体增加一条记录。在表体,参照生成"减少方式"为"报废",设置"清理收入"为"56,500.00"、"增值税"为"6,500.00"、"清理原因"为"报废",结果如图6-21所示。

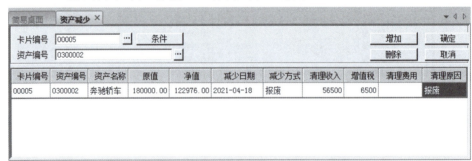

图6-21 资产减少单结果

③ 保存与退出。单击"资产减少"窗口中的"确定"按钮,系统提示"所选卡片已经减少成功",单击其"确定"按钮退出。

④ 在"固定资产"子系统中,依次单击"处理/批量制单"菜单项,系统弹出"查询条件选择—批量制单"窗口,直接单击"确定"按钮,系统打开"批量制单"窗口。

⑤ 填制凭证。在"制单选择"选项卡中,双击其"业务类型"为"资产减少"所在行的"选择"栏,使其出现"Y"字样,表明选中了要制单的业务。在"制单设置"页签下,确认或编辑第1行科目为1602(累计折旧)、第2行科目为1606(固定资产清理)、第3行科目为1601(固定资产)、第4行科目为100201(银行存款/工行存款)、第5行科目为1606(固定资产清理)、第6行科目为1606(固定资产清理)、第7行科目为22210102(销项税额),结果如图6-22所示。

图6-22 制单设置结果

⑥ 编辑并保存凭证。单击工具栏中的"凭证"按钮，系统生成凭证并打开"填制凭证"窗口，设置或确认其凭证类别为"记账凭证"、银行存款科目的辅助项"结算方式"为"202转账支票"、"票据号"为"96718046"，单击工具栏中的"保存"按钮，保存该凭证，结果如图6-23所示。

图6-23 固定资产清理的制单结果

⑦ 退出。单击"填制凭证"和"批量制单"窗口中的"关闭"按钮，关闭并退出窗口。

⑧ 打开"填制凭证"窗口。在"企业应用平台"的"业务工作"页签中，依次单击"财务会计/总账/凭证/填制凭证"菜单项，系统打开"填制凭证"窗口。

⑨ 编辑并保存凭证。单击工具栏中的"增加"按钮（"+"标志），系统打开一张空白的记账凭证。先参照生成或填写"摘要"为"固定资产清理转营业外支出"，第1笔分录的科目为1606(固定资产清理)，然后单击工具栏中的"余额"按钮，系统弹出"最新余额一览表"窗口，结果如果6-24所示。单击"最新余额一览表"窗口中的"关闭"按钮，退出该窗口，然后在第1笔分录的"贷方余额"录入"72,976.00"，再按回车键，并设置第2笔分录的科目为6711(营业外支出)，在其"借方金额"栏按"="键，最后单击工具栏中的"保存"按钮，系统提示保存成功，单击提示框中的"确定"按钮，系统返回"填制凭证"窗口，结果如图6-25所示。

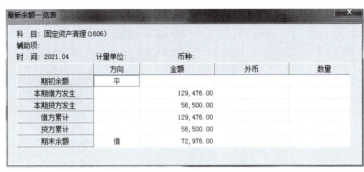

图 6-24 固定资产清理科目的最新余额

图 6-25 结转固定资产清理损溢凭证

⑩ 退出。单击"填制凭证"窗口右上角的"关闭"按钮,关闭并退出窗口。

实训三 数据查询与期末处理

实训任务

① 与总账系统进行对账处理。
② 查询固定资产折旧计算明细表。
③ 查询固定资产原值一览表。
④ 月末结账处理。

任务解析

1. 背景知识

(1) 对账

对账是指将固定资产系统管理的在役固定资产的原值和累计额折旧明细记录与总账系统中

管理的固定资产和累计折旧科目总括数据进行核对。只有在建立固定资产账套时或选项设置中选择了"与账务系统对账",才可使用本系统的对账功能。

为保证固定资产管理系统的资产价值与总账管理系统中固定资产科目的数值相等,可随时使用对账功能对两个系统进行审查。系统在执行月末结账时自动对账一次,并给出对账结果。

(2) 凭证处理

固定资产管理系统的凭证处理功能主要是根据固定资产各项业务数据自动生成凭证,并传递到总账系统进行后续处理。

编制凭证可以采用"立即制单"和"批量制单"两种方法。立即制单是指业务发生时立即生成财务核算凭证;批量制单是指业务发生时暂不生成凭证,一段时间后再通过"批量制单"功能成批生成财务核算凭证。

(3) 月末结账

当固定资产管理系统完成了本月全部制单业务后,可以进行月末结账,月末结账每月进行一次,结账后当期数据不能修改。若有错必须修改,则可通过系统提供的"恢复月末结账前状态"功能反结账,再进行相应的修改。

本期不结账则不能处理下期的数据;结账前一定要进行数据备份,否则数据一旦丢失,将造成无法挽回的后果。

(4) 账簿管理

用户可以通过系统提供的账表管理功能,及时掌握资产的统计、汇总和其他各方面的信息。账表包括账簿、折旧表、统计表、分析表4类。另外,系统还提供了自定义报表功能,如果系统所提供的报表种类不能满足需要,则可以根据实际要求进行设置。

2. 岗位说明

由会计W02进行固定资产数据查询与期末处理。

实训指引

1. 与总账系统进行对账处理

以"会计W02,操作日期2021年04月30日"登入企业应用平台。在"企业运用平台"的"业务工作"页签中,依次单击"财务会计/固定资产/处理/对账"菜单项,系统打开"与账务对账结果"窗口,结果如图6-26所示,单击"确定"按钮。

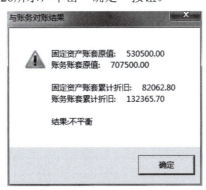

图6-26 "与账务对账结果"对话框

2. 查询固定资产折旧计算明细表

① 以"会计W02，操作日期2021年04月30日"登入企业应用平台。在"企业运用平台"的"业务工作"页签中，依次单击"财务会计/固定资产/账表/我的账表"菜单项，系统打开"报表"窗口。

② 查询固定资产折旧计算明细表。在"报表"窗口中，依次单击"折旧表/固定资产折旧计算明细表"菜单项，系统打开"条件—固定资产折旧计算明细表"窗口，单击"确定"按钮，打开"固定资产折旧计算明细表"窗口，结果如图6-27所示。

图6-27　固定资产折旧计算明细表

3. 查询固定资产原值一览表

① 以"会计W02，操作日期2021年04月30日"登入企业应用平台。在"企业运用平台"的"业务工作"页签中，依次单击"财务会计/固定资产/账表/我的账表"菜单项，系统打开"报表"窗口。

② 查询固定资产原值一览表。在"报表"窗口中，依次单击"统计表/(固定资产原值)一览表"菜单项，系统打开"条件—(固定资产原值)一览表"窗口，单击"确定"按钮，打开"(固定资产原值)一览表"窗口，结果如图6-28所示。

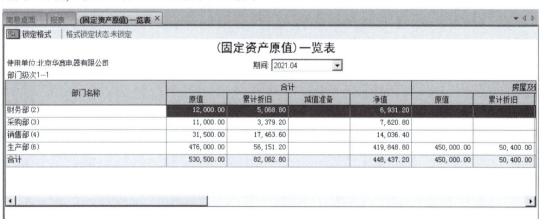

图6-28　(固定资产原值)一览表

4. 月末结账处理

① 以"会计W02,操作日期2021年04月30日"登入企业应用平台。在"企业运用平台"的"业务工作"页签中,依次单击"财务会计/固定资产/处理/月末结账"菜单项,系统打开"月末结账"窗口,结果如图6-29所示。

② 结账。在"月末结账"窗口中,单击"开始结账"按钮,系统弹出"与账务对账结果"信息提示框,结果如图6-30所示。

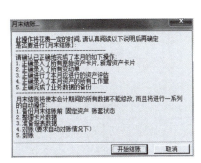

图 6-29 固定资产系统月末结账

图 6-30 固定资产与账务对账结果

③ 确认。单击信息提示框中的"确定"按钮,系统弹出"月末结账完毕!"信息提示框,表示系统已经自动结账完成。

④ 退出。单击提示框中的"确定"按钮,并在再次弹出的提示框中单击"确定"按钮,系统返回企业应用平台界面。

项目七 薪资管理系统

实训一 薪资管理系统初始化

实训任务

1. 建立工资账套

工资账套启用日期为"2021.04.01";工资核算本位币为"人民币";工资类别个数为"单个";其他采用默认设置。

2. 人员档案设置

在职人员列表见表7-1。

表7-1 在职人员列表

部门	人员编码及姓名	人员类别	性别	银行及银行账号
总经理办公室	A01陈虹涛	企管人员	男	中国工商银行6222020220332021001
财务部	W01罗培韶	企管人员	女	中国工商银行6222020220332021002
财务部	W02吴碧贤	企管人员	男	中国工商银行6222020220332021003
财务部	W03杨丽娟	企管人员	女	中国工商银行6222020220332021004
采购部	G01周东瑞	企管人员	男	中国工商银行6222020220332021005
销售部	X01刘东强	销售人员	男	中国工商银行6222020220332021006
仓管部	C01徐倩月	企管人员	女	中国工商银行6222020220332021007
车间管理部	S01张峰	车间管理人员	男	中国工商银行6222020220332021008
车间生产部	S02韩宇豪	生产工人	男	中国工商银行6222020220332021009
车间生产部	S03李平凯	生产工人	男	中国工商银行6222020220332021010
车间生产部	S04王鑫锐	生产工人	男	中国工商银行6222020220332021011
车间生产部	S05杨建文	生产工人	男	中国工商银行6222020220332021012

3. 工资项目设置

工资项目列表见表7-2。

表7-2 工资项目列表

工资项目名称	类型	长度	小数	增减项
基本工资	数字	8	2	增项
岗位工资	数字	8	2	增项
交补	数字	8	2	增项

(续表)

工资项目名称	类型	长度	小数	增减项
职务补贴	数字	8	2	增项
奖金	数字	8	2	增项
缺勤扣款	数字	8	2	减项
养老保险	数字	8	2	减项
医疗保险	数字	8	2	减项
失业保险	数字	8	2	减项
住房公积金	数字	8	2	减项
计税工资	数字	8	2	其他
缺勤天数	数字	8	2	其他

表7-2按照基本工资、岗位工资、交补、职务补贴、奖金、缺勤扣款、养老保险、医疗保险、失业保险、住房公积金、计税工资、缺勤天数排列。

4. 公式设置

养老保险=(基本工资+岗位工资+职务补贴)×0.08
医疗保险=(基本工资+岗位工资+职务补贴)×0.02
失业保险=(基本工资+岗位工资+职务补贴)×0.002
住房公积金=(基本工资+岗位工资+职务补贴)×0.12
缺勤扣款=基本工资÷22×缺勤天数
企管人员和销售人员的交补为300.00元，其他人员的交补为200.00元。
计税工资=基本工资+岗位工资+职务补贴+交补+奖金-养老保险-医疗保险-失业保险-
　　　　　住房公积金-缺勤扣款

5. 工资代扣设置

根据相关规定，设置个人所得税申报表"收入额合计"项所对应的工资项目默认是"计税工资"，并且设置代扣个人所得税的计税基数为5,000元，附加费用0元。个人所得税税率表见表7-3。

表7-3　个人所得税税率表

级数	全年应纳税所得额	税率	新速算扣除数
1	不超过36,000元的部分	3%	0
2	超过36,000元至144,000元的部分	10%	2,520
3	超过144,000元至300,000元的部分	20%	16,920
4	超过300,000元至420,000元的部分	25%	31,920
5	超过420,000元至660,000元的部分	30%	52,920
6	超过660,000元至960,000元的部分	35%	85,920
7	超过960,000元的部分	45%	181,920

6. 期初工资数据录入

期初工资数据见表7-4。

表7-4 期初工资数据

部门	人员编码及姓名	人员类别	基本工资	岗位工资	职务补贴
总经理办公室	A01陈虹涛	企管人员	4,000.00	2,000.00	200.00
财务部	W01罗培韶	企管人员	3,500.00	1,500.00	200.00
财务部	W02吴碧贤	企管人员	3,000.00	1,000.00	200.00
财务部	W03杨丽娟	企管人员	3,000.00	1,000.00	200.00
采购部	G01周东瑞	企管人员	3,500.00	1,200.00	200.00
销售部	X01刘东强	销售人员	3,500.00	1,200.00	200.00
仓管部	C01徐倩月	企管人员	2,800.00	1,000.00	200.00
车间管理部	S01张峰	车间管理人员	3,000.00	1,000.00	200.00
车间生产部	S02韩宇豪	生产工人	2,500.00	1,000.00	200.00
车间生产部	S03李平凯	生产工人	2,500.00	1,000.00	200.00
车间生产部	S04王鑫锐	生产工人	2,500.00	1,000.00	200.00
车间生产部	S05杨建文	生产工人	2,500.00	1,000.00	200.00

最后一步是赋予财务会计W02工资类别主管权限。

任务解析

1. 背景知识

(1) 建立工资账套

工资账套与企业核算账套是不同的概念，企业核算账套在系统管理中建立，是针对整个U8系统而言，而工资账套只针对U8中的薪资管理子系统，可以说工资账套是企业核算账套的一个组成部分。企业要建立工资账套的前提是，在系统管理中建立本单位的核算账套。建立工资账套时可以根据建账向导分四步进行，即参数设置、扣税设置、扣零设置、人员编码设置。

(2) 工资类别

如果企业按周或每月多次发放薪资，或者是企业中有多种不同类别的人员，这些人员工资发放项目不同，计算公式也不相同，但需要进行统一的工资核算管理，那么在建立工资账套时应选择"多个"工资类别。

(3) 代扣个人所得税

依法纳税是每个公民的应尽义务。工资薪金所得是个人所得税的征税内容。U8薪资管理系统中提供了是否在工资核算的同时代扣个人所得税选项设置。选择从工资中代扣个人所得税，系统将自动生成工资项目"代扣税"，计算工资时自动进行代扣税金的计算。

随着经济的发展和社会的进步，个人所得税起征点、税率等会随之调整，U8系统中预置了软件发版同时代的个人所得税税率表，若与现实情况不符，可对纳税基数和税率表进行修订和调整，以正确计算个人所得税。

(4) 人员档案设置

每个工资类别中都有归属于该类别的职工。在人员档案中，可以设置工资发放人员的姓名、职工编号、所在部门、人员类别等基本信息，也可以进行人员调离与停发等处理。此外，如果在人员附加信息设置中增加了职工职称、电话、身份证号等辅助信息，也可以管理人员附加信息，使薪资管理系统具备简单的人事管理系统职能。

(5) 工资项目设置

工资项目设置即定义工资项目的名称、类型、宽度、小数、增减项。系统中预置了一些固定项目，是工资账中必不可少的，包括"应发合计""扣款合计""实发合计"，这些项目不能删除和重命名。其他项目可根据实际情况定义或参照增加，如基本工资、奖励工资、请假天数等。

(6) 公式设置

公式设置即定义某些工资项目的计算公式及工资项目之间的运算关系。例如，缺勤扣款=基本工资/月工作日*缺勤天数。运用公式可直观地表达工资项目的实际运算过程，灵活地进行工资计算处理。定义公式可通过选择工资项目、运算符、关系符、函数等组合完成。

系统固定的工资项目——"应发合计""扣款合计""实发合计"等的计算公式，会根据工资项目设置的"增减项"自动给出。用户在此只能增加、修改、删除其他工资项目的计算公式。

定义工资项目计算公式要符合逻辑，系统将对公式进行合法性检查，不符合逻辑的系统将给出错误提示。定义公式时要注意先后顺序，先得到的数据应先设置公式。应发合计、扣款合计和实发合计公式应是公式定义框的最后3个公式，并且实发合计的公式要在应发合计和扣款合计公式之后。若出现计算公式超长，可将所用到的工资项目名称缩短(减少字符数)，或者设置过渡项目。定义公式时可使用函数公式向导参照输入。

(7) 期初工资数据录入

职工工资数据中有些数据是相对稳定的，如基本工资、职务津贴等；还有一些是每月变动的数据，如病事假扣款、代扣税等。对于相对稳定的工资数据，可以在薪资系统初始化时一次性录入；对于每月变动的数据，则需要在每月进行工资计算前进行编辑。

(8) 数据级权限分配

记录权限分配：指对具体业务对象进行权限分配。

使用前提：在"数据权限控制设置"中选择控制至少一个记录级业务对象。

字段权限分配：对单据中包含的字段进行权限分配。

2. 岗位说明

以账套主管A01身份进行薪资管理系统初始化设置。

实训指引

以账套主管的身份登录企业应用平台，并对薪资管理系统初始化进行设置。

1. 建立工资账套

① 以"账套主管A01，操作日期2021年04月25日"登入企业应用平台。在"企业应用平台"的"业务工作"页签中，依次单击"人力资源/薪资管理"菜单项，系统弹出"建立工资套—参数设置"窗口，结果如图7-1所示。

② 系统默认选择本工资套所处理的工资类别个数为"单个"，币别选择"人民币"，直接单击"下一步"按钮，进入"建立工资套—扣税设置"窗口，结果如图7-2所示。

③ 单击"下一步"按钮，进入"建立工资套—扣零设置"窗口，结果如图7-3所示。

④ 单击"下一步"按钮，进入"建立工资套—人员编码"窗口，系统提示"本系统要求您对员工进行统一编号，人员编码同公共平台的人员编码保持一致。"，结果如图7-4所示。

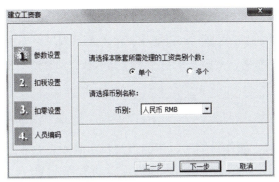

图 7-1　建立工资套—参数设置

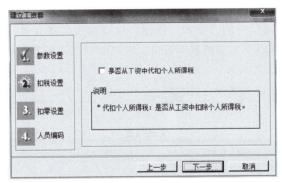

图 7-2　建立工资套—扣税设置

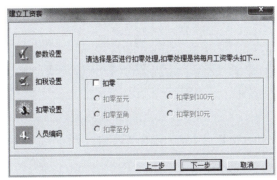

图 7-3　建立工资套—扣零设置

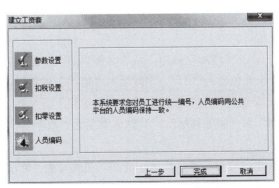

图 7-4　建立工资套—人员编码

⑤ 单击"完成"按钮，完成工资套的建立。

❖ **特别提醒：**
  ◇ 建账完毕后，部分建账参数可以通过执行"设置/选项"命令进行修改。
  ◇ 若选择进行扣零处理，系统在计算工资时将依据所选择的扣零类型将零头扣下，并在积累成整时补上。

2. 设置人员档案

① 以"账套主管A01，操作日期2021年04月25日"登入企业应用平台。在"企业应用平台"的"业务工作"页签中，依次单击"人力资源/薪资管理/设置/人员档案"菜单项，系统打开"人员档案"窗口。

② 单击工具栏中的"批增"按钮，系统打开"人员批量增加"窗口。

③ 批量增加。单击窗口中的"查询"按钮，以查询出全部人员，然后单击"全选"按钮和"确定"按钮，系统返回"人员档案"窗口，窗口中列示了所有在基础档案中已有的人员信息，结果如图7-5所示。

人员档案

总人数：12

选择	薪资部门名称	工号	人员编号	人员姓名	人员类别	账号	中方人员	是否计税	工资停发	核算计件工资	现金发放	进入日期	离开日期
	总经理办公室	A01		陈虹涛	企管人员	6220202203320 21001	是	是	否	否	否		
	财务部	W01		罗培韶	企管人员	6220202203320 21002	是	是	否	否	否		
	财务部	W02		吴碧贤	企管人员	6220202203320 21003	是	是	否	否	否		
	财务部	W03		杨丽娟	企管人员	6220202203320 21004	是	是	否	否	否		
	采购部	G01		周乐瑞	企管人员	6220202203320 21005	是	是	否	否	否		
	销售部	X01		刘东强	销售人员	6220202203320 21006	是	是	否	否	否		
	仓管部	C01		徐倩月	企管人员	6220202203320 21007	是	是	否	否	否		
	车间管理部	S01		张峰	车间管理人员	6220202203320 21008	是	是	否	否	否		
	车间生产部	S02		韩宇豪	生产工人	6220202203320 21009	是	是	否	否	否		
	车间生产部	S03		李平凯	生产工人	6220202203320 21010	是	是	否	否	否		
	车间生产部	S04		王鑫锐	生产工人	6220202203320 21011	是	是	否	否	否		
	车间生产部	S05		杨建文	生产工人	6220202203320 21012	是	是	否	否	否		

图7-5 "人员档案"窗口

④ 退出。单击"人员档案"窗口中的"关闭"按钮，关闭并退出该窗口。

3. 设置工资项目

① 以"账套主管A01，操作日期2021年04月25日"登入企业应用平台。在"企业应用平台"的"业务工作"页签中，依次单击"人力资源/薪资管理/设置/工资项目设置"菜单项，系统打开"工资项目设置"窗口。

② 增加基本工资项。单击"增加"按钮，从"名称参照"下拉列表中选择"基本工资"，其默认类型为"数字"、小数位数为"2"、增减项为"增项"，结果如图7-6所示。

③ 增加职务补贴项。单击"增加"按钮，从"名称参照"下拉列表中选择"生活补助"，重命名其"工资项目名称"为"职务补贴"，其默认类型为"数字"、小数位数为"2"、增减项为"增项"。

④ 增加其他"增项"工资项目。重复步骤②或③，完成其他"增项"工资项目的增加。

⑤ 增加缺勤扣款项。单击"增加"按钮，从"名称参照"下拉列表中选择"缺勤扣款"，其默认类型为"数字"、小数位数为"2"，并修改其"增减项"为"减项"。

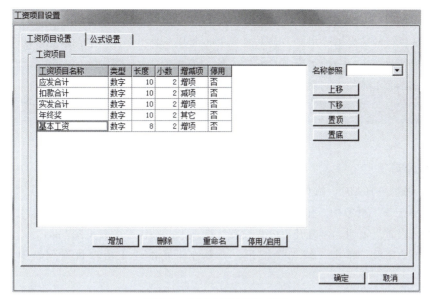

图 7-6 "工资项目设置"窗口

⑥ 增加养老保险项。单击"增加"按钮,在"工资项目名称"中输入"养老保险",其默认类型为"数字"、小数位数为"2",并修改其"增减项"为"减项"。

⑦ 增加其他"减项"工资项目。重复步骤⑥,完成其他"减项"工资项目的增加。

⑧ 增加计税工资项。单击"增加"按钮,在"工资项目名称"中输入"计税工资",其默认类型为"数字"、小数位数为"2",并修改其"增减项"为"其他"。

⑨ 增加缺勤天数项。单击"增加"按钮,从"名称参照"下拉列表中选择"缺勤天数",其默认类型为"数字"、小数位数为"2",并修改其"增减项"为"其他"。

⑩ 调整工资项的排列顺序。单击选中"基本工资"所在行,再单击"上移"按钮,将"基本工资"移动到工资项目栏的第1行,并以此方法移动其他的工资项目到相应的位置,结果如图7-7所示。单击"工资项目设置"窗口中的"确定"按钮,完成工资项目的设置。

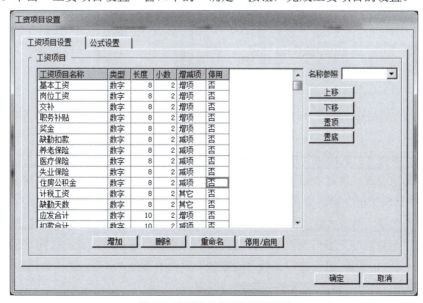

图 7-7 在职人员的工资项目设置

> ❖ **特别提醒：**
> ◇ 系统提供的固定工资项目，如本实验中的本月扣零、上月扣零，不能修改和删除。
> ◇ 项目名称必须唯一。工资项目一经使用，数据类型不允许修改。
> ◇ 单击界面上的向上、向下移动箭头，可调整工资项目的排列顺序。
> ◇ 系统默认：应发合计=增项之和；扣款合计=减项之和；实发合计=应发合计-扣款合计。

4. 设置公式

① 以"账套主管A01，操作日期2021年04月25日"登入企业应用平台。在"企业应用平台"的"业务工作"页签中，依次单击"人力资源/薪资管理/设置/工资项目设置"菜单项，打开"工资项目设置"窗口，再打开"公式设置"选项卡，操作界面参见图7-8。

② 增加公式项。单击"增加"按钮，并从左上角的"工资项目"列表中选择"养老保险"。

③ 编辑公式。先单击"运算符"区域的"("，然后从中下部的"工资项目"列表中选择"基本工资"，再单击选中运算符区域的"+"，从中下部的"工资项目"列表中选择"岗位工资"；再单击选中运算符区域的"+"，从中下部的"工资项目"列表中选择"职务补贴"；再单击"养老保险公式定义"区域的")"，之后单击"预算符"区域中的"*"，最后单击"运算符"区域中的"0.08"，结果如图7-8所示。

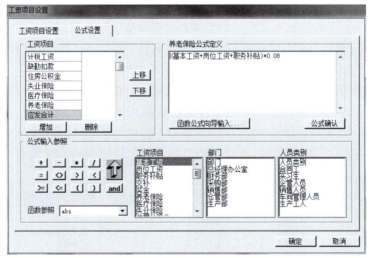

图7-8 养老保险公式定义

④ 保存。单击"公式确认"按钮，完成"养老保险"的公式定义。

⑤ 编辑其他公式。重复步骤②和③，完成"医疗保险""失业保险""住房公积金""缺勤扣款"和"计税工资"等的公式定义。

⑥ 增加公式项。单击"增加"按钮，并从左上角的"工资项目"列表中选择"交补"。

⑦ 打开"函数向导"窗口。单击"公式定义"文本框，单击"函数公式向导输入"按钮，打开"函数向导——步骤之1"窗口，从"函数名"列表中选择"iff"，结果如图7-9所示。单击"下一步"按钮，打开"函数向导——步骤之2"窗口。

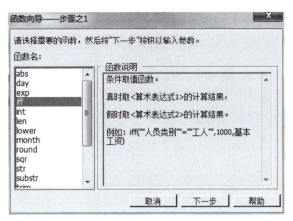

图7-9 选择"iff"函数

⑧ 编辑公式。单击"逻辑表达式"后的"参照"按钮，打开"参照"窗口，在"参照列表"的下拉列表中选择"人员类别"选项，然后从下面的列表中选择"企管人员"，单击"确定"按钮。在"逻辑表达式"文本框中的公式后输入"or"，注意前后必须空格。再次单击"逻辑表达式"后的"参照"按钮，打开"参照"窗口，在"参照列表"的下拉列表中选择"人员类别"选项，再从下面的列表中选择"销售人员"，单击"确定"按钮，返回"函数向导——步骤之2"。在"算术表达式1"文本框中输入"300"，在"算术表达式2"文本框中输入"200"，结果如图7-10所示。单击"完成"按钮，返回"公式设置"窗口，单击"公式确定"按钮。

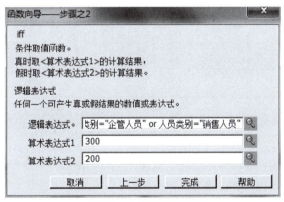

图7-10 "交补"公式设置

⑨ 完成并退出。单击"工资项目设置"窗口中的"确定"按钮，完成设置，退出窗口。

❖ **特别提醒：**

不能删除已输入数据或已设置计算公式的工资项目。

5. 设置工资代扣个人所得税

① 打开"选项"窗口。以"账套主管A01，操作日期2021年04月25日"登入企业应用平台。在"企业应用平台"的"业务工作"页签中，依次单击"人力资源/薪资管理/设置/选项"菜单项，打开"选项"窗口。

② 打开"扣税设置"选项卡，再单击"编辑"按钮，单击"实发合计"下拉列表框，从中

选择"计税工资",结果如图7-11所示。

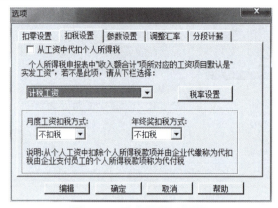

图7-11 "扣税设置"选项卡

③ 单击其中的"税率设置"按钮,系统打开"个人所得税申报表——税率表"窗口。

④ 修改"基数"和"附加费用"的相应数据,同时根据表7-3个人所得税税率表修改个税应纳税所得额、税率和速算扣除数,结果如图7-12所示。

图7-12 "个人所得税申报表——税率表"窗口

⑤ 单击"确定"按钮,完成税率设置,返回"选项"窗口。
⑥ 再单击"确定"按钮,完成设置,退出窗口。

❖ **特别提醒:**

- ◇ 只有主管人员可以修改工资参数,工资账参数调整包括对扣零设置、扣税设置、参数设置和调整汇率。
- ◇ 已经进行过月结的工资类别或发放次数不能修改币种。
- ◇ 设置扣税工资项目,系统默认为"实发合计"。在实际业务中,因可能存在免税收入项目(如政府特殊津贴、院士津贴等)和税后列支项目,可以单独设置一个工资项目来计算应纳税工资。
- ◇ 如果修改了"扣税设置",需要进入"工资变动",执行"计算"和"汇总"功能,以保证"代扣税"工资项目正确地反映单位实际代扣个人所得税的金额。
- ◇ 工资和年终奖可采用不同的扣税方式,如工资为代扣税,而年终奖为代付税。

6. 录入期初工资数据

① 以"账套主管A01,操作日期2021年04月25日"登入企业应用平台。在"企业应用平台"的"业务工作"页签中,依次单击"人力资源/薪资管理/设置/人员档案"菜单项,进入"人员档案"列表窗口。

② 编辑一个员工的工资数据。单击"A01陈虹涛"所在行,系统打开"人员档案明细"窗口,并显示陈虹涛的详细档案,单击"数据档案"按钮,打开"工资数据录入—页编辑"窗口,然后录入"基本工资"为"4,000.00"、"岗位工资"为"2,000.00"、"职务补贴"为"200.00",其他数据项系统自动给出,结果如图7-13所示。

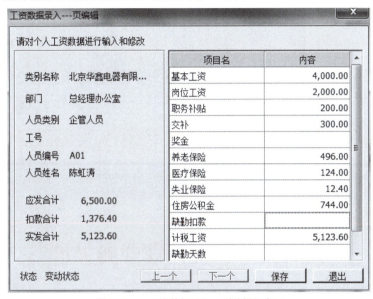

图7-13 "工资数据录入—页编辑"窗口

③ 保存。单击"保存"按钮,返回"人员档案明细"窗口,然后单击"确定"按钮,系统提示"写入该人员档案信息吗?",单击"确定"按钮,返回"人员档案明细"窗口,系统自动显示下一个员工的详细档案。

④ 编辑其他员工的工资数据。重复步骤②和③,将表7-4中所有的期初工资数据录入并保存。

⑤ 退出。单击"取消"按钮,退出"人员档案明细"窗口。

7. 设置工资权限

① 以"账套主管A01,操作日期2021年04月25日"登入企业应用平台。在"企业应用平台"的"系统服务"页签中,依次单击"权限/数据权限分配"菜单项,系统打开"权限浏览"窗口。

② 单击工具栏中的"修改"按钮,在左窗格中选中"吴碧贤",在右窗格上部的"业务对象"下拉列表中选择"工资权限",勾选"工资类别主管"复选框;单击工具栏中的"保存"按钮,保存该权限的分配结果(允许吴碧贤操作薪资模块),结果如图7-14所示。

③ 单击"权限浏览"窗口中的"关闭"按钮,退出该窗口。

④ 重注册(系统/重注册)企业应用平台,以使以上设置生效。

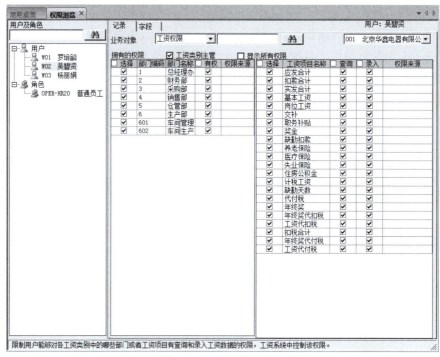

图 7-14 "权限浏览"窗口

实训二　薪资管理业务处理

实训任务

① 4月25日，经过财务部绩效考核，总经理陈虹涛批准：4月份对企管人员和销售人员每人增加奖金500.00元，其他人员奖金为300.00元。

② 4月30日，进行考勤统计并计算汇总工资。相应单据可参见图7-15。

职工出勤表

部门	职务	姓名	缺勤天数
总经理办公室	总经理	陈虹涛	
财务部	财务经理	罗培韶	
财务部	会计	吴碧贤	1
财务部	出纳	杨丽娟	
仓管部	仓管员	徐倩月	1
采购部	采购员	周东瑞	
销售部	销售员	刘东强	2
车间管理部	车间管理人员	张峰	
车间生产部	生产工人	韩宇豪	1
车间生产部	生产工人	李平凯	
车间生产部	生产工人	王鑫锐	
车间生产部	生产工人	杨建文	2

部门经理：略　　制表人：略

图 7-15　职工出勤表

③ 4月30日，进行工资分摊设置并计提工资总额，工资总额的分摊科目设置见表7-5。

表7-5　工资总额的分摊科目设置

部门与人员类别		工资分摊	
		工资总额(100%)	
		借方科目	贷方科目
总经理办公室 仓管部 采购部 财务部	企管人员	6602管理费用	221101应付职工薪酬—工资
销售部	销售人员	6601销售费用	
车间管理部	车间管理人员	510101制造费用—工资	
车间生产部	生产工人	500102生产费用—直接人工	

④ 4月30日，计提单位承担社会保险费与住房公积金，其分摊科目设置见表7-6。

表7-6　单位承担社会保险和住房公积金的分摊科目设置

部门与人员类别		工资分摊			
		单位承担社会保险费(32.8%)		单位承担住房公积金(12%)	
		借方科目	贷方科目	借方科目	贷方科目
总经理办公室 仓管部 采购部 财务部	企管人员	6602管理费用	221103应付职工薪酬—社会保险费	6602管理费用	221104应付职工薪酬—住房公积金
销售部	销售人员	6601销售费用		6601销售费用	
车间管理部	车间管理人员	510101制造费用—工资		510101制造费用—工资	
车间生产部	生产工人	500102生产费用—直接人工		500102生产费用—直接人工	

⑤ 4月30日，计提工会经费和职工教育经费，其分摊科目设置见表7-7。

表7-7　单位计提工会经费和职工教育经费的分摊科目设置

部门与人员类别		工资分摊			
		工会经费(2%)		职工教育经费8%	
		借方科目	贷方科目	借方科目	贷方科目
总经理办公室 仓管部 采购部 财务部	企管人员	6602管理费用	221105应付职工薪酬—工会经费	6602管理费用	221106应付职工薪酬—职工教育经费
销售部	销售人员	6601销售费用		6601销售费用	
车间管理部	车间管理人员	510101制造费用—工资		510101制造费用—工资	
车间生产部	生产工人	500102生产费用—直接人工		500102生产费用—直接人工	

⑥ 4月30日，计提个人三险一金，其分摊科目设置见表7-8。

表7-8 职工个人承担社会保险和住房公积金的分摊科目设置

部门与人员类别		工资分摊			
		个人承担社会保险费(10.2%)		个人承担住房公积金(12%)	
		借方科目	贷方科目	借方科目	贷方科目
总经理办公室 仓管部 采购部 财务部	企管人员	221101应付职工薪酬—工资	221103应付职工薪酬—社会保险费	221101应付职工薪酬—工资	221104应付职工薪酬—住房公积金
销售部	销售人员				
车间管理部	车间管理人员				
车间生产部	生产工人				

⑦ 4月30日，代扣个人所得税，该月工资数据及应交个税见表7-9。

表7-9 本月工资数据

部门	人员编码及姓名	本月计税工资	累计应纳税所得额	累计预缴个税	本期应交个税
总经理办公室	A01陈虹涛	5,623.60	25,123.60	135.00	18.71
财务部	W01罗培韶	4,845.60	21,045.60	36.00	0.00
财务部	W02吴碧贤	3,931.24	17,131.24	0.00	0.00
财务部	W03杨丽娟	4,067.60	17,267.60	0.00	0.00
采购部	G01周东瑞	4,612.20	19,912.20	9.00	0.00
销售部	X01刘东强	4,294.02	19,894.02	18.00	0.00
仓管部	C01徐倩月	3,784.73	16,384.73	0.00	0.00
车间管理部	S01张峰	3,767.60	16,967.60	0.00	0.00
车间生产部	S02韩宇豪	3,264.96	14,964.96	0.00	0.00
车间生产部	S03李平凯	3,378.60	15,078.60	0.00	0.00
车间生产部	S04王鑫锐	3,378.60	15,078.60	0.00	0.00
车间生产部	S05杨建文	3,151.33	14,851.33	0.00	0.00

任务解析

1. 背景知识

(1) 工资变动数据处理

在进行本月工资计算和汇总之前，需要将本月变动的工资数据录入系统，如本月请假天数与扣款有关，职务变动与职务津贴有关。为了快速、准确地录入工资数据，U8系统提供了以下功能。

- 筛选和定位。如果对部分人员的工资数据进行修改，最好采用数据过滤的方法，先将所要修改的人员过滤出来，然后进行工资数据修改。修改完毕后进行"重新计算"和"汇总"。

- 页编辑。"工资变动"界面提供了"编辑"按钮，可以对选定个人的信息进行快速录入。单击"上一人""下一人"按钮可变更人员，录入或修改相应人员的工资数据。

- 替换。将符合条件的人员的某个工资项目的数据，统一替换成某个数据。例如，将管理人员的奖金上调100元。
- 过滤器。如果只对工资项目中的某一个或几个项目修改，可将要修改的项目过滤出来。例如，只对事假天数、病假天数两个工资项目的数据进行修改。对于常用到的过滤项目可以在项目过滤选择后，输入一个名称进行保存，以后可通过过滤项目名称调用，不用时也可以删除。

(2) 工资计算

U8系统按照事先定义好的计算公式计算职工的应发合计、扣款合计、实发合计，并按照个人所得税税率表的相关设置同时完成代扣个人所得税的计算。

个人所得税计算在工资计算和汇总中同时完成，在个人所得税扣缴申报中可以查看个人所得税扣缴申报表。

(3) 工资分摊处理

工资是费用中人工费最主要的部分，每月需要对工资费用进行工资总额的计提计算、分配及各种经费的计提，并编制转账会计凭证，供登账处理使用。

与职工工资总额相关的费用计提及计算包括个人所得税、从职工工资中代扣的个人应缴纳的三险一金、企业应为职工缴纳的社会保险和公积金、按工资总额的一定比例计提的工会经费、职工教育经费等。

由于不同类别的人员费用分摊入账科目不同，因此可按照人员类别事先定义转账凭证模板，每月进行工资分摊计算，生成凭证即可。

2. 岗位说明

以会计W02身份进行工资变动处理。

实训指引

1. 工资数据替换

① 以"会计W02，操作日期2021年04月25日"登入企业应用平台。在"薪资管理"子系统中，依次单击"业务处理/工资变动"菜单项，系统打开"工资变动"窗口。

② 单击工具栏中的"全选"按钮，选择所有员工，然后单击"替换"按钮，系统弹出"工资项数据更替"窗口。

③ 编辑销售部工资数据。在"工资数据更替"窗口中，选中"将工资项目"下拉列表中的"奖金"，并在"替换成"栏中输入"500"，设置"替换条件"为"人员类别""=""销售人员"，结果如图7-16所示；再单击"确定"按钮，系统弹出"数据更替后将不可恢复，是否继续？"信息提示框，单击"是"按钮，系统弹出"1条记录被替换，是否重新计算？"信息提示框，单击"是"按钮，返回"工资变动"窗口。

④ 重复步骤②和③，完成其他部门奖金的设置。

⑤ 计算工资。再单击工具栏中的"全选""计算"和"汇总"按钮，完成全部工资项内容的计算与汇总。

⑥ 退出。单击"工资变动"窗口右上角的"关闭"按钮，关闭并退出该窗口。

图 7-16 工资项数据替换

2. 工资变动及汇总

① 以"会计W02,操作日期2021年04月30日"登入企业应用平台。在"薪资管理"子系统中,依次单击"业务处理/工资变动"菜单项,系统打开"工资变动"窗口。

② 编辑工资数据。在"工资变动"窗口中,输入本月相应的缺勤天数。

③ 计算工资。再单击工具栏中的"全选""计算"和"汇总"按钮,完成全部工资项内容的计算与汇总(由于公式之间可能镶嵌,计算请单击三次,以保证数据的准确性),结果如图7-17所示。

选择	工号	人员编号	姓名	部门	人员类别	基本工资	岗位工资	职务补贴	交补	奖金	应发合计	养老保险	医疗保险	失业保险	住房公积金	缺勤扣款	扣款合计
		A01	陈虹涛	总经理办公室	企管人员	4,000.00	2,000.00	200.00	300.00	500.00	7,000.00	496.00	124.00	12.40	744.00		1,376.40
		W01	罗培韶	财务部	企管人员	3,500.00	1,500.00	200.00	300.00	500.00	6,000.00	416.00	104.00	10.40	624.00		1,154.40
		W02	吴碧炅	财务部	企管人员	3,000.00	1,000.00	200.00	300.00	500.00	5,000.00	336.00	84.00	8.40	504.00	136.36	1,068.76
		W03	杨丽娟	财务部	企管人员	3,000.00	1,000.00	200.00	300.00	500.00	5,000.00	336.00	84.00	8.40	504.00		932.40
		G01	周东瑞	采购部	企管人员	3,500.00	1,200.00	200.00	300.00	500.00	5,700.00	392.00	98.00	9.80	588.00		1,087.80
		X01	刘东强	销售部	销售人员	3,500.00	1,200.00	200.00	300.00	500.00	5,700.00	392.00	98.00	9.80	588.00	318.18	1,405.98
		C01	徐倩月	仓管部	企管人员	2,800.00	1,000.00	200.00	300.00	500.00	4,800.00	320.00	80.00	8.00	480.00	127.27	1,015.27
		S01	张峰	车间管理部	车间管理人员	3,000.00	1,000.00	200.00	200.00	300.00	4,700.00	336.00	84.00	8.40	504.00		932.40
		S02	韩宇豪	车间生产部	生产工人	2,500.00	1,000.00	200.00	200.00	300.00	4,200.00	296.00	74.00	7.40	444.00	113.64	935.04
		S03	李平凯	车间生产部	生产工人	2,500.00	1,000.00	200.00	200.00	300.00	4,200.00	296.00	74.00	7.40	444.00		821.40
		S04	王鑫锐	车间生产部	生产工人	2,500.00	1,000.00	200.00	200.00	300.00	4,200.00	296.00	74.00	7.40	444.00		821.40
		S05	杨建文	车间生产部	生产工人	2,500.00	1,000.00	200.00	200.00	300.00	4,200.00	296.00	74.00	7.40	444.00	227.27	1,048.67
合计						36,300.00	13,900.00	2,400.00	3,100.00	5,000.00	60,700.00	4,208.00	1,052.00	105.20	6,312.00	922.72	12,599.92

图 7-17 本月工资变动的结果

④ 退出。单击"工资变动"窗口右上角的"关闭"按钮,关闭并退出该窗口。

3. 工资分摊设置和计提工资总额

① 以"会计W02,操作日期2021年04月30日"登入企业应用平台。在"企业应用平台"的"业务工作"页签中,依次单击"人力资源/薪资管理/业务处理/工资分摊"菜单项,系统打开"工资分摊"窗口。

② 工资总额分摊计提设置。在"工资分摊"窗口中,单击"工资分摊设置"按钮,系统打开"分摊类型设置"窗口,再单击窗口中的"增加"按钮,系统打开"分摊计提比例设置"窗口,录入"计提类型名称"为"工资总额"、"分摊计提比例"为100%,结果如图7-18所示。单击"下一步"按钮,系统打开"分摊构成设置"窗口,在该窗口中,根据表7-5逐一编辑"部门名称""人员类别""工资项目"(即应发合计)及"借方科目""贷方科目",结果如图7-19所示。

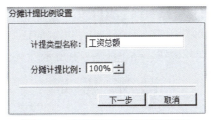

图 7-18 工资总额分摊计提比例设置

图 7-19 工资总额分摊构成设置的结果

③ 退出。单击"分摊构成设置"窗口中的"完成"按钮,系统返回"分摊类型设置"窗口,单击其"返回"按钮,返回"工资分摊"窗口。

④ 本月职工工资的分配归集。打开"工资分摊"窗口,选中"计提费用类型"选项区的"工资总额"复选框,并且选中所有的核算部门,确认勾选"明细到工资项目"和"按项目核算"复选框,然后单击"确定"按钮,完成本月职工工资的分配归集工作,系统打开"工资分摊明细"窗口,在其中显示"工资总额一览表",结果如图7-20所示。

图 7-20 计提工资总额一览表

⑤ 工资分配制单。在"工资分摊明细"窗口中,选中"合并科目相同、辅助项相同的分录",再单击工具栏中的"制单"按钮,系统打开"填制凭证"窗口,选择凭证分类为"记账凭证",单击工具栏中的"保存"按钮,结果如图7-21所示。

图 7-21 工资总额制单结果

⑥ 退出。单击"填制凭证"和"工资分摊明细"窗口右上角的"关闭"按钮,关闭并退出窗口。

4. 计提单位承担社会保险和住房公积金

① 以"会计W02,操作日期2021年04月30日"登入企业应用平台。在"企业应用平台"的"业务工作"页签中,依次单击"人力资源/薪资管理/业务处理/工资分摊"菜单项,打开"工资分摊"窗口。在"工资分摊"窗口,单击其"工资分摊设置"按钮,系统打开"分摊类型设置"窗口。

② 单位承担社会保险费计提设置。在"分摊类型设置"窗口中,单击"增加"按钮,系统打开"分摊计提比例设置"窗口,在"计提类型名称"栏录入"单位承担社会保险费",设置"分摊计提比例"为32.8%,结果如图7-22所示。单击"下一步"按钮,系统打开"分摊构成设置"窗口,在该窗口中,根据表7-6逐一编辑"部门名称""人员类别""工资项目"(五险一金计提基数)及"借方科目""贷方科目",录入完成的结果如图7-23所示。

图 7-22 单位承担社会保险费分摊计提比例设置

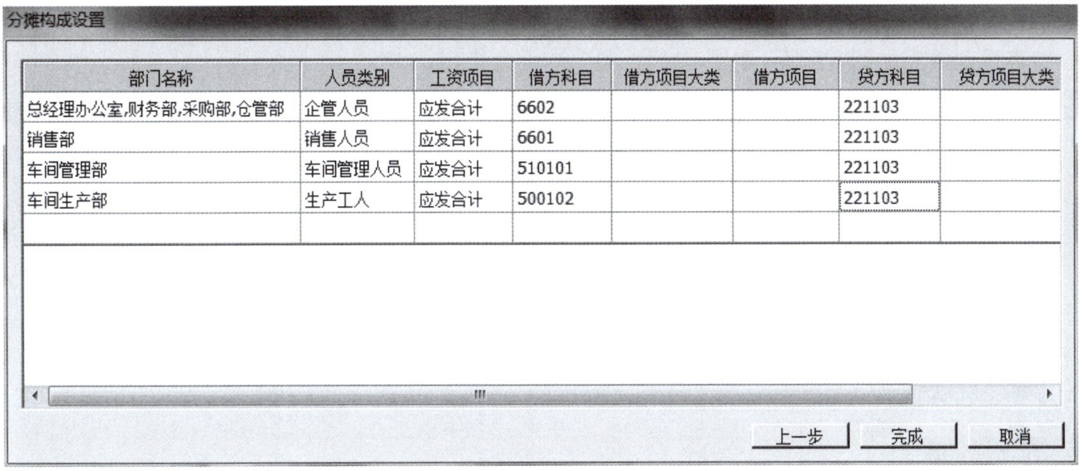

部门名称	人员类别	工资项目	借方科目	借方项目大类	借方项目	贷方科目	贷方项目大类
总经理办公室,财务部,采购部,仓管部	企管人员	应发合计	6602			221103	
销售部	销售人员	应发合计	6601			221103	
车间管理部	车间管理人员	应发合计	510101			221103	
车间生产部	生产工人	应发合计	500102			221103	

图7-23 单位承担社会保险费分摊科目设置的结果

③ 单击"完成"按钮,保存该分摊构成设置,系统返回"分摊类型设置"窗口。

④ 重复步骤②和③,完成"单位承担住房公积金"的分摊设置,设置"分摊计提比例"为12%,结果如图7-24和图7-25所示。

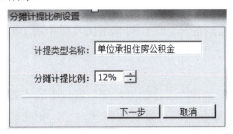

图7-24 单位承担住房公积金分摊计提比例设置

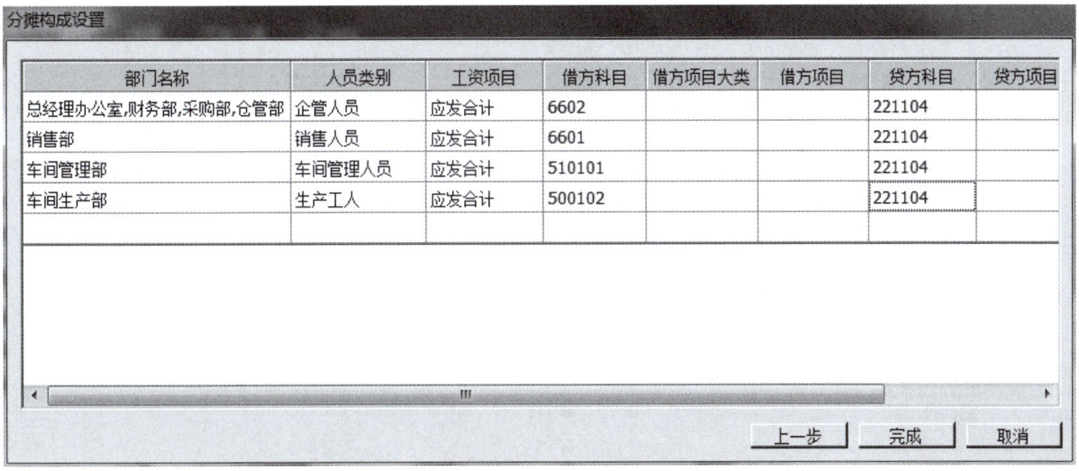

部门名称	人员类别	工资项目	借方科目	借方项目大类	借方项目	贷方科目	贷方项目
总经理办公室,财务部,采购部,仓管部	企管人员	应发合计	6602			221104	
销售部	销售人员	应发合计	6601			221104	
车间管理部	车间管理人员	应发合计	510101			221104	
车间生产部	生产工人	应发合计	500102			221104	

图7-25 单位承担住房公积金分摊科目设置的结果

⑤ 退出。单击"分摊构成设置"窗口中的"返回"按钮,系统返回"工资分摊"窗口。

⑥ 计提单位承担社会保险费。在打开的"工资分摊"窗口中,仅选中"单位承担社会保险费",并选中所有的核算部门,确认勾选"明细到工资项目"和"按项目核算",然后单击

"确定"按钮以完成计提工作,系统打开"工资分摊明细"窗口,显示"单位承担社会保险费一览表",结果如图7-26所示。

图 7-26　计提单位承担社会保险费一览表

⑦ 计提单位承担社会保险费的分摊制单。在"单位承担社会保险费一览表"窗口中,选中"合并科目相同、辅助项相同的分录",再单击工具栏中的"制单"按钮,系统打开"填制凭证"窗口,选择凭证分类为"记账凭证",单击"保存"按钮,保存该凭证,结果如图7-27所示。

⑧ 退出。单击"填制凭证"和"工资分摊明细"窗口中的"关闭"按钮,退出窗口。

⑨ 计提单位承担住房公积金制单。重复步骤⑥～⑧,完成单位承担住房公积金计提和制单,结果如图7-28和图7-29所示。

图 7-27　计提单位承担社会保险费制单结果

图 7-28 计提单位承担住房公积金一览表

图 7-29 计提单位承担住房公积金制单结果

5. 计提工会经费和职工教育经费

① 以"会计W02,操作日期2021年04月30日"登入企业应用平台。在"企业应用平台"的"业务工作"页签中,依次单击"人力资源/薪资管理/业务处理/工资分摊"菜单项,系统打开"工资分摊"窗口。在"工资分摊"窗口,单击其"工资分摊设置"按钮,系统打开"分摊类型设置"窗口。

② 工会经费的计提设置。在"分摊类型设置"窗口中,单击"增加"按钮,系统打开"分摊计提比例设置"窗口,在"计提类型名称"栏录入"工会经费",设置"分摊计提比例"为2%,结果如图7-30所示。单击"下一步"按钮,系统打开"分摊构成设置"窗口,在该窗口中,根据表7-7逐一编辑"部门名称""人员类别""工资项目"(应发合计)及"借方科目""贷方科目",录入完成的结果如图7-31所示。

图 7-30 工会经费分摊计提比例设置

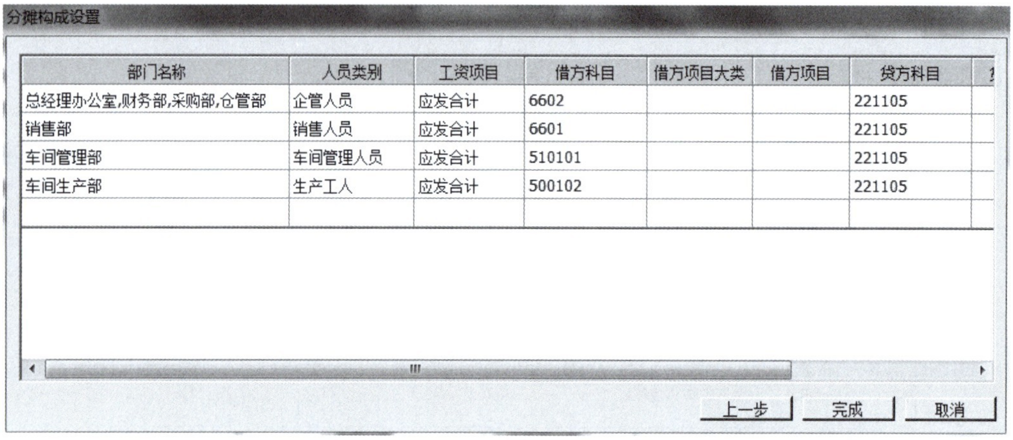

部门名称	人员类别	工资项目	借方科目	借方项目大类	借方项目	贷方科目
总经理办公室,财务部,采购部,仓管部	企管人员	应发合计	6602			221105
销售部	销售人员	应发合计	6601			221105
车间管理部	车间管理人员	应发合计	510101			221105
车间生产部	生产工人	应发合计	500102			221105

图 7-31 工会经费分摊科目设置的结果

③ 单击"完成"按钮，保存该分摊构成设置，系统返回"分摊类型设置"窗口。

④ 重复步骤②和③，完成"职工教育经费"分摊设置，设置"分摊计提比例"为8%，录入完成的结果如图7-32和图7-33所示。

图 7-32 职工教育经费分摊科目设置的结果

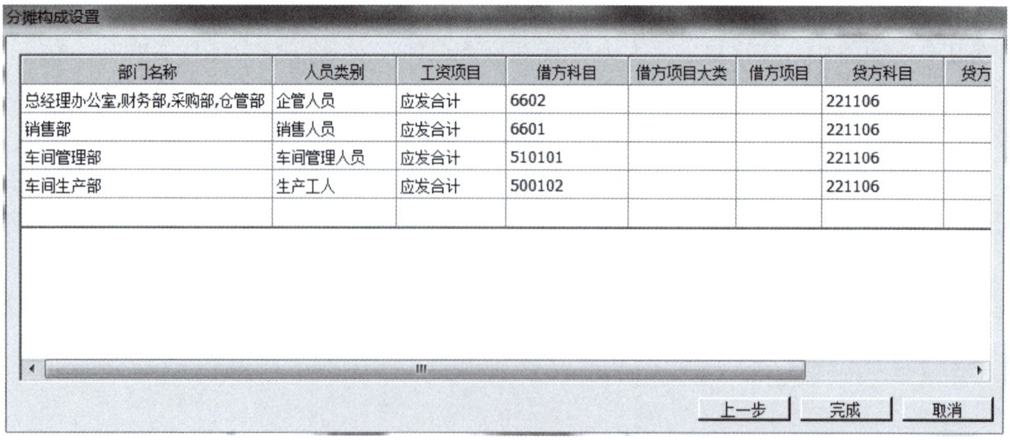

部门名称	人员类别	工资项目	借方科目	借方项目大类	借方项目	贷方科目
总经理办公室,财务部,采购部,仓管部	企管人员	应发合计	6602			221106
销售部	销售人员	应发合计	6601			221106
车间管理部	车间管理人员	应发合计	510101			221106
车间生产部	生产工人	应发合计	500102			221106

图 7-33 职工教育经费分摊科目设置的结果

⑤ 退出。单击"分摊构成设置"窗口中的"返回"按钮，系统返回"工资分摊"窗口。

⑥ 计提工会经费。打开"工资分摊"窗口，选中"计提工会经费"，并选中所有的核算部门，确认勾选"明细到工资项目"和"按项目核算"，单击"确定"按钮以完成计提工作，系统打开"工资分摊明细"窗口，显示"工会经费一览表"，结果如图7-34所示。

图 7-34 计提工会经费一览表

⑦ 工会经费的分摊制单。在"工资分摊明细"窗口中，选中"合并科目相同、辅助项相同的分录"，再单击工具栏中的"制单"按钮，系统打开"填制凭证"窗口，选择凭证分类为"记账凭证"，单击"保存"按钮，保存该凭证，结果如图7-35所示。

⑧ 退出。单击"填制凭证"和"工资分摊明细"窗口中的"关闭"按钮，退出窗口。

⑨ 计提职工教育经费。重复步骤⑥～⑧，完成职工教育经费的计提和制单，结果如图7-36和图7-37所示。

图 7-35 工会经费制单结果

图7-36 计提职工教育经费一览表

图7-37 职工教育经费制单结果

⑩ 退出。单击"填制凭证"和"工资分摊明细"窗口中的"关闭"按钮，退出窗口。

6. 计提个人承担的三险一金

① 以"会计W02，操作日期2021年04月30日"登入企业应用平台。在"企业应用平台"的"业务工作"页签中，依次单击"人力资源/薪资管理/业务处理/工资分摊"菜单项，系统打开"工资分摊"窗口。在"工资分摊"窗口，单击其"工资分摊设置"按钮，系统打开"分摊类型设置"窗口。

② 个人承担社会保险费的计提比例设置。在"分摊类型设置"窗口中，单击"增加"按钮，系统打开"分摊计提比例设置"窗口，在"计提类型名称"栏录入"个人承担社会保险费"，设置"分摊计提比例"为10.2%，结果如图7-38所示。单击"下一步"按钮，系统打开"分摊构成设置"窗口，在该窗口中，根据表7-8逐一编辑"部门名称""人员类别""工资项目"(应发合计)及"借方科目""贷方科目"，录入完成的结果如图7-39所示。

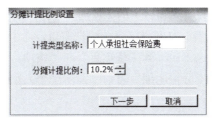

图 7-38 个人承担社会保险费分摊计提比例设置

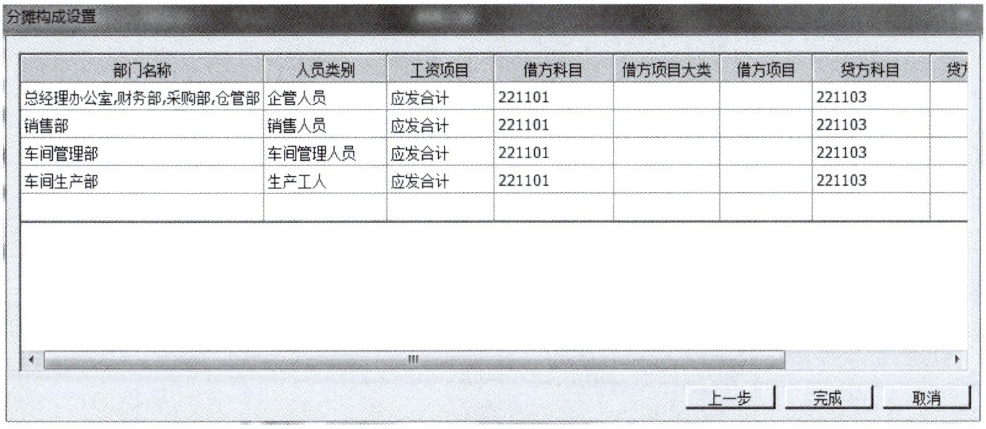

分摊构成设置

部门名称	人员类别	工资项目	借方科目	借方项目大类	借方项目	贷方科目	贷方
总经理办公室,财务部,采购部,仓管部	企管人员	应发合计	221101			221103	
销售部	销售人员	应发合计	221101			221103	
车间管理部	车间管理人员	应发合计	221101			221103	
车间生产部	生产工人	应发合计	221101			221103	

图 7-39 个人承担社会保险费分摊科目设置的结果

③ 单击“完成”按钮，保存该分摊构成设置，系统返回“分摊类型设置”窗口。

④ 重复步骤②和③，完成“个人承担住房公积金”的分摊设置，设置“分摊计提比例”为12%。结果如图7-40和图7-41所示。

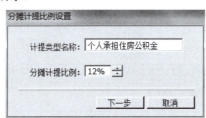

图 7-40 个人承担住房公积金分摊计提比例设置

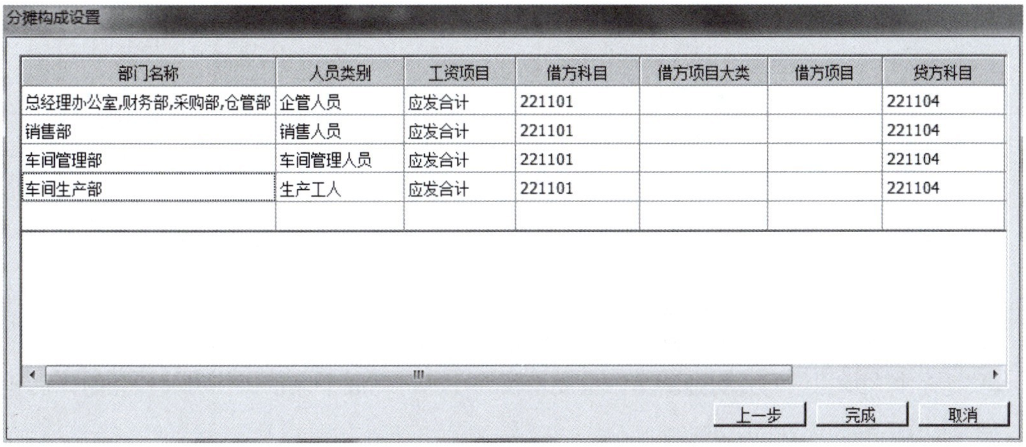

分摊构成设置

部门名称	人员类别	工资项目	借方科目	借方项目大类	借方项目	贷方科目
总经理办公室,财务部,采购部,仓管部	企管人员	应发合计	221101			221104
销售部	销售人员	应发合计	221101			221104
车间管理部	车间管理人员	应发合计	221101			221104
车间生产部	生产工人	应发合计	221101			221104

图 7-41 个人承担住房公积金分摊科目设置的结果

⑤ 退出。单击"分摊构成设置"窗口中的"返回"按钮,返回"工资分摊"窗口。

⑥ 计提个人承担社会保险费。打开"工资分摊"窗口,选中"个人承担社会保险费",并选中所有的核算部门,确认勾选"明细到工资项目"和"按项目核算",单击"确定"按钮以完成计提工作,系统打开"工资分摊明细"窗口,显示"个人承担社会保险费一览表",结果如图7-42所示。

图7-42 个人承担社会保险费一览表

⑦ 个人承担社会保险费的分摊制单。在"工资分摊明细"窗口中,选中"合并科目相同、辅助项相同的分录",再单击工具栏中的"制单"按钮,系统打开"填制凭证"窗口,选择凭证分类为"记账凭证",单击"保存"按钮,保存该凭证,结果如图7-43所示。

图7-43 个人承担社会保险费制单结果

⑧ 退出。单击"填制凭证"和"工资分摊明细"窗口中的"关闭"按钮,退出窗口。

⑨ 计提个人承担住房公积金制单。重复步骤⑥～⑧,完成个人承担住房公积金的计提和制单,结果如图7-44和图7-45所示。

图 7-44 个人承担住房公积金一览表

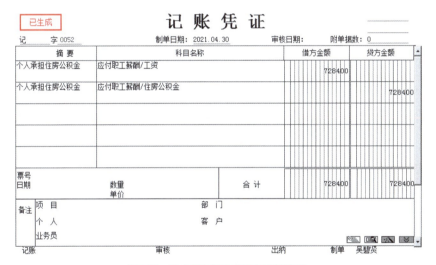

图 7-45 个人承担住房公积金制单结果

⑩ 退出。单击"填制凭证"和"工资分摊明细"窗口中的"关闭"按钮,退出窗口。

7. 代扣个人所得税

① 以"会计W02,操作日期2021年04月30日"登入企业应用平台。在"企业应用平台"的"业务工作"页签中,依次单击"财务会计/总账/凭证/填制凭证"菜单项,系统打开"填制凭证"窗口。

② 新增凭证。单击"填制凭证"窗口中的"增加"按钮("+"标志),系统打开一张空白的记账凭证。

③ 填制凭证。在其"摘要"栏中参照生成或填入"代扣个人所得税"。在第1行的"科目名称"栏中参照生成或录入"221101"(应付职工薪酬/工资),在"借方金额"中输入"18.71",然后按回车键;在第2行的"科目名称"栏中录入"222107"(应交税费/应交个人所得税),在"贷方金额"栏按"="键,由系统自动填充金额"18.71"。

④ 保存凭证。单击工具栏中的"保存"按钮,系统提示保存成功,退出信息提示框,结果

如图7-46所示。

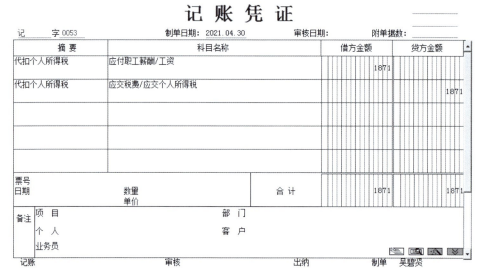

图7-46 代扣个人所得税的记账凭证

⑤ 退出。单击"填制凭证"窗口右上角的"关闭"按钮,关闭并退出该窗口。

实训三 数据查询与期末处理

实训任务

① 查询工资发放条。
② 查询部门工资汇总表。
③ 按部门进行工资项目构成分析表。
④ 月末结账处理。

任务解析

1. 背景知识

(1) 工资数据查询统计

工资数据处理结果最终通过工资报表的形式反映,工资系统提供了主要的工资报表,包括工资表、工资分析表。

(2) 月末处理

月末处理是将当月数据经过处理后结转至下月。每月工资数据处理完毕后均可进行月末结转。在工资项目中,有的项目是变动的,即每月的数据均不相同,因此每月工资处理时,需将其数据清为零,而后输入当月的数据,此类项目即为清零项目。

由于月末处理功能只有主管人员才能执行,所以应以主管的身份登录系统。

2. 岗位说明

以会计W02身份进行工资数据查询及期末处理。

实训指引

1. 查询工资发放条

① 以"会计W02,操作日期2021年04月30日"登入企业应用平台。在"企业应用平台"的"业务工作"页签中,依次单击"人力资源/薪资管理/统计分析/账表/工资表"菜单项,系统打开"工资表"窗口。

② 打开"工资发放条"窗口。在"工资表"窗口中选中"工资发放条",然后单击"查看"按钮,系统打开"工资发放条"窗口,选中所有部门和"选定下级部门",单击"确定"按钮,系统打开"工资发放条"窗口,结果如图7-47所示。

图7-47 "工资发放条"窗口

③ 退出。单击"工资发放条"窗口中的"退出"按钮。

2. 查询部门工资汇总表

① 以"会计W02,操作日期2021年04月30日"登入企业应用平台。在"企业应用平台"的"业务工作"页签中,依次单击"人力资源/薪资管理/统计分析/账表/工资表"菜单项,系统打开"工资表"窗口。

② 打开"部门工资汇总表"窗口。在"工资表"窗口中,选中"部门工资汇总表",然后单击"查看"按钮,系统打开"部门工资汇总表—选择部门范围"窗口,选中所有部门和"选定下级部门",单击"确定"按钮,系统弹出"部门工资汇总表"窗口,并默认选定了"一级部门"和"二级部门"复选框,单击"确定"按钮,打开"部门工资汇总表"窗口,结果如图7-48所示。

③ 单击"部门工资汇总表"窗口中的"退出"按钮,退出。

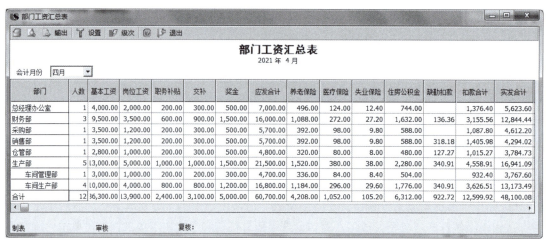

图 7-48 部门工资汇总表

3. 按部门进行工资项目构成分析表

① 以"会计W02,操作日期2021年04月30日"登入企业应用平台。在"企业应用平台"的"业务工作"页签中,依次单击"人力资源/薪资管理/统计分析/账表/我的账表/工资分析表"菜单项,系统打开"工资分析表"窗口。

② 在"工资分析表"窗口中,单击选中"部门工资项目构成分析表",系统打开"分析月份选择"窗口,单击"确定"按钮,选中所有部门和"选定下级部门",单击"确定"按钮,系统弹出"分析表选项"窗口,选定所有项目,单击"确定"按钮,打开"部门工资项目构成分析表"窗口,结果如图7-49所示。

图 7-49 部门工资项目构成分析表

③ 单击"部门工资项目构成分析表"窗口中的"退出"按钮,退出。

4. 月末结账处理

① 以"会计W02,操作日期2021年04月30日"登入企业应用平台。在"企业运用平台"的"业务工作"页签中,依次单击"人力资源/薪资管理/业务处理/月末处理"菜单项,系统打开"月末处理"窗口,结果如图7-50所示。

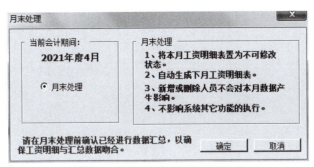

图 7-50　薪资管理系统月末处理窗口

② 结账。在"月末处理"窗口中,直接单击"确定"按钮,系统弹出"月末处理之后,本月工资将不许变动!继续月末处理吗?"信息提示框,单击"是"按钮,系统弹出"是否选择清零项?"信息提示框,单击"否"按钮,系统弹出"月末处理完毕!"信息提示框,单击"确定"按钮,即完成薪资管理系统的月末结账。

项目八 总账期末处理

实训一 月末业务处理

实训任务

① 30日，将"制造费用/工资"的金额"7,275.60"和"制造费用/折旧费"的金额"2,005.40"转入"生产成本/制造费用"科目。

② 30日，本月采购原材料全部到货入库。原始单据如图8-1、图8-2和图8-3所示(分别制单)。

入库单

验收仓库：原材料仓		交货单位：河北华工贸易有限公司				
入库类别：采购入库		入库日期：2021年04月30日			入库单号：20210401	
材料编号	材料名称	规格	计量单位	入库数量	单价	总金额
0101	普通发热盘		个	210	20.00	4,200.00
0102	经典发热盘		个	220	40.00	8,800.00
0103	智能发热盘		个	200	60.00	12,000.00
合　计：						￥25,000.00
部门负责人：略		交货人：略			制单人：徐倩月	

图8-1 入库单1

入库单

验收仓库：原材料仓		交货单位：北京润泽工贸有限公司				
入库类别：采购入库		入库日期：2021年04月30日			入库单号：20210402	
材料编号	材料名称	规格	计量单位	入库数量	单价	总金额
0104	普通辅材套件		件	210	81.42857	17,100.00
0105	经典辅材套件		件	220	91.59091	20,150.00
0106	智能辅材套件		件	200	101.7500	20,350.00
合　计：						￥57,600.00
部门负责人：略		交货人：略			制单人：徐倩月	

图8-2 入库单2

入库单

验收仓库：原材料仓　　　　交货单位：湖南翊森电器有限公司
入库类别：采购入库　　　　入库日期：2021年04月30日　　　　入库单号：20210403

材料编号	材料名称	规格	计量单位	入库数量	单价	总金额
0101	普通发热盘		个	100	20.00	2,000.00
0102	经典发热盘		个	100	40.00	4,000.00
0103	智能发热盘		个	100	60.00	6,000.00
合　计：						￥12,000.00

会计联

部门负责人：略　　　　交货人：略　　　　制单人：徐倩月

图 8-3　入库单 3

③ 30日，结转本月产成品入库成本。原始单据如图8-4所示(按产品分别制单)。

产品成本计算单

2021年4月30日　　　　　　　　　　　　　　　　　　　　　　金额单位：元

部门	产品名称	完工数量(件)	直接材料	直接人工	制造费用	单位成本	总成本
车间生产部	普通电饭煲	100	10,000.00	8,668.80	3,093.67	217.6247	21,762.47
	经典电饭煲	100	13,000.00	8,668.80	3,093.67	247.6247	24,762.47
	智能电饭煲	100	16,000.00	8,668.80	3,093.66	277.6246	27,762.46
合计			39,000.00	26,006.40	9,281.00		74,287.40

主管：略　　　　复核：略　　　　记账：略　　　　制单：略

图 8-4　产品成本计算单

④ 30日，对本月凭证进行复核并记账处理。

⑤ 30日，结转销售成本。

⑥ 30日，自定义转账设置：计提未交增值税转账公式、计提本月应交的城市维护建设税、教育费附加、地方教育费附加和计提本月企业所得税，并进行期间损益结转设置。

⑦ 30日，计提未交增值税。

⑧ 30日，计提相关附加税费。

⑨ 30日，期间损益结转(收入和支出分别制单)。

⑩ 30日，计提本月企业所得税。

⑪ 30日，结转本月企业所得税。

任务解析

1. 背景知识

(1) 理解自动转账

每个会计期末都需要进行大量的结转。"结转"，是指把一个会计科目的发生额或余额转移到该科目或另一个会计科目。结转的目的：一是结出本会计科目的余额；二是计算本报告期的成本；三是计算当期的损益；四是保持会计工作的连续性，一定要把本会计年度末的余额转到下一个会计年度。

例如，对"库存商品"科目，要结转本月的生产成本即注销已销产品的成本，目的就是求出库存商品的当前余额；为了计算本期的成本，需要结转的成本费用类的科目很多，诸如制造费用、基本生产成本、辅助生产成本等都要结转到生产成本科目；为了计算利润，要把当期的销售收入、销售成本、其他业务收入、其他业务成本、营业外收入、营业外支出、所得税、产品销售税金及期间费用(管理费用、销售费用、财务费用)等科目的发生额都结转到本年利润科目；最后要在会计年度末把所有会计科目的余额结转到下一个会计年度。

多数期末结转业务具有较强的规律性，而且每个月都会重复发生，如费用的分配、费用的分摊、费用的计提、税金的计算、成本费用的结转、期间损益的结转等。这些业务的凭证分录是固定的，金额来源和计算方法也是固定的，因而可以利用U8自动转账功能将处理这些经济业务的凭证模板定义下来，期末时通过调用这些模板来自动生成相关凭证。

(2) 定义自动转账

用友U8中提供了自定义转账、对应结转、销售成本结转、售价结转、汇兑损益结转、期间损益结转、自定义比例转账、费用摊销和预提几种类型的转账定义。

① 自定义转账。自定义转账指由用户自己定义转账凭证模板，定义内容包括转账序号、凭证类型、摘要、科目、借贷方向和金额公式。其中，金额公式需要利用U8提供的账务函数从总账或其他子系统中提取。

自定义转账设置具有通用性，下面介绍的另外几种类型的转账都是自定义转账对应于某种具体应用的特殊情况。

② 对应结转。对应结转是将某科目的余额按一定比例转入其他一个或多个科目，可一对一结转，也可一对多结转。对应结转只能结转期末余额。

③ 销售成本结转。销售成本结转，是将月末商品(或产成品)销售数量乘以库存商品(或产成品)的平均单价，计算各类商品销售成本并进行结转。销售成本结转只需告知系统库存商品科目、主营业务收入科目和主营业务成本科目，系统定义销售成本结转凭证如下：

借：主营业务成本　　　(库存商品余额/库存商品数量)×销量
　　贷：库存商品　　　　(库存商品余额/库存商品数量)×销量

库存商品科目、主营业务收入科目、主营业务成本科目及下级科目的结构必须相同，并且辅助账类必须完全相同。

④ 汇兑损益结转。汇兑损益结转用于期末自动计算外币账户的汇兑损益，并在转账生成中自动生成汇兑损益转账凭证。

⑤ 期间损益结转。期间损益结转用于在一个会计期间终了将损益类科目的余额结转到本年利润科目中，从而及时反映企业利润的盈亏情况。

定义转账凭证时，一定要注意这些凭证的生成顺序。例如，定义了结转销售成本、计算汇兑损益、结转期间损益、计提所得税、结转所得税5张自动转账凭证。因为销售成本、汇兑损益是期间损益的一部分，所以一定要先生成结转销售成本、计算汇兑损益的凭证并复核记账后，才能生成结转期间损益的凭证；因为要依据本期利润计提所得税，所以一定要先生成结转期间损益的凭证并复核记账后，才能生成计提所得税的凭证；因为有了所得税费用才能结转所得税至本年利润，所以一定要先生成计提所得税的凭证并复核记账后，才能生成结转所得税的凭证。故此，这5张凭证的顺序是结转销售成本、计算汇兑损益、结转期间损益、计提所得税、结转所得税，并且前一张凭证必须复核记账后才能继续生成后一张凭证。

(3) 生成转账凭证

凭证模板定义好以后，当每个月发生相关经济业务时可不必再通过手工录入凭证，可以直接调用已定义好的凭证模板来自动生成相关的记账凭证。

利用凭证模板生成记账凭证需要各月重复进行。

一般而言，只有在凭证记账后，账务函数才能取出相关数据。所以利用自动转账生成凭证时，一定要使相关凭证已经全部记账，这样才能保证取出完整的数据。例如，定义了一张根据本期利润计提所得税的凭证，那么要生成该张凭证，必须保证有关利润的凭证已经全部记账，否则，要么不能取出相应数据而导致金额为零而不能生成凭证，要么取出的数据不完整而导致所得税计提错误。

利用自动转账生成的凭证属于机制凭证，它仅代替了人工查账和填制凭证的环节，自动转账生成的凭证仍然需要审核记账。

2. 岗位说明

① 由会计吴碧贤进行公式定义和填制凭证。

② 由出纳杨丽娟对出纳凭证进行出纳签字。

③ 由会计主管罗培韶对所有凭证进行审核。

④ 由会计吴碧贤对所有凭证进行记账处理。

实训指引

1. 结转本月制造费用

① 以"会计W02，操作日期2021年04月30日"登入企业应用平台。在"企业应用平台"的"业务工作"页签中，依次单击"财务会计/总账/凭证/填制凭证"菜单项，系统打开"填制凭证"窗口。

② 新增凭证。单击"填制凭证"窗口中的"增加"按钮（"+"标志），系统打开一张空白的记账凭证。

③ 填制凭证。在其"摘要"栏中参照生成或填入"结转本月制造费用"。在第1行的"科目名称"栏中参照生成或录入"500103生产成本/制造费用"，在"借方金额"中输入"9,281.00"，然后按回车键；在第2行的"科目名称"栏中录入"510101制造费用/工资"，在"贷方金额"栏输入"7,275.60"；在第3行的"科目名称"栏中录入"510102制造费用/折旧费"，在"贷方金额"栏输入"2,005.40"。

④ 保存凭证。单击工具栏中的"保存"按钮，系统提示保存成功，退出信息提示框，结果如图8-5所示。

⑤ 退出。单击"填制凭证"窗口右上角的"关闭"按钮，关闭并退出该窗口。

记 账 凭 证

记 字 0054　　制单日期：2021.04.30　　审核日期：　　附单据数：

摘要	科目名称	借方金额	贷方金额
结转本月制造费用	生产成本/制造费用	928100	
结转本月制造费用	制造费用/工资		727560
结转本月制造费用	制造费用/折旧费		200540
	合计	928100	928100

图 8-5　结转本月制造费用的记账凭证

2. 本月采购原材料到货入库

① 以"会计W02，操作日期2021年04月30日"登入企业应用平台。在"企业应用平台"的"业务工作"页签中，依次单击"财务会计/总账/凭证/填制凭证"菜单项，系统打开"填制凭证"窗口。

② 新增凭证。单击"填制凭证"窗口中的"增加"按钮（"+"标志），系统打开一张空白的记账凭证。

③ 填制凭证。在其"摘要"栏中参照生成或填入"本月采购原材料到货入库"。在第1行的"科目名称"栏中参照生成或录入"140301原材料/普通发热盘"，单击其他区域系统将弹出"辅助项"窗口，根据入库单在其"数量"编辑框中输入"210"，"单价"编辑框中输入"20.00"，然后单击"确定"按钮，返回"填制凭证"窗口，"借方金额"栏系统自动填充金额"4,200.00"，然后按回车键；在第2行的"科目名称"栏中录入"140302原材料/经典发热盘"，单击其他区域系统将弹出"辅助项"窗口，在其"数量"编辑框中输入"220"，"单价"编辑框中输入"40.00"，然后单击"确定"按钮，返回"填制凭证"窗口，"借方金额"栏系统自动填充金额"8,800.00"，然后按回车键；在第3行的"科目名称"栏中录入"140303原材料/智能发热盘"，单击其他区域系统将弹出"辅助项"窗口，在其"数量"编辑框中输入"200"，"单价"编辑框中输入"60.00"，然后单击"确定"按钮，返回"填制凭证"窗口，"借方金额"栏系统自动填充金额"12,000.00"；在第4行的"科目名称"栏中录入"1402在途物资"，在"贷方金额"栏按"="键，由系统自动填充金额"25,000.00"。

④ 保存凭证。单击工具栏中的"保存"按钮，系统提示保存成功，退出信息提示框，结果如图8-6所示。

⑤ 新增其他入库凭证。重复步骤②～④，依据图8-1和图8-2新增其他领料入库凭证，结果如图8-7和图8-8所示。

图 8-6　原材料入库记账凭证 1

图 8-7　原材料入库记账凭证 2

图 8-8　原材料入库记账凭证 3

⑥ 退出。单击"填制凭证"窗口右上角的"关闭"按钮,关闭并退出该窗口。

3. 结转本月产成品入库成本

① 以"会计W02,操作日期2021年04月30日"登入企业应用平台。在"企业应用平台"的"业务工作"页签中,依次单击"财务会计/总账/凭证/填制凭证"菜单项,系统打开"填制凭证"窗口。

② 新增凭证。单击"填制凭证"窗口中的"增加"按钮("+"标志),系统打开一张空白的记账凭证。

③ 填制凭证。在"摘要"栏中参照生成或填入"结转本月产成品入库成本"。在第1行的"科目名称"栏中参照生成或录入"1405库存商品",单击其他区域,弹出"辅助项"窗口,根据产品成本计算方法在"数量"编辑框中输入"100",在"单价"编辑框中输入"217.6247",在"项目"名称栏参照输入"普通电饭煲",然后单击"确定"按钮,返回"填制凭证"窗口,系统自动填充"借方金额"栏金额"21,762.47",然后按回车键;在第2行的"科目名称"栏中录入"500101生产成本/直接材料",单击其他区域,系统弹出"辅助项"窗口,在"项目"名称栏参照输入"普通电饭煲",然后单击"确定"按钮,返回"填制凭证"窗口,在"贷方金额"栏填入金额"10,000.00",然后按回车键;在第3行的"科目名称"栏中录入"500102生产成本/直接人工",在"贷方金额"栏填入金额"8,668.80";在第4行的"科目名称"栏中录入"500103生产成本/制造费用",在"贷方金额"栏按"="键,由系统自动填充金额"3,093.67"。

④ 保存凭证。单击工具栏的"保存"按钮,系统提示保存成功,退出信息提示框,结果如图8-9所示。

图8-9 产成品入库记账凭证1

⑤ 新增其他入库凭证。重复步骤②~④,依据图8-4新增其他领料入库凭证,结果如图8-10和图8-11所示。

⑥ 退出。单击"填制凭证"窗口右上角的"关闭"按钮,关闭并退出该窗口。

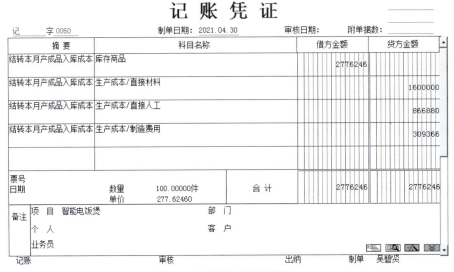

记 账 凭 证

记 字 0059　　制单日期：2021.04.30　　审核日期：　　附单据数：

摘要	科目名称	借方金额	贷方金额
结转本月产成品入库成本	库存商品	2476247	
结转本月产成品入库成本	生产成本/直接材料		1300000
结转本月产成品入库成本	生产成本/直接人工		866880
结转本月产成品入库成本	生产成本/制造费用		309367
票号 日期	数量 100.00000件 单价 247.62470	合计 2476247	2476247

备注　项　目　经典电饭煲　　部　门

个　人　　客　户

业务员

记账　　审核　　出纳　　制单　吴碧贤

图 8-10　产成品入库记账凭证 2

记 账 凭 证

记 字 0060　　制单日期：2021.04.30　　审核日期：　　附单据数：

摘要	科目名称	借方金额	贷方金额
结转本月产成品入库成本	库存商品	2776246	
结转本月产成品入库成本	生产成本/直接材料		1600000
结转本月产成品入库成本	生产成本/直接人工		866880
结转本月产成品入库成本	生产成本/制造费用		309366
票号 日期	数量 100.00000件 单价 277.62460	合计 2776246	2776246

备注　项　目　智能电饭煲　　部　门

个　人　　客　户

业务员

记账　　审核　　出纳　　制单　吴碧贤

图 8-11　产成品入库记账凭证 3

4. 凭证复核并记账

(1) 出纳签字

① 以“出纳W03，操作日期2021年04月30日”登入企业应用平台。在“企业应用平台”的“业务工作”页签中，依次单击“财务会计/总账/凭证/出纳签字”菜单项，系统弹出“出纳签字”窗口，单击“确定”按钮，打开“出纳签字列表”窗口。

② 出纳签字。单击要签字的凭证，进入该凭证的“出纳签字”窗口，查阅信息无误后单击工具栏中的“签字”按钮，即在凭证下方“出纳”处显示“杨丽娟”的名字，表示出纳签字完成。单击“下张凭证”按钮，查阅信息无误后再单击工具栏中的“签字”按钮，完成其他凭证的出纳签字。

③ 退出。单击“出纳签字”和“出纳签字列表”窗口右上角的“关闭”按钮，关闭并退出

窗口。

(2) 审核凭证

① 以"主管W01，操作日期2021年04月30日"登录企业应用平台。在"企业应用平台"的"业务工作"页签中，依次单击"财务会计/总账/凭证/审核凭证"菜单项，进入"凭证审核"窗口，单击"确定"按钮，系统打开"凭证审核列表"窗口。

② 会计主管审核。单击要审核的凭证，进入该凭证的"审核凭证"窗口，审核信息无误后单击工具栏中的"审核"按钮，即在凭证下方"审核"处显示"罗培韶"的名字，表示主管审核工作完成，并且系统自动进入"下张凭证"界面，查阅信息无误后再单击工具栏中的"审核"按钮，完成其他凭证的主管审核。

③ 退出。单击"审核凭证"和"凭证审核列表"窗口右上角的"关闭"按钮，关闭并退出窗口。

(3) 记账

① 以"会计W02，操作日期2021年04月30日"登录企业应用平台。在"企业应用平台"的"业务工作"页签中，依次单击"财务会计/总账/凭证/记账"菜单项，打开"记账"窗口。

② 记账。先单击窗口中的"全选"按钮，再单击"记账"按钮，系统自动记账完成，并弹出信息提示框。

③ 单击信息提示框中的"确定"按钮和"记账"窗口中的"退出"按钮，退出。

5. 结转销售成本

① 以"会计W02，操作日期2021年04月30日"登录企业应用平台。在"企业应用平台"的"业务工作"页签中，依次单击"财务会计/总账/期末/转账定义/销售成本结转"菜单项，系统打开"销售成本结转设置"窗口。

② 进行销售成本结转设置。在"销售成本结转设置"窗口中，对"库存商品科目"选择"1405库存商品"、"商品销售收入科目"选择"6001主营业务收入"、"商品销售成本科目"选择"6401主营业务成本"，单击"确定"按钮。

③ 打开"转账生成"窗口。在"企业应用平台"的"业务工作"页签中，依次单击"财务会计/总账/期末/转账生成"菜单项，系统打开"转账生成"窗口。

④ 编辑凭证。在"转账生成"窗口，选择"销售成本结转"，单击"确定"按钮，系统打开"销售成本结转一览表"，结果如图8-12所示；单击"确定"按钮，系统打开"转账"窗口，单击"保存"按钮，保存凭证，结果如图8-13所示。

⑤ 退出窗口。在"转账"窗口中，单击"退出"按钮退出该窗口，再单击"转账生成"窗口中的"取消"按钮。

⑥ 以"主管W01，操作日期2021年04月30日"登录企业应用平台。在"企业应用平台"的"业务工作"页签中，依次单击"财务会计/总账/凭证/审核凭证"菜单项，进入"凭证审核"窗口，单击"确定"按钮，系统打开"凭证审核列表"窗口。

⑦ 会计主管审核。单击要审核的凭证，进入该凭证的"审核凭证"窗口，审核信息无误后单击工具栏中的"审核"按钮，即在凭证下方"审核"处显示"罗培韶"的名字，表示主管审核工作完成，并且系统自动进入"下张凭证"界面，查阅信息无误后再单击工具栏中的"审核"按钮，完成其他凭证的主管审核。

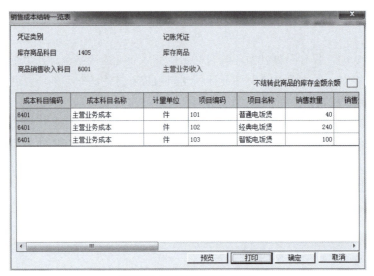

图 8-12　销售成本结转一览表

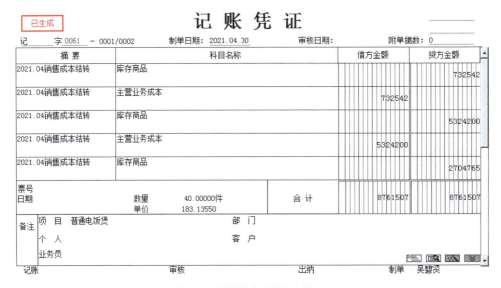

图 8-13　结转销售成本记账凭证

⑧ 退出。单击"审核凭证"和"凭证审核列表"窗口右上角的"关闭"按钮,关闭并退出窗口。

⑨ 打开"记账"窗口。以"会计W02,操作日期2021年04月30日"登入企业应用平台。在"企业应用平台"的"业务工作"页签中,依次单击"财务会计/总账/凭证/记账"菜单项,打开"记账"窗口。

⑩ 记账并退出。先单击窗口中的"全选"按钮,再单击"记账"按钮,系统自动记账完成,并弹出信息提示框。单击信息提示框中的"确定"按钮和"记账"窗口中的"退出"按钮,退出。

6. 自定义转账公式设置

(1) 计提未交增值税转账公式

① 在"总账"子系统中,依次单击"期末/转账定义/自定义转账"菜单项,系统打开"自

定义转账设置"窗口。

②增加计提未交增值税转账公式。单击工具栏中的"增加"按钮,在打开的窗口中编辑"转账序号"为0001、"转账说明"为"计提未交增值税",单击"确定"按钮,返回"自定义转账设置"窗口。

③编辑第1行。单击工具栏中的"增行"按钮,在"科目编码栏"输入22210103(应交税费/应交增值税/转出未交增值税),方向为"借",单击"金额公式"参照按钮,弹出"公式向导"窗口;在该窗口中,选择公式名称为"期末余额",单击"下一步"按钮,确认科目为"222101",单击"完成"按钮,返回"自定义转账设置"窗口,其公式结果为"QM(222101,月)"。

④编辑第2行。单击"增行"按钮,然后在"科目编码"栏输入222102(应交税费/未交增值税),方向为"贷",输入金额公式"JG( )"(取对方科目计算结果)。

⑤保存。单击工具栏中的"保存"按钮,以保存"计提未交增值税"的公式定义,结果如图8-14所示。

图8-14 计提未交增值税的设置结果

⑥退出。单击"自定义转账设置"窗口中的"退出"按钮,退出该窗口。

(2)计提本月应交的城市维护建设税、教育费附加和地方教育费附加公式

①在"企业应用平台"的"业务工作"页签中,依次单击"财务会计/总账/期末/转账定义/自定义转账"菜单项,系统打开"自定义转账设置"窗口。

②进行"计提城市维护建设税"转账设置。单击工具栏中的"增加"按钮,系统弹出"转账目录"窗口,编辑"转账序号"为0002、"转账说明"为"计提城市维护建设税",单击"确定"按钮,返回"自定义转账设置"窗口。

③转账公式的第1行设置。首先单击工具栏中的"增行"按钮,然后编辑其"科目编码"为6403(税金及附加),"方向"设定为"借";再单击其"金额公式"的参照按钮,在弹出的"公式向导"窗口中,选择"公式名称"为"JG()"(取对方科目计算结果),单击"完成"按钮,公式带回"自定义转账设置"窗口,按回车键完成第1行的编辑。

④转账公式的第2行设置。再单击工具栏中的"增行"按钮,然后编辑其"科目编码"为222104(应交城市维护建设税),"方向"设定为"贷";再单击其"金额公式"的参照按钮,在弹出的"公式向导"窗口中,选择"公式名称"为"期末余额",单击"下一步"按钮,编辑"科目"为222102(未交增值税),其他项默认,单击"完成"按钮,公式带回"自定义转账设置"窗口,然后将光标移至公式末尾,输入"*0.07",此时"金额公式"一栏中显示"QM(222102,月)*0.07"(期末余额的7%),最后按回车键,完成第2行的编辑。

⑤保存。单击"自定义转账设置"窗口工具栏中的"保存"按钮,保存转账公式设置,其

结果如图8-15所示。

图8-15 "计提城市维护建设税"转账公式定义结果

⑥ 重复步骤②~⑤，依据3%、2%计提比例，完成计提教育费附加和地方教育费附加的自定义转账设置，结果如图8-16和图8-17所示。

图8-16 "计提教育费附加"转账公式定义结果

图8-17 "计提地方教育费附加"转账公式定义结果

⑦ 退出。单击"自定义转账设置"窗口右上角的"关闭"按钮，关闭并退出该窗口。

(3) 计提本月企业所得税

① 在"企业应用平台"的"业务工作"页签中，依次单击"财务会计/总账/期末/转账定义/自定义转账"菜单项，系统打开"自定义转账设置"窗口。

② 进行"计算本月企业所得税"转账设置。在"自定义转账设置"窗口中，单击工具栏中的"增加"按钮，系统弹出"转账目录"窗口，编辑"转账序号"为0005、"转账说明"为"计算本月企业所得税"，单击"确定"按钮，返回"自定义转账设置"窗口。

③ 设置转账公式的第1行。单击工具栏中的"增行"按钮，编辑其"科目编码"为6801(所得税费用)，"方向"设定为"借"，单击"金额公式"的参照按钮，系统弹出"公式向导"窗口，选择"公式名称"为"QM(期末)"，单击"下一步"按钮，编辑"科目"为"4103(本

年利润)",勾选"继续输入公式"复选框,其他选项默认,单击"下一步"按钮,返回"公式向导"窗口;再选择"公式名称"为"常数",单击"下一步"按钮,编辑"*",在常数框中输入"0.25",然后单击"完成"按钮,完成第1行的编辑,公式带回"自定义转账设置"窗口。

④ 设置转账公式的第2行。单击工具栏中的"增行"按钮,编辑"科目编码"为222103(应交企业所得税),"方向"设定为"贷","金额公式"为"JG( )"(取对方科目计算结果)。

⑤ 保存。单击工具栏中的"保存"按钮,保存转账公式设置,其结果如图8-18所示。

图8-18 "计算本月企业所得税"转账公式定义结果

⑥ 退出。单击"自定义转账设置"窗口右上角的"关闭"按钮,关闭并退出该窗口。

(4) 设置期间损益结转

① 在"企业应用平台"的"业务工作"页签中,依次单击"财务会计/总账/期末/转账定义/期间损益"菜单项,系统打开"期间损益结转设置"窗口。

② 设置本年利润科目。在"期间损益结转设置"窗口中,参照生成或直接输入"本年利润科目"为"4103(本年利润)",然后单击窗口中的列表区,结果如图8-19所示。

图8-19 期间损益结转设置结果

③ 确定并退出。单击"期间损益结转设置"窗口中的"确定"按钮,确定设置并退出该窗口。

7. 计提未交增值税

① 打开"转账生成"窗口。在"总账"子系统中,依次单击"期末/转账生成"菜单项,系统打开"转账生成"窗口,并默认选中"自定义转账"单选项。

② 生成并保存转账凭证。双击编码为0001的记录行,以使其"是否结转"栏出现"Y"字样,表明选中了这一行,然后单击"转账生成"窗口中的"确定"按钮,系统打开"转账"窗口,默认显示计提未交增值税记账凭证,单击"保存"按钮,保存该凭证,结果如图8-20所示。

图8-20 计提未交增值税凭证

③ 退出。单击"转账"窗口中的"退出"按钮,退出该窗口,返回"转账生成"窗口,再单击窗口中的"取消"按钮,返回企业应用平台。

④ 以"主管W01,操作日期2021年04月30日"登入企业应用平台。在"企业应用平台"的"业务工作"页签中,依次单击"财务会计/总账/凭证/审核凭证"菜单项,进入"凭证审核"窗口,单击"确定"按钮,系统打开"凭证审核列表"窗口。

⑤ 会计主管审核。单击要审核的凭证,进入该凭证的"审核凭证"窗口,审核信息无误后单击工具栏中的"审核"按钮,即在凭证下方"审核"处显示"罗培韶"的名字,表示主管审核工作完成,并且系统自动进入"下张凭证"界面,查阅信息无误后再单击工具栏中的"审核"按钮,完成其他凭证的主管审核。

⑥ 退出。单击"审核凭证"和"凭证审核列表"窗口右上角的"关闭"按钮,关闭并退出窗口。

⑦ 打开"记账"窗口。以"会计W02,操作日期2021年04月30日"登入企业应用平台。在"企业应用平台"的"业务工作"页签中,依次单击"财务会计/总账/凭证/记账"菜单项,打开"记账"窗口。

⑧ 记账。先单击窗口中的"全选"按钮,再单击"记账"按钮,系统自动记账完成,并弹出信息提示框。

⑨ 单击信息提示框中的"确定"按钮和"记账"窗口中的"退出"按钮,退出。

8. 计提相关附加税费

① 在"总账"子系统中,依次单击"期末/转账生成"菜单项,系统打开"转账生成"窗口。

② 生成并保存转账凭证。在"转账生成"窗口中,选中左侧的"自定义转账"选项,然后双击编号为0002、0003和0004的记录行的"是否结转"栏,使其出现"Y"字样,再单击"确定"按钮,系统弹出"转账"窗口,默认显示"计提城市维护建设税"记账凭证,单击"保存"按钮,保存该凭证,结果如图8-21所示。

图 8-21 "计算城市维护建设税"转账凭证

③ 继续生成其他凭证并保存。单击"下一张凭证"按钮,再保存生成其他凭证,结果如图8-22、图8-23所示。

图 8-22 "计提教育费附加"转账凭证

图8-23 "计提地方教育费附加"转账凭证

④ 退出。单击"转账"窗口中的"退出"按钮,退出该窗口;再单击"转账生成"窗口右上角的"关闭"按钮,关闭该窗口。

⑤ 以"主管W01,操作日期2021年04月30日"登入企业应用平台。在"企业应用平台"的"业务工作"页签中,依次单击"财务会计/总账/凭证/审核凭证"菜单项,进入"凭证审核"窗口,单击"确定"按钮,系统打开"凭证审核列表"窗口。

⑥ 会计主管审核。单击要审核的凭证,进入该凭证的"审核凭证"窗口,审核信息无误后单击工具栏中的"审核"按钮,即在凭证下方"审核"处显示"罗培韶"的名字,表示主管审核工作完成,并且系统自动进入"下张凭证"界面,查阅信息无误后再单击工具栏中的"审核"按钮,完成其他凭证的主管审核。

⑦ 退出。单击"审核凭证"和"凭证审核列表"窗口右上角的"关闭"按钮,关闭并退出窗口。

⑧ 打开"记账"窗口。以"会计W02,操作日期2021年04月30日"登入企业应用平台。在"企业应用平台"的"业务工作"页签中,依次单击"财务会计/总账/凭证/记账"菜单项,打开"记账"窗口。

⑨ 记账。先单击窗口中的"全选"按钮,再单击"记账"按钮,系统自动记账完成,并弹出信息提示框。

⑩ 单击信息提示框中的"确定"按钮和"记账"窗口中的"退出"按钮,退出。

9. 期间损益结转

① 打开"转账生成"窗口。在"总账"子系统中,依次单击"期末/转账生成"菜单项,打开"转账生成"窗口。

② 生成并保存收入转账凭证。在"转账生成"窗口中,先选中左侧的"期间损益结转"单选项,再选择窗口上方的"类型"为"收入",并单击"全选"按钮,使表体的所有记录行的"是否结转"栏出现"Y"字样。单击"转账生成"窗口中的"确定"按钮,系统弹出"转账"窗口,默认显示"期间损益结转"收入的记账凭证,单击"保存"按钮,保存该凭证,结果如图8-24所示。

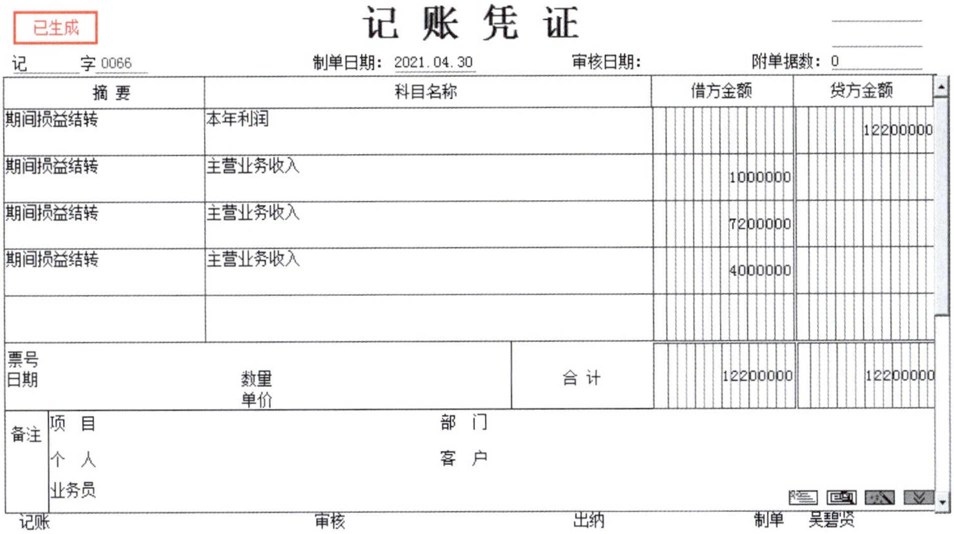

已生成

记账凭证

记 字 0066　　制单日期：2021.04.30　　审核日期：　　附单据数：0

摘要	科目名称	借方金额	贷方金额
期间损益结转	本年利润		12200000
期间损益结转	主营业务收入	1000000	
期间损益结转	主营业务收入	7200000	
期间损益结转	主营业务收入	4000000	
票号 日期　数量 单价	合计	12200000	12200000

备注　项目　部门　个人　客户　业务员

记账　审核　出纳　制单 吴碧贤

图 8-24　“期间损益结转”的收入结转凭证

③ 生成并保存支出转账凭证。单击“转账”窗口中的“退出”按钮，退出该窗口，返回“转账生成”窗口，此时选择窗口上方的“类型”为“支出”，并单击“全选”按钮，再单击“确定”按钮，系统弹出信息提示框，提示“有未记账凭证，是否继续结转”。单击“是”按钮，系统弹出“转账”窗口，默认显示“期间损益结转”支出的记账凭证，单击“保存”按钮，保存该凭证，结果如图8-25所示。

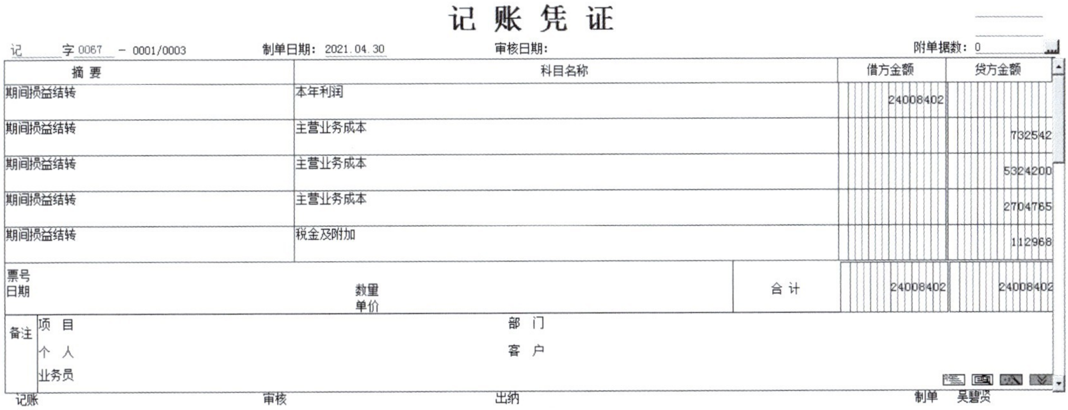

记账凭证

记 字 0067 - 0001/0003　　制单日期：2021.04.30　　审核日期：　　附单据数：0

摘要	科目名称	借方金额	贷方金额
期间损益结转	本年利润	24008402	
期间损益结转	主营业务成本		732542
期间损益结转	主营业务成本		5324200
期间损益结转	主营业务成本		2704765
期间损益结转	税金及附加		112968
票号 日期　数量 单价	合计	24008402	24008402

备注　项目　部门　个人　客户　业务员

记账　审核　出纳　制单 吴碧贤

图 8-25　“期间损益结转”的支出结转凭证

④ 在“转账”窗口中，单击“退出”按钮退出该窗口；再单击“转账生成”窗口中的“取消”按钮退出。

⑤ 以“主管W01，操作日期2021年04月30日”登入企业应用平台。在“企业应用平台”的“业务工作”页签中，依次单击“财务会计/总账/凭证/审核凭证”菜单项，进入“凭证审核”窗口，单击“确定”按钮，系统打开“凭证审核列表”窗口。

⑥ 会计主管审核。单击要审核的凭证，进入该凭证的"审核凭证"窗口，审核信息无误后单击工具栏中的"审核"按钮，即在凭证下方"审核"处显示"罗培韶"的名字，表示主管审核工作完成，并且系统自动进入"下张凭证"界面，查阅信息无误后再单击工具栏中的"审核"按钮，完成其他凭证的主管审核。

⑦ 退出。单击"审核凭证"和"凭证审核列表"窗口右上角的"关闭"按钮，关闭并退出窗口。

⑧ 以"会计W02，操作日期2021年04月30日"登入企业应用平台。在"企业应用平台"的"业务工作"页签中，依次单击"财务会计/总账/凭证/记账"菜单项，打开"记账"窗口。

⑨ 记账。先单击窗口中的"全选"按钮，再单击"记账"按钮，系统自动记账完成，并弹出信息提示框。

⑩ 单击信息提示框中的"确定"按钮和"记账"窗口中的"退出"按钮，退出。

10. 计提本月企业所得税

① 在"总账"子系统中，依次单击"期末/转账生成"菜单项，系统打开"转账生成"窗口。

② 生成并保存转账凭证。双击编号为0005的记录所在行的"是否结转"栏，使其出现"Y"字样，然后单击"确定"按钮，系统弹出"转账"窗口，默认显示本月企业所得税凭证，单击"保存"按钮，保存该凭证，结果如图8-26所示。

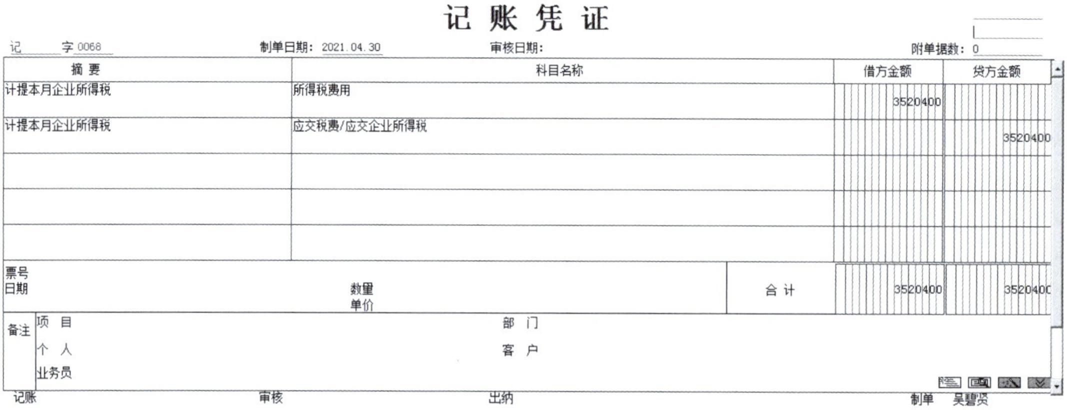

图8-26 "计提本月企业所得税"凭证

③ 退出。在"转账"窗口中，单击"退出"按钮退出该窗口，再单击"转账生成"窗口中的"取消"按钮。

④ 以"主管W01，操作日期2021年04月30日"登入企业应用平台。在"企业应用平台"的"业务工作"页签中，依次单击"财务会计/总账/凭证/审核凭证"菜单项，进入"凭证审核"窗口，单击"确定"按钮，系统打开"凭证审核列表"窗口。

⑤ 会计主管审核。单击要审核的凭证，进入该凭证的"审核凭证"窗口，审核信息无误后单击工具栏中的"审核"按钮，即在凭证下方"审核"处显示"罗培韶"的名字，表示主管审核工作完成，并且系统自动进入"下张凭证"界面，查阅信息无误后再单击工具栏中的"审核"按钮，完成其他凭证的主管审核。

⑥ 退出。单击"审核凭证"和"凭证审核列表"窗口右上角的"关闭"按钮,关闭并退出窗口。

⑦ 以"会计W02,操作日期2021年04月30日"登入企业应用平台。在"企业应用平台"的"业务工作"页签中,依次单击"财务会计/总账/凭证/记账"菜单项,打开"记账"窗口。

⑧ 记账。先单击窗口中的"全选"按钮,再单击"记账"按钮,系统自动记账完成,并弹出信息提示框。

⑨ 单击信息提示框中的"确定"按钮和"记账"窗口中的"退出"按钮,退出。

11. 结转本月企业所得税

① 在"总账"子系统中,依次单击"期末/转账生成"菜单项,系统打开"转账生成"窗口。

② 生成并保存转账凭证。先选中左侧的"期间损益结转"选项,然后双击"所得税费用"科目所在行,使其"是否结转"栏出现"Y"字样,再单击"确定"按钮,系统弹出"转账"窗口,默认显示"期间损益结转"记账凭证,单击"保存"按钮,保存该凭证,结果如图8-27所示。

记 字 0069	制单日期: 2021.04.30	审核日期:		附单据数: 0
摘要	科目名称		借方金额	贷方金额
期间损益结转	本年利润		3520400	
期间损益结转	所得税费用			3520400
		合计	3520400	3520400

图8-27 "所得税费用结转"凭证

③ 退出。在"转账"窗口中,单击"退出"按钮退出该窗口,再单击"转账生成"窗口中的"取消"按钮。

④ 打开"凭证审核列表"窗口。以"主管W01,操作日期2021年04月30日"登入企业应用平台。在"企业应用平台"的"业务工作"页签中,依次单击"财务会计/总账/凭证/审核凭证"菜单项,进入"凭证审核"窗口,单击"确定"按钮,系统打开"凭证审核列表"窗口。

⑤ 会计主管审核。单击要审核的凭证,进入该凭证的"审核凭证"窗口,审核信息无误后单击工具栏中的"审核"按钮,即在凭证下方"审核"处显示"罗培韶"的名字,表示主管审核工作完成,并且系统自动进入"下张凭证"界面,查阅信息无误后再单击工具栏中的"审核"按钮,完成其他凭证的主管审核。

⑥ 退出。单击"审核凭证"和"凭证审核列表"窗口右上角的"关闭"按钮,关闭并退出窗口。

⑦ 以"会计W02，操作日期2021年04月30日"登入企业应用平台。在"企业应用平台"的"业务工作"页签中，依次单击"财务会计/总账/凭证/记账"菜单项，打开"记账"窗口。

⑧ 记账。先单击窗口中的"全选"按钮，再单击"记账"按钮，系统自动记账完成，并弹出信息提示框。

⑨ 单击信息提示框中的"确定"按钮和"记账"窗口中的"退出"按钮，退出。

❖ **拓展任务：**

汇兑损益结转

汇兑损益的结转由会计W02吴碧贤进行处理，具体操作步骤如下。

① 在"企业应用平台"的"业务工作"页签中，依次单击"财务会计/总账/期末/转账定义/汇兑损益"菜单项，系统打开"汇兑损益结转设置"窗口。

② 在"汇兑损益结转设置"窗口中，选择"汇兑损益入账科目"为"6603财务费用"，选中"是否计算汇兑损益"栏，使得出现"Y"标志，单击"确定"按钮。

③ 在"企业应用平台"的"业务工作"页签中，依次单击"财务会计/总账/期末/转账生成"菜单项，系统打开"转账生成"窗口。

④ 在"转账生成"窗口中，选择外币币种为"美元"，单击"全选"按钮，再单击"确定"按钮，系统打开"汇兑损益试算表"，单击"确定"按钮，打开"转账"窗口，单击"保存"按钮，保存凭证。

⑤ 在"转账"窗口中，单击"退出"按钮退出该窗口，再单击"转账生成"窗口中的"取消"按钮退出。

实训二　数据查询与期末处理

实训任务

① 凭证查询。
② 查询管理费用明细账。
③ 查询现金日记账。
④ 对账。
⑤ 结账。

任务解析

1. 背景知识

(1) 凭证查询

查询是计算机系统较手工方式的优势之一。在凭证查询时，既可以查询已记账凭证，也可以查询未记账凭证；既可以查询作废凭证，也可以查询标错凭证；既可以按凭证号范围查询，也可以按日期查询；既可以按制单人查询，也可以按审核人或出纳人查询；通过设置辅助查询条件，可以按科目、摘要、金额、外币、数量、结算方式或各种辅助项查询，快捷方便。

(2) 账簿查询

总账系统中提供了强大的账簿查询功能，不仅可以查看总账、明细账、日记账、发生额余额表、多栏账、序时账等基本会计账簿，还可以实现对部门核算、客户往来、供应商往来、个人往来和项目核算辅助账簿的查询。

相对于手工会计，利用会计信息系统中的账簿查询功能不仅可以查询已记账凭证的数据，还可以查看未记账凭证的数据，并且可以轻松实现总账、明细账、日记账和凭证的联查。

(3) 对账

对账是对账簿数据进行核对，以检查记账是否正确，是否账账相符。对账的内容包括总账与明细账、总账与辅助账的核对。正常情况下，由于数出一源，所有账簿上的数据均来自凭证，因此系统自动记账后，应该是账账相符的。但由于非法操作或计算机病毒等原因有时可能会造成数据被破坏，因此需要使用对账及试算平衡功能进行检查。

(4) 结账

每月工作结束后，月末都要进行结账。结账前最好进行数据备份。

本月结账时，系统会进行下列检查工作。

- 检查本月业务是否已全部记账，有未记账凭证时不能结账。
- 检查上月是否已结账，上月未结账，则本月不能结账。实际上，上月未结账，本月也不能记账，只能填制、复核凭证。
- 核对总账与明细账、总账与辅助账，账账不符不能结账。
- 对科目余额进行试算平衡，试算结果不平衡将不能结账。
- 损益类账户是否已结转至本年利润。
- 当各子系统集成应用时，总账系统必须在其他各子系统结账后才能最后结账。

结账后，当月不能再填制凭证，并终止各账户的记账工作。同时，系统会自动计算当月各账户发生额合计及余额，并将其转入下月月初。

2. 岗位说明

由会计吴碧贤进行数据查询与期末对账、结账处理。

实训指引

1. 凭证查询

① 在"企业应用平台"的"业务工作"页签中，依次单击"财务会计/总账/凭证/查询凭证"菜单项，系统打开"凭证查询"窗口，结果如图8-28所示。

② 打开"查询凭证列表"窗口。在"凭证查询"窗口中，选择"全部凭证"选项，选择"凭证类别"为"记账凭证"，月份为"2021年4月"。单击"确定"按钮，系统打开"查询凭证列表"窗口，双击打开任意序号凭证进入记账凭证进行查看。

图 8-28 "凭证查询"窗口

2. 查询管理费用明细账

① 以"会计W02,操作日期2021年04月30日"登入企业应用平台。在"企业应用平台"的"业务工作"页签中,依次单击"财务会计/总账/账表/科目账/明细账"菜单项,打开"明细账查询条件"窗口。

② 在"科目"栏中选择科目"6602",单击"确定"按钮,打开"管理费用明细账"窗口,如图8-29所示。

管理费用明细账

科目:6602 管理费用   月份:2021.04-2021.04

| 2021年 | | 凭证号数 | 摘要 | 借方 | 贷方 | 方向 | 余额 |
月	日						
04	02	记-0004	计提总经理房租费用_总经理办公室	6,000.00		借	6,000.00
04	03	记-0008	购置办公用品_财务部	1,130.00		借	7,130.00
04	17	记-0043	计提第[4]期间折旧_总经理办公室	3,564.00		借	10,694.00
04	17	记-0043	计提第[4]期间折旧_财务部	316.80		借	11,010.80
04	17	记-0043	计提第[4]期间折旧_采购部	211.20		借	11,222.00
04	30	记-0046	工资总额_总经理办公室	7,000.00		借	18,222.00
04	30	记-0046	工资总额_财务部	16,000.00		借	34,222.00
04	30	记-0046	工资总额_采购部	5,700.00		借	39,922.00
04	30	记-0046	工资总额_仓管部	4,800.00		借	44,722.00
04	30	记-0047	单位承担社会保险费_总经理办公室	2,296.00		借	47,018.00
04	30	记-0047	单位承担社会保险费_财务部	5,248.00		借	52,266.00
04	30	记-0047	单位承担社会保险费_采购部	1,869.60		借	54,135.60
04	30	记-0047	单位承担社会保险费_仓管部	1,574.40		借	55,710.00
04	30	记-0048	单位承担住房公积金_总经理办公室	840.00		借	56,550.00
04	30	记-0048	单位承担住房公积金_财务部	1,920.00		借	58,470.00
04	30	记-0048	单位承担住房公积金_采购部	684.00		借	59,154.00
04	30	记-0048	单位承担住房公积金_仓管部	576.00		借	59,730.00
04	30	记-0049	工会经费_总经理办公室	140.00		借	59,870.00
04	30	记-0049	工会经费_财务部	320.00		借	60,190.00
04	30	记-0049	工会经费_采购部	114.00		借	60,304.00
04	30	记-0049	工会经费_仓管部	96.00		借	60,400.00
04	30	记-0050	职工教育经费_总经理办公室	560.00		借	60,960.00

图 8-29 "管理费用明细账"窗口

3. 查询现金日记账

① 以"出纳W03,操作日期2021年04月30日"登入企业应用平台。在"企业应用平台"的"业务工作"页签中,依次单击"财务会计/总账/出纳/现金日记账"菜单项,打开"现金日记账查询条件"窗口,结果如图8-30所示。

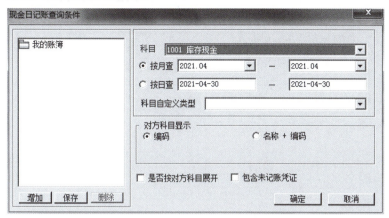

图8-30 "现金日记账查询条件"窗口

② 单击"确定"按钮,打开"现金日记账"窗口,如图8-31所示。

现金日记账

科目 1001 库存现金　　　月份: 2021.04-2021.04

2021年		凭证号数	摘要	对方科目	借方	贷方	方向	余额
月	日							
			月初余额				借	6,000.00
04	01	记-0003	预支差旅费	1221		2,000.00	借	4,000.00
04	01		本日合计			2,000.00	借	4,000.00
04	02	记-0006	提取现金备用	100201	5,000.00		借	9,000.00
04	02		本日合计		5,000.00		借	9,000.00
04	03	记-0007	报销差旅费	6601,22210101		3,784.00	借	5,216.00
04	03	记-0008	购置办公用品	6602		1,130.00	借	4,086.00
04	03		本日合计			4,914.00	借	4,086.00
04	05	记-0015	其他应收单	1122		550.00	借	3,536.00
04	05		本日合计			550.00	借	3,536.00
04	09	记-0026	其他应收单	1122		-550.00	借	4,086.00
04	09		本日合计			-550.00	借	4,086.00
04			当前合计		5,000.00	6,914.00	借	4,086.00
04			当前累计		5,000.00	6,914.00	借	4,086.00
			结转下年				借	4,086.00

图8-31 "现金日记账"窗口

4. 对账

① 以"会计W01,操作日期2021年04月30日"登入企业应用平台。在"企业运用平台"的"业务工作"页签中,依次单击"财务会计/总账/期末/对账"菜单项,打开"对账"窗口,结果如图8-32所示。

② 对账设置。在"对账"窗口中，将光标定位在"2021.04"所在行，然后单击工具栏中的"选择"按钮，使其"是否对账"栏出现"Y"字样，结果如图8-32所示。

③ 对账。单击工具栏中的"对账"按钮，系统自动对账并显示对账结果，如图8-32所示。

图 8-32　总账系统月末对账示意图

④ 试算。单击"试算"按钮，可以对各科目类别余额进行试算平衡，结果如图8-33所示。

图 8-33　总账系统月末试算结果

⑤ 退出。单击试算结果窗口中的"确定"按钮，返回"对账"窗口，再单击"对账"窗口中的"退出"按钮，退出该窗口。

❖ **特别提醒：**
- 若对账结果为账账相符，则对账月份的"对账结果"栏显示"正确"。
- 若对账结果为账账不符，则对账月份的"对账结果"栏显示"错误"，单击工具栏中的"错误"按钮，可查看引起账账不符的原因。

5. 结账

① 以"会计W01，操作日期2021年04月30日"登入企业应用平台。在"总账"子系统中，依次单击"期末/结账"菜单项，系统打开"结账"窗口。

② 对账。在"结账"窗口中，单击要结账的月份"2021.04"，然后单击"下一步"按钮，系统进入"核对账簿"界面，单击"对账"按钮，系统对要结账的月份进行账账核对，结果如图8-34所示。

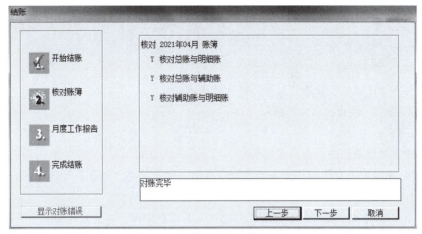

图 8-34　总账系统月末"结账"窗口

③ 结账。单击"下一步"按钮，系统显示"2021年04月工作报告"窗口，结果如图8-35所示。

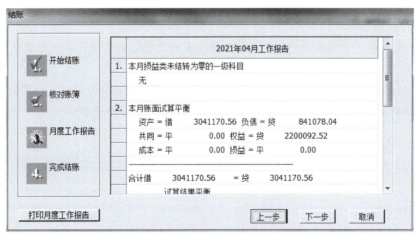

图 8-35　"2021年04月工作报告"窗口

④ 查看"04月工作报告"后，再单击"下一步"按钮，若符合结账要求，则系统自动进行结账，否则不予结账。

⑤ 结账并退出。单击"结账"窗口中的"结账"按钮，系统结账并退出该窗口。

❖ **特别提醒：**
- ◇ 结账只能由有结账权的人进行。
- ◇ 结账必须按月连续进行，若上月未结账，则本月不能结账。
- ◇ 若本月还有未记账凭证(包括作废凭证)时，则本月不能结账。
- ◇ 若总账与明细账对账不符，则不能结账。
- ◇ 已结账月份不能再填制凭证。

❖ **拓展任务：**

1. 反结账

反结账操作只能由账套主管执行，操作步骤如下。

① 在"企业应用平台"的"业务工作"页签中，依次单击"财务会计/总账/期末/结账"菜单项，系统打开"结账"窗口。

② 选择要取消结账的月份"2021.04"。

③ 按Ctrl+Shift+F6键，激活"取消结账"功能。

④ 单击"确认"按钮，取消结账标志。

2. 取消记账

若需要恢复记账前状态，操作步骤如下。

① 在"企业应用平台"的"业务工作"页签中，依次单击"财务会计/总账/期末/对账"菜单项，系统打开"对账"窗口。

② 在期末对账界面，按Ctrl+H键，在"凭证"菜单中增加"恢复记账前状态"菜单项(如再次按下Ctrl+H键则隐藏此菜单项)。

③ 依次单击"总账/凭证/恢复记账前状态"命令，打开"恢复记账前状态"窗口。选择恢复方式："最近一次记账前状态"，该方式一般用于记账时系统造成的数据错误的恢复；"上个月初状态"，恢复到上个月初未记账时的状态，例如，如果登录时间为2021.04，则系统提示可恢复到2021.04初状态。

④ 选择是否恢复"往来两清标志"和选择恢复两清标志的月份，系统根据选择，在恢复时，清除恢复月份的两清标志。

⑤ 系统提供灵活的恢复方式，可以根据需要不必恢复所有的会计科目，将需要恢复的科目从"不恢复的科目"选入"恢复的科目"，即可只恢复需要恢复的科目。

项目九 UFO 报表管理

实训一 利用报表模板生成报表

实训任务

1. 利用UFO报表模板制作资产负债表。
2. 利用UFO报表模板制作利润表。

任务解析

1. 背景知识

(1) UFO报表系统的作用

UFO报表系统是报表处理的工具。利用UFO报表既可以编制对外财务报表,又可以编制各种内部报表。

(2) 格式状态与数据状态

报表编制主要分为报表格式设计和报表数据处理,从窗口左下角的"格式/数据"可以看出。

报表格式设计是指在计算机系统中建立一张报表中相对固定的部分,包括设置报表行列数、定义组合单元、画表格线、定义报表关键字、设置公式等。

报表数据处理是根据预先设置的报表格式和报表公式进行数据采集、计算、汇总等,生成会计报表。

(3) 关键字

关键字是指引U8系统从何处取得报表数据的唯一指引。关键字在格式状态下定义,在数据状态下需要输入关键字值。系统会自动根据录入的关键字值从机内账簿中读取数据,生成报表。

(4) 报表模板

对外财务报表常用的有资产负债表、利润表、现金流量表和所有者权益变动表。这些表的格式在会计制度中有统一的规定。为了减轻财务人员的工作量,U8系统中已经预先设置好这类固定格式报表,称为报表模板。利用U8系统预置的报表模板,企业财务人员可以迅速建立起本单位的财务报表。

对于一些企业常用报表模板中没有提供的报表,在自定义完这些报表的格式和公式后,可以将其定义为报表模板,以便以后直接调用。

2. 岗位说明

以主管W01身份调用模板生成资产负债表和利润表。

实训指引

1. 利用UFO报表模板制作资产负债表

(1) 调用"资产负债表"模板

① 打开"UFO报表"窗口。以"主管W01，操作日期2021年04月30日"登入企业应用平台。在"企业应用平台"的"业务工作"页签中，依次单击"财务会计/UFO报表"菜单项，系统打开"UFO报表"窗口；单击菜单栏中的"文件/新建"菜单项，系统新建一个报表，默认报表名为report1。单击菜单栏中的"格式/报表模板"菜单项，系统打开"报表模板"对话框。

② 在"报表模板"对话框中，选择"所在的行业"为"2007年新会计制度科目"，"财务报表"为"资产负债表"，然后单击"确认"按钮，系统弹出"模板格式将覆盖本表格式！是否继续？"信息提示框。

③ 单击提示框中的"确定"按钮，即可打开"资产负债表"模板，系统返回"report1"窗口，此时处于格式状态(该窗口的左下角有"格式"字样)，结果如图9-1所示。

图9-1 "资产负债表"模板

④ 保存报表模板。在"report1"窗口中，单击菜单栏中的"文件/保存"菜单项，如果是第一次保存，系统会打开"另存为"对话框；在"另存为"对话框中，选择要"保存在"的文件夹，并输入报表的"文件名"为"资产负债表"，选择"文件类型"为"*.rep"，然后单击"另存为"按钮，保存报表格式，此时"report1"窗口的标题变为"资产负债表"，即现在"report1"窗口已经变为"资产负债表"窗口了。

(2) 生成资产负债表数据并保存

① 切换状态为"数据"状态。在"资产负债表"窗口中，单击其左下角的"格式"按钮，则该按钮切换为"数据"，表明当前状态是"数据"状态。

② 设置提示选择账套。单击菜单栏中的"数据/计算时提示选择账套"菜单项，设置在进行报表的数据计算时，提示选择账套。

③ 打开"录入关键字"对话框。单击菜单栏中的"数据/关键字/录入"菜单项，系统打开"录入关键字"对话框。

④ 录入关键字。在"录入关键字"对话框中，输入关键字"年"为"2021"，"月"为"4"，"日"为"30"，结果如图9-2所示。

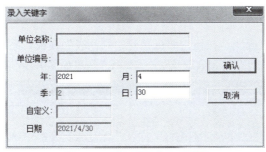

图9-2 "录入关键字"对话框

⑤ 打开选择账套窗口。在"录入关键字"对话框中，单击"确认"按钮，系统弹出"是否重算第1页？"信息提示框，单击"是"按钮，系统弹出企业应用平台的"登录"界面。

⑥ 选择账套。在"操作员"编辑栏中，输入"罗培韶"，选择账套"[021]"，然后单击"登录"按钮，系统会自动根据单元公式计算4月份的数据，结果如图9-3所示。

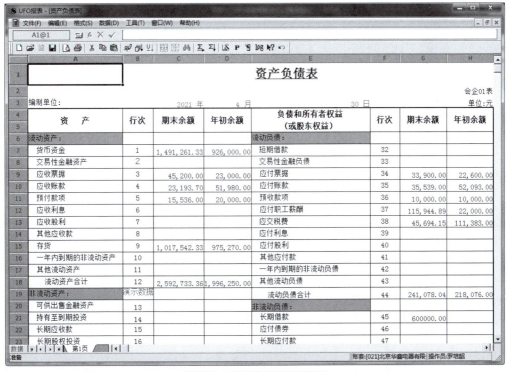

图9-3 4月份资产负债表数据

⑦ 保存4月份的资产负债表数据。单击菜单栏中的"文件/保存"菜单项或工具栏中的"保存"按钮，保存该文件。

2. 利用 UFO 报表模板制作利润表

(1) 调用"利润表"模板

① 打开"UFO报表"窗口。在"财务会计"子系统中，双击"UFO报表"菜单项，系统打开"UFO报表"窗口；单击菜单栏中的"文件/新建"菜单项，系统新建一个报表，报表名默认为"report2"。单击菜单栏中的"格式/报表模板"菜单项，系统打开"报表模板"对话框。

② 在"报表模板"对话框中，选择"所在的行业"为"2007年新会计制度科目"，"财务报表"为"利润表"，然后单击"确认"按钮，系统弹出"模板格式将覆盖本表格式！是否继续？"信息提示框。

③ 单击提示框中的"确认"按钮，即可打开"利润表"模板，系统返回"report2"窗口，此时处于格式状态(该窗口的左下角有"格式"字样)，结果如图9-4所示。

图 9-4 "利润表"模板

④ 插入行。选中第12行，单击菜单栏中的"编辑/插入/行"菜单项，系统弹出"插入行"窗口，插入行数量选择"1"，单击"确定"按钮，表格插入新的一行。

⑤ 新增"信用减值损失"项目。在"A12"单元格输入"信用减值损失"，并调整其格式。

⑥ 修改"行数"编号。在"B12"单元格中输入"8"，并调整"B13～B25"所对应的行数编号。

⑦ 定义"信用减值损失"项目"本期金额"公式。选中C12单元格，单击"数据/编辑公式/单元公式"菜单项，系统弹出"定义公式"对话框。

⑧ 在"定义公式"对话框中单击函数向导，系统打开"函数向导"对话框，选择用友账务

函数下的"发生(FS)"函数,单击"下一步"按钮,进入"用友账务函数"对话框。

⑨ 单击"参照"按钮,系统进入"账务函数"对话框。在"账务函数"对话框中选择科目为"6702",其他系统默认;单击"确定"按钮,系统返回"用友账务函数"对话框(请注意:所有符号必须为半角),结果如图9-5所示。

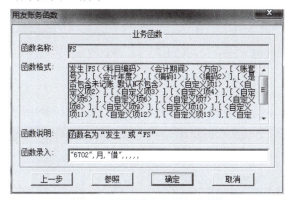

图9-5 "用友账务函数"对话框

⑩ 单击"确定"按钮,系统返回"定义公式"对话框,结果如图9-6所示。

图9-6 "定义公式"对话框

⑪ 单击"确认"按钮,返回"利润表"模板,结果如图9-7所示。

图9-7 "利润表"模板

⑫ 定义其他项目公式。将鼠标指针移至"D11"单元格,复制其公式并粘贴至"D12"单元格;双击"C16"单元格,系统弹出"营业利润"的"定义公式"对话框,将该公式修改为"?C5-?C6-?C7-?C8-?C9-?C10-?C11-?C12+?C13+?C14",结果如图9-8所示。

图9-8 "定义公式"对话框

⑬ 单击"确认"按钮,系统返回"利润表"模板,结果如图9-9所示。

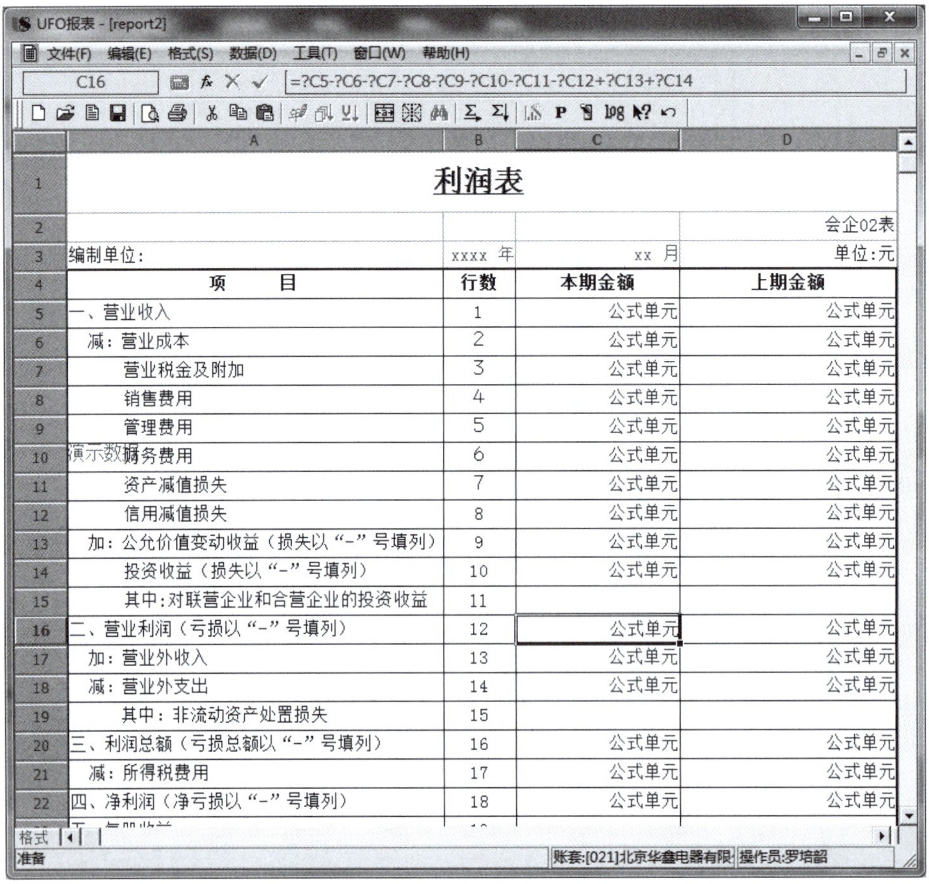

图9-9 "利润表"模板

⑭ 保存报表模板。单击菜单栏中的"文件/保存"菜单项或工具栏中的"保存"按钮,如果是第一次保存,则系统打开"另存为"对话框;在"另存为"对话框中,选择要"保存在"的文件夹,并输入报表的"文件名"为"利润表",选择"文件类型"为"*.rep",然后单击"另存为"按钮,保存报表格式,此时"report2"窗口的标题变为"利润表"。

(2) 生成利润表数据并保存

① 切换状态为"数据"状态。在"利润表"窗口中,单击其左下角的"格式"按钮,则该按钮切换为"数据",表明当前状态是"数据"状态。

② 设置提示选择账套。单击菜单栏中的"数据/计算时提示选择账套"菜单项,设置在进行

报表的数据计算时，提示选择账套。

③ 打开"录入关键字"对话框。单击窗口菜单栏中的"数据/关键字/录入"菜单项，系统打开"录入关键字"对话框。

④ 录入关键字。在"录入关键字"对话框中，输入关键字"年"为"2021"、"月"为"4"，结果如图9-10所示。

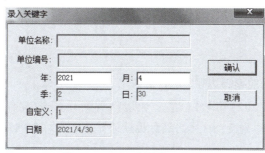

图9-10 "录入关键字"对话框

⑤ 打开选择账套窗口。在"录入关键字"对话框中，单击"确认"按钮，系统弹出"是否重算第1页？"信息提示框，单击"是"按钮，系统弹出企业应用平台的"登录"界面。

⑥ 选择账套。在"操作员"编辑栏中输入"罗培韶"，选择账套"[021]"，然后单击"登录"按钮，系统会自动根据单元公式计算4月份的数据，结果如图9-11所示。

图9-11 4月份利润表数据

⑦ 保存4月份的利润表数据。单击工具栏中的"保存"按钮，保存该文件。

⑧ 退出。单击窗口菜单栏中的"文件/退出"菜单项，退出该窗口。

实训二　利用自定义功能生成报表

实训任务

1. 利用自定义报表功能编制边际贡献计算表

4月30日，编制企业2021年4月份的企业边际贡献计算表(文件名为"边际贡献计算表.rep")，假设主营业务成本为变动成本。边际贡献计算表格式如表9-1所示。

表9-1　边际贡献计算表格式

边际贡献计算表

2021年4月

主要商品	普通电饭煲	经典电饭煲	智能电饭煲	合计
销售收入				
变动成本				
边际贡献率				
加权平均边际贡献率				

2. 利用自定义报表功能编制销售预算表

假设条件如下。

① 客户所欠货款，5月份将会收回，根据合同规定，5月份各种产品单价不变，销售订单增加150%。

② 收款方式：合同规定的收款方式为各月的货款应在当月收到80%，其余20%在下月收回；不考虑期初应收账款及坏账准备(注意：数量四舍五入取整)。

4月30日，根据假设条件编制企业2021年5月份的企业销售预算表(文件名为"销售预算表.rep")，格式如表9-2所示。

表9-2　销售预算表格式

销售预算表(5月)

存货编码	存货名称	预计销售数量	含税售价	预计销售金额	预计销售收入	月末应收账款	现金收入合计
0201	普通电饭煲		290.00				
0202	经典电饭煲		377.00				
0203	智能电饭煲		551.00				
合计		……	……				

任务解析

1. 背景知识

编制自定义报表的流程如下。

(1) 启动UFO，新建报表

在UFO报表系统中新建报表时，系统自动建立一张空表，默认表名为report1，并自动进入"格式"设计状态。在保存文件时按照文件命名的基本规定为这张报表命名。

(2) 报表格式设计

在格式状态下进行报表的格式设计时，格式对整个报表都有效，包括以下操作。

① 设置表尺寸：定义报表的大小即设定报表的行数和列数。

② 录入表内文字：包括表头、表体和表尾(关键字值除外)。在格式状态下定义的单元内容为自动默认下的表样型，定义为表样型的单元在数据状态下不允许被修改和删除。

③ 确定关键字在表页上的位置，如单位名称、年、月等。

④ 定义行高和列宽。

⑤ 定义组合单元：即把几个单元作为一个单元使用。

⑥ 设置单元风格：设置单元的字形、字体、字号、颜色、图案、折行显示等。

⑦ 设置单元属性：把需要输入数字的单元定为数值单元，把需要输入字符的单元定为字符单元。

⑧ 画表格线。

⑨ 设置可变区：即确定可变区在表页上的位置和大小。

⑩ 定义各类公式。公式的定义应在格式状态下进行，计算公式定义了报表数据之间的运算关系，可以实现报表系统从其他子系统取数。在报表单元中输入"="就可直接定义计算公式，称为单元公式。

- 审核公式：用于审核报表内或报表之间的钩稽关系是否正确。
- 舍位平衡公式：用于对报表数据进行进位或小数取整时调整数据，避免破坏原数据平衡。

(3) 报表数据处理

报表格式和报表中的各类公式定义好之后，就可以录入数据并进行处理了。报表数据处理在数据状态下进行，包括以下操作。

① 在需要录入数据的数值单元或字符单元中录入数据。

② 如果报表中定义了关键字，则录入关键字的值。

③ 进行表页计算，生成报表数据。

④ 若需要，则进行报表审核、舍位平衡、报表汇总、生成图表等后续处理。

2. 岗位说明

以主管W01的身份编制边际贡献计算表和销售预算表。

实训指引

1. 编制边际贡献计算表

(1) 新建报表

① 打开"UFO报表"窗口。在"财务会计"子系统中，双击"UFO报表"菜单项，系统打开"UFO报表"窗口，单击菜单栏中的"文件/新建"菜单项，系统新建一个报表，默认报表名为"report1"。

② 保存为"边际贡献计算表"报表。在"UFO报表"窗口中，单击菜单栏中的"文件/另存为"菜单项，系统打开"另存为"对话框；在对话框中，选择要"保存在"的文件夹，并输入报表的"文件名"为"边际贡献计算表"，选择"文件类型"为"*.rep"，然后单击"另存为"按钮，保存该报表格式，此时"report1"窗口的标题变为"边际贡献计算表"，且其左下角为"格式"，表明当前状态是"格式"状态。

③ 定义行列数。单击菜单栏中的"格式/表尺寸"菜单项，打开"表尺寸"对话框，输入"行数"为7、"列数"为5，然后单击"确认"按钮，退出对话框返回"边际贡献计算表"窗口，结果如图9-12所示。

(2) 定义组合单元

① 打开"组合单元"对话框。首先选中A1:E1区域(从A1拖动鼠标指针到E1单元)，然后单击菜单栏中的"格式/组合单元"菜单项，系统打开"组合单元"对话框。

② 组合A1:E1单元(即合并单元格)。在"组合单元"对话框中，单击"整体组合"或"按行组合"按钮，系统退出对话框返回窗口，此时可见A1:E1区域合并为一个单元格。

③ 打开"组合单元"对话框。首先选中B7:D7区域(从B7拖动鼠标指针到D7单元)，然后单击菜单栏中的"格式/组合单元"菜单项，系统打开"组合单元"对话框。

④ 组合B7:D7单元(即合并单元格)。在"组合单元"对话框中，单击"整体组合"或"按行组合"按钮，系统退出对话框返回窗口，此时可见B7:D7区域合并为一个单元格。

(3) 画表格线

首先选中A1:E7区域，然后单击菜单栏中的"格式/区域画线"菜单项，系统打开"区域画线"窗口，默认"画线类型"为"网线"，单击"确认"按钮，系统返回窗口并完成画线，结果如图9-12所示。

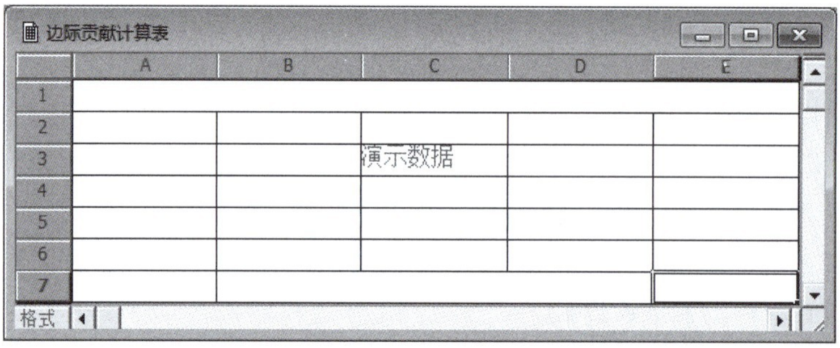

图9-12 画表格线结果示意图

(4) 输入报表项目

依据表9-1，在图9-12所示表的对应单元格或组合单元格中，输入报表项目文字内容，结果如图9-13所示。

(5) 定义报表行高和列宽

① 设置A1:E7区域中单元格的行高为10。首先选中A1:E7区域，然后打开"行高"对话框，输入"行高"为10，单击"确认"按钮。

② 设置A列的列宽为40。首先单击表的列名"A"以选中A列，然后单击菜单栏中的"格式/列宽"菜单项，打开"列宽"对话框，输入"列宽"为"40"，单击"确认"按钮。

③ 重复步骤②，设置B~E列的列宽为28。

图9-13 报表项目示意图

(6) 设置单元格的风格

① 设置标题单元格A1的字体字号。

- 选中A1单元格，单击菜单栏中的"格式/单元属性"菜单项，打开"单元格属性"对话框。
- 单击其"字体图案"选项卡，设置"字体"为"宋体"，字形为"粗体"，"字号"为"16"。
- 单击其"对齐"选项卡，设置"水平方向"和"垂直方向"的对齐方式为"居中"。
- 单击其"确定"按钮，系统退出对话框，结果如图9-14所示。

② 重复步骤①，设置单元格A3:E3的字体、字形、字号分别为"宋体""粗体""12"，其"水平方向"和"垂直方向"的对齐方式为"居中"；设置区域B4:E7的字体为"宋体"，字号为"12"，"水平方向"的对齐方式为"居右"，"垂直方向"的对齐方式为"居中"；设置区域A4:A7的字体、字号为"宋体""12"，"水平方向"和"垂直方向"的对齐方式为"居中"，结果如图9-14所示。

图9-14 风格设置结果

(7) 定义单元格的属性

① 设置B4:E5区域数值的显示方式。选中B4:E5区域，单击菜单栏中的"格式/单元属性"菜单项，打开"单元格属性"对话框，在其"单元类型"选项卡中，在其左侧的"单元类型"列表框中，选择"数值"选项，设置"小数位数"为"2"，然后单击其"确定"按钮，系统退出对话框。

② 设置B6:E7区域数值的显示方式。选中B6:E7区域，单击菜单栏中的“格式/单元属性”菜单项，打开“单元格属性”对话框，在其“单元类型”选项卡中，在其左侧的“单元类型”列表框中，选择“数值”选项，并勾选右侧的“百分号”，设置“小数位数”为“4”，然后单击其“确定”按钮，系统退出对话框。

③ 保存报表格式并关闭报表。单击工具栏中的“保存”按钮，保存编辑结果。单击菜单栏中的“文件/关闭”菜单项，关闭该报表。

❖ 特别提醒：

- ✧ 因为系统不自动保存，故请随时“保存”报表的编辑结果，而不是完成之后才保存，以免因电脑故障等导致编辑成果丢失。
- ✧ 格式状态下输入内容的单元均默认为表样单元，未输入内容的单元均默认为数值单元(在数据状态下可输入数值)。若希望在数据状态下输入字符，则应将其定义为字符单元。
- ✧ 表样单元输入后对所有表页有效，而数值单元和字符单元在输入后仅对本表页有效。

(8) 设置并录入关键字及其位置

① 打开“边际贡献计算表.rep”。在UFO报表系统中，单击菜单栏中的“文件/打开”菜单项，打开已保存样式的“边际贡献计算表.rep”文件，系统打开“边际贡献计算表.rep”窗口，默认处于“数据”状态，单击其左下角的“数据”按钮，使其处于“格式”状态。

② 打开“设置关键字”对话框。首先选中D2组合单元(需要输入关键字的位置)，然后单击菜单栏中的“数据/关键字/设置”菜单项，系统打开“设置关键字”对话框。

③ 设置关键字“年”。在“设置关键字”对话框中，选中“年”单选项，然后单击“确定”按钮，系统返回窗口，此时D2单元的内容已经改为“×××年”。

④ 重复步骤③，在E2单元中设置“月”关键字，结果如图9-15所示。

❖ 特别提醒：

- ✧ 每个报表可以同时定义多个关键字。
- ✧ 如果要取消关键字，可单击“数据/关键字/设置”菜单项。
- ✧ 关键字偏移量单位为像素，负数表示向左移、正数表示向右移。

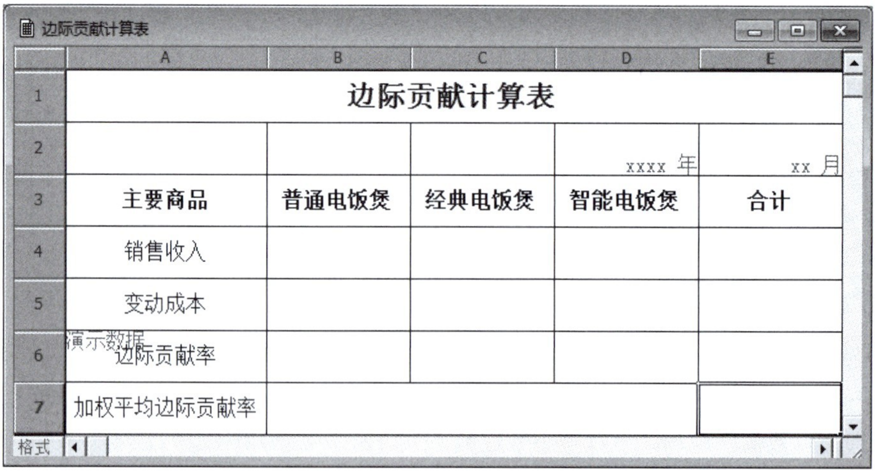

	A	B	C	D	E
1	边际贡献计算表				
2				xxxx 年	xx 月
3	主要商品	普通电饭煲	经典电饭煲	智能电饭煲	合计
4	销售收入				
5	变动成本				
6	边际贡献率				
7	加权平均边际贡献率				

图 9-15 设置关键字位置的结果

(9) 定义报表公式

① 打开"定义公式"对话框。单击其左下角的"数据"按钮，使其处于"格式"状态。首先选中B4单元(即准备显示"普通电饭煲-预计销售数量"数值的位置)，然后单击菜单栏中的"数据/编辑公式/单元公式"菜单项，系统打开"定义公式"对话框。

② 定义B4、B5的单元公式。在B4单元格的"定义公式"对话框中，单击"函数向导"，系统打开"函数向导"对话框，选择用友销售函数下的"销售收入(XSSR)"函数，单击"下一步"按钮，进入"业务函数"对话框，依次输入期间、销售类型、币种、账套号、会计年度、方式字和编码，结果如图9-16所示。

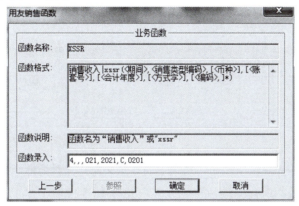

图9-16 "边际贡献计算表"B4的公式定义

③ 在B5单元格的"定义公式"对话框中，单击"函数向导"，系统打开"函数向导"对话框，选择用友账务函数下的"发生(FS)"函数，单击"下一步"按钮，进入"用友账务函数"对话框，单击"参照"按钮，科目选择"6401主营业务成本"，方向选择"借"，辅助核算的项目编码选择"101普通电饭煲"，单击"确定"按钮，系统返回"用友账务函数"窗口，结果如图9-17所示(请注意：所有符号必须为半角)。

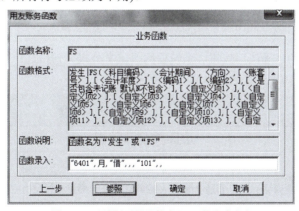

图9-17 "边际贡献计算表"B5的公式定义

④ 单击对话框中的"确定"按钮，系统返回窗口，此时B4、B5单元显示为"公式单元"。

⑤ 重复步骤①~④，完成C4~D4、C5~D5各个单元格计算公式的录入。

⑥ 定义E4、B6的单元公式。在E4单元格的"定义公式"对话框中，单击"函数向导"，系统打开"函数向导"对话框，选择统计函数下的"PTOTAL"函数，单击"下一步"按钮，进入"固定区统计函数"对话框，在"固定区区域"输入"B4:D4"，结果如图9-18所示。在B6单

元格的"定义公式"对话框中,输入"(B4-B5)/B4",结果如图9-19所示。

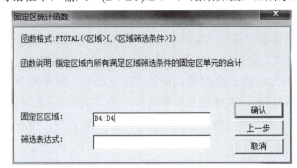

图9-18 "边际贡献计算表"E4 的公式定义

图9-19 "边际贡献计算表"B6 的公式定义

⑦ 单击对话框中的"确认"按钮,系统返回"定义公式"对话框,单击"确认"按钮,此时E4、B6单元显示为"公式单元"。

⑧ 重复上述步骤,完成E5、C6~D6各个单元格计算公式的录入。

⑨ 定义B7的单元公式。在"定义公式"对话框中,输入"(E4-E5)/E4",结果如图9-20所示。

图9-20 "边际贡献计算表"B7 的公式定义

⑩ 单击对话框中的"确认"按钮,系统返回"定义公式"窗口,单击"确认"按钮,此时B7单元格显示为"公式单元",结果如图9-21所示。

	A	B	C	D	E
1	边际贡献计算表				
2		演示数据		xxxx 年	xx 月
3	主要商品	普通电饭煲	经典电饭煲	智能电饭煲	合计
4	销售收入	公式单元	公式单元	公式单元	公式单元
5	变动成本	公式单元	公式单元	公式单元	公式单元
6	边际贡献率	公式单元	公式单元	公式单元	
7	加权平均边际贡献率			公式单元	

图9-21 边际贡献计算表格式

❖ 特别提醒：

◇ 单元公式中涉及的符号，均为英文半角字符。
◇ 单击"fx"按钮，或者双击某公式单元，或者按"="键，都可以打开"定义公式"对话框。

⑪ 保存并关闭报表。保存报表格式，单击菜单栏中的"文件/保存"菜单项，保存编辑结果。单击菜单栏中的"文件/关闭"菜单项，关闭该报表。

(10) 进行报表数据计算

① 打开"边际贡献计算表.rep"。在UFO报表系统中，单击菜单栏中的"文件/打开"菜单项，打开已保存样式的"边际贡献计算表.rep"文件，系统打开"边际贡献计算表"窗口，默认处于"数据"状态。

② 打开"录入关键字"对话框。单击窗口菜单栏中的"数据/关键字/录入"菜单项，系统打开"录入关键字"对话框。

③ 录入关键字。在"录入关键字"对话框中，输入关键字"年"为"2021"、"月"为"4"。

④ 单击工具栏"数据"下的"表页重算"，系统会自动根据单元公式计算边际贡献计算表，结果如图9-22所示。

	边际贡献计算表			
		演示数据		
				2021 年 4 月
主要商品	普通电饭煲	经典电饭煲	智能电饭煲	合计
销售收入	10000.00	72000.00	40000.00	122000.00
变动成本	7325.42	53242.00	27047.65	87615.07
边际贡献率	26.75%	26.05%	32.38%	
加权平均边际贡献率				28.18%

图 9-22 边际贡献计算表数据

⑤ 保存。单击工具栏中的"保存"按钮，保存该文件。
⑥ 退出。单击菜单栏中的"文件/退出"菜单项，退出该窗口。

2. 编制销售预算表

(1) 新建报表

① 打开"UFO报表"窗口。在"财务会计"子系统中，双击"UFO报表"菜单项，系统打开"UFO报表"窗口，单击菜单栏中的"文件/新建"菜单项，系统新建一个报表，默认报表名为"report1"。

② 保存为"销售预算表"报表。在"UFO报表"窗口，单击菜单栏中的"文件/另存为"菜单项，系统打开"另存为"对话框；在该对话框中，选择要"保存在"的文件夹，并输入报表的"文件名"为"销售预算表"，选择"文件类型"为"*.rep"，然后单击"另存为"按钮，

保存该报表格式，此时"report1"窗口的标题变为"销售预算表"，且其左下角为"格式"，表明当前状态是"格式"状态。

③ 定义行列数。单击菜单栏中的"格式/表尺寸"菜单项，打开"表尺寸"对话框，输入"行数"为"8"、"列数"为"8"，然后单击"确认"按钮，退出对话框返回"销售预算表"窗口，结果如图9-23所示。

(2) 定义组合单元

① 打开"组合单元"对话框。首先，选中A1:H3区域(从A1拖动鼠标指针到H3单元)，然后单击菜单栏中的"格式/组合单元"菜单项，系统打开"组合单元"对话框。

② 组合A1:H3单元(即合并单元格)。在"组合单元"对话框中，单击"整体组合"或"按行组合"按钮，系统退出对话框返回窗口，此时可见A1:H3区域合并为一个单元格。

(3) 画表格线

首先，选中A1:H8区域，然后单击菜单栏中的"格式/区域画线"菜单项，系统打开"区域画线"窗口，默认"画线类型"为"网线"，单击"确认"按钮，系统返回窗口并完成画线，结果如图9-23所示。

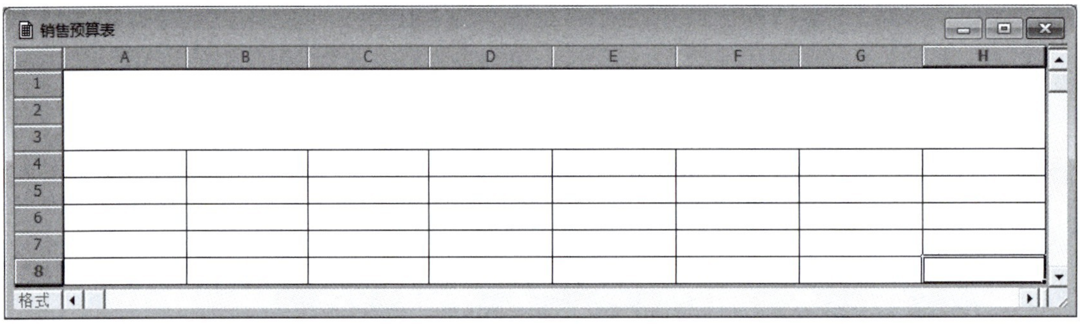

图 9-23　画表格线结果示意图

(4) 输入报表项目

依据表9-2，在图9-24所示表的对应单元格或组合单元格中，输入报表项目文字内容，结果如图9-24所示(注意：输入含税售价时，单击工具栏中的"fx"按钮，系统弹出"定义公式"对话框，在对话框中输入对应金额)。

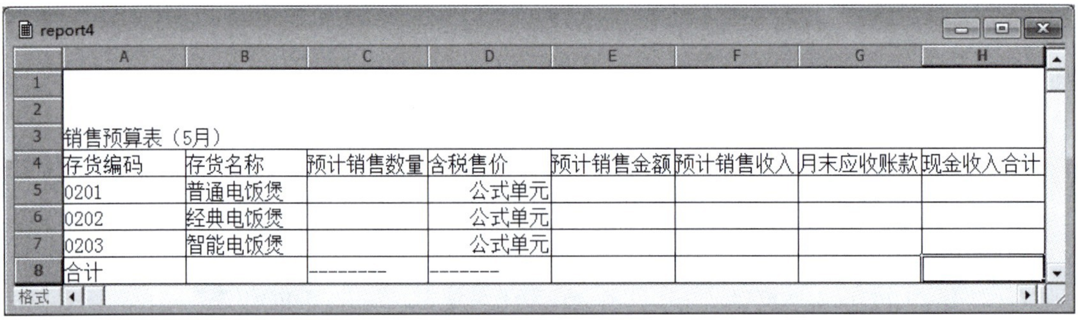

图 9-24　报表项目示意图

(5) 定义报表行高和列宽

① 设置A1:H8区域中单元格的行高为10。首先选中A1:H8区域，然后打开"行高"对话框，输入"行高"为"10"，单击"确认"按钮。

② 设置A列的列宽为28。首先单击表的列名"A"以选中A列，然后单击菜单栏中的"格式

/列宽”菜单项，打开“列宽”对话框，输入“列宽”为“28”，单击“确认”按钮。

③ 重复步骤②，设置B~H列的列宽为28。

(6) 设置单元风格

① 设置标题单元格A1的字体字号。

- 选中A1单元格，单击菜单栏中的“格式/单元属性”菜单项，打开“单元格属性”对话框。
- 单击其“字体图案”选项卡，设置“字体”为“宋体”，“字形”为“粗体”，“字号”为“16”。
- 单击其“对齐”选项卡，设置“水平方向”和“垂直方向”的对齐方式为“居中”。
- 单击其“确定”按钮，系统退出对话框，结果如图9-25所示。

② 重复步骤①，设置单元格A4:H4的“字体”“字形”“字号”分别为“宋体”“加粗”“12”，其“水平方向”和“垂直方向”的对齐方式为“居中”；设置区域C5:H8的“字体”为“宋体”，“字形”为“普通”，“字号”为“12”，“水平方向”的对齐方式为“居右”，“垂直方向”的对齐方式为“居中”；设置区域A5:B7的“字体”“字形”“字号”分别为“宋体”“普通”“12”，“水平方向”和“垂直方向”的对齐方式为“居中”；设置区域A8的“字体”“字形”“字号”分别为“宋体”“粗体”“12”，“水平方向”和“垂直方向”的对齐方式为“居中”，结果如图9-25所示。

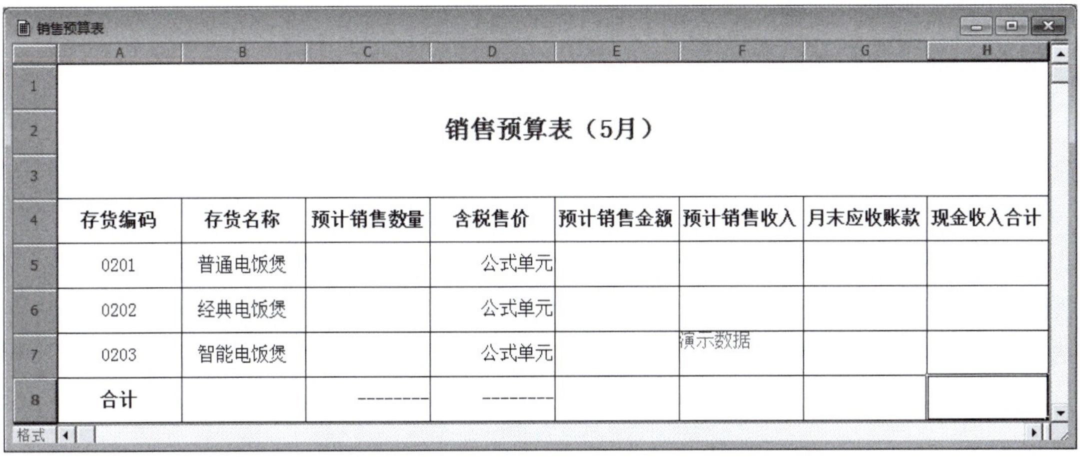

销售预算表

销售预算表（5月）

存货编码	存货名称	预计销售数量	含税售价	预计销售金额	预计销售收入	月末应收账款	现金收入合计
0201	普通电饭煲		公式单元				
0202	经典电饭煲		公式单元				
0203	智能电饭煲		公式单元		演示数据		
合计		--------	--------				

格式

图 9-25 风格设置结果

(7) 定义单元属性

① 设置C5:C7区域数值的显示方式。选中C5:C7区域，单击菜单栏中的“格式/单元属性”菜单项，打开“单元格属性”对话框，在其“单元类型”选项卡左侧的“单元类型”列表框中，选择“数值”选项，设置“小数位数”为“0”，然后单击其“确定”按钮，系统退出对话框。

② 设置D5:H8区域数值的显示方式。选中D5:H8区域，单击菜单栏中的“格式/单元属性”菜单项，打开“单元格属性”对话框，在其“单元类型”选项卡左侧的“单元类型”列表框中，选择“数值”选项，设置“小数位数”为“2”，然后单击其“确定”按钮，系统退出对话框。

③ 保存报表格式。单击工具栏中的“保存”按钮，保存编辑结果。

(8) 定义单元计算公式

① 打开"定义公式"对话框。打开"销售预算表.rep",在UFO报表系统中,单击菜单栏中的"文件/打开"菜单项,打开已保存样式的"销售预算表.rep"文件,系统打开"销售预算表.rep"窗口,默认处于"数据"状态,单击其左下角的"数据"按钮,使其处于"格式"状态。首先选中C5单元(即准备显示"普通电饭煲-预计销售数量"数值的位置),然后单击菜单栏中的"数据/编辑公式/单元公式"菜单项,系统打开"定义公式"对话框。

② 定义C5的单元公式。在"定义公式"对话框中,单击"函数向导",系统打开"函数向导"对话框,选择用友销售函数下的"销售数量(SXS)"函数,单击"下一步"按钮,进入"业务函数"对话框,依次输入期间、销售类型、币种、账套号、会计年度、方式字和编码,结果如图9-26所示(请注意:所有符号必须为半角)。

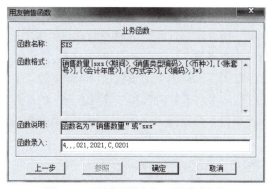

图 9-26 "销售预算表"C5 的公式定义

③ 单击对话框中的"确定"按钮,系统返回窗口,在公式括号后面添加"*2.5",单击"确认"按钮,此时C5单元显示为"公式单元"。

④ 重复步骤①~③,完成C6~C7各个单元格计算公式的录入。

⑤ 定义E5、F5、G5、H5的单元公式。在E5单元格的"定义公式"对话框中,输入"C5*D5",结果如图9-27所示;在F5单元格的"定义公式"对话框中,输入"E5/1.13",结果如图9-28所示;在G5单元格的"定义公式"对话框中,输入"E5*0.2",结果如图9-29所示;在H5单元格的"定义公式"对话框中,输入"E5*0.8",结果如图9-30所示。

图 9-27 "销售预算表"E5 的公式定义

图 9-28 "销售预算表"F5 的公式定义

图 9-29 "销售预算表"G5 的公式定义

图 9-30 "销售预算表" H5 的公式定义

⑥ 单击对话框中的"确认"按钮，系统返回窗口，此时 E5、F5、G5、H5 单元显示为"公式单元"。

⑦ 重复步骤⑤~⑥，完成 E6~E7、F6~F7、G6~G7、H6~H7 各个单元格计算公式的录入。

⑧ 定义 E8 的单元公式。在"定义公式"对话框中，单击"函数向导"，系统打开"函数向导"对话框，选择统计函数下的"PTOTAL"函数，单击"下一步"按钮，进入"固定区统计函数"对话框，在"固定区区域"输入"E5:E7"，结果如图 9-31 所示。

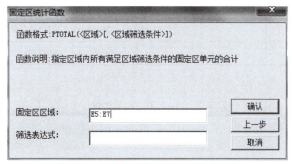

图 9-31 "销售预算表" E8 的公式定义

⑨ 单击对话框中的"确认"按钮，系统返回定义公式窗口，单击"确定"按钮，此时 E8 单元显示为"公式单元"，结果如图 9-32 所示。

⑩ 重复步骤⑧~⑨，完成 F8~H8 各个单元格计算公式的录入，结果如图 9-32 所示。单击菜单栏中的"文件/保存"菜单项，保存编辑结果；单击菜单栏中的"文件/关闭"菜单项，关闭该报表。

	A	B	C	D	E	F	G	H
1								
2				销售预算表（5月）				
3								
4	存货编码	存货名称	预计销售量	含税售价	预计销售金额	预计销售收入	月末应收账款	现金收入合计
5	0201	普通电饭煲	公式单元	公式单元	公式单元	公式单元	公式单元	公式单元
6	0202	经典电饭煲	公式单元	公式单元	公式单元	公式单元	公式单元	公式单元
7	0203	智能电饭煲	公式单元	公式单元	公式单元	公式单元	公式单元	公式单元
8	合计		-------	-------	公式单元	公式单元	公式单元	公式单元

图 9-32 5 月份销售预算表格式

(9) 进行报表数据计算

① 打开"销售预算表.rep"。在 UFO 报表系统中，单击菜单栏中的"文件/打开"菜单项，

打开已保存样式的“销售预算表.rep”文件，系统打开“销售预算表”窗口，默认处于“数据”状态。

② 单击工具栏“数据”下的“表页重算”，系统会自动根据单元公式计算5月份的数据，结果如图9-33所示。

	A	B	C	D	E	F	G	H
1-3	销售预算表（5月）							
4	存货编码	存货名称	预计销售量	含税售价	预计销售金额	预计销售收入	月末应收账款	现金收入合计
5	0201	普通电饭煲	100	290.00	29000.00	25663.72	5800.00	180960.00
6	0202	经典电饭煲	600	377.00	226200.00	200176.99	45240.00	110200.00
7	0203	智能电饭煲	250	551.00	137750.00	121902.65	27550.00	314360.00
8	合计				392950.00	347743.36	78590.00	605520.00

图 9-33　5 月份销售预算表数据

③ 保存。单击工具栏中的“保存”按钮，保存该文件。

④ 退出。单击菜单栏中的“文件/退出”菜单项，退出该窗口。